视觉历史

意大利战场
从西西里登陆到突破哥特防线

THE ITALIAN FRONT
Invasion of Sicily, Salerno, Monte Cassino,
Anzio, Rome, Gothic Line

[英] 迈克尔·哈斯丘〔Michael E. Haskew〕著

李胜机　刘亚华　马东敏　译

上海三联书店

图书在版编目（CIP）数据

意大利战场：从西西里登陆到突破哥特防线 /（英）迈克尔·哈斯丘著；李胜机，
刘亚华，马东敏译 . —上海：上海三联书店，2022.1 重印
（视觉历史）
ISBN 978-7-5426-7128-8

Ⅰ.①意… Ⅱ.①迈… ②李… ③刘… ④马… Ⅲ.①第二次世界大战战役－史料 Ⅳ.
① E195.2

中国版本图书馆 CIP 数据核字（2020）第 142561 号

意大利战场
从西西里登陆到突破哥特防线

著　　者 /［英］迈克尔·哈斯丘
译　　者 / 李胜机　刘亚华　马东敏

特约编辑 / 舒　沁
责任编辑 / 李　英
装帧设计 / 西风文化
监　　制 / 姚　军
责任校对 / 张大伟　王凌霄

出版发行 / 上海三联书店
　　　　　（200030）中国上海市漕溪北路 331 号 A 座 6 楼
邮购电话 / 021-22895540
印　　刷 / 固安兰星球彩色印刷有限公司

版　　次 / 2021 年 1 月第 1 版
印　　次 / 2022 年 1 月第 2 次印刷
开　　本 / 710×1000　1/16
字　　数 / 328 千字
印　　张 / 20
书　　号 / ISBN 978-7-5426-7128-8/E·10
定　　价 / 88.00 元

敬启读者，如发现本书有印装质量问题，请与印刷厂联系 010-62189683

CONTENTS 目 录

THE ITALIAN FRONT

THE ITALIAN FRONT

CONTENTS 目录

3 萨莱诺登陆 55

THE ITALIAN FRONT

随着盟军在意大利本土的成功登陆，墨索里尼的法西斯政府随即垮台，意大利新政府向盟国提出有条件投降。

4 目标：那不勒斯 87

THE ITALIAN FRONT

盟军各部队向前推进，攻占港口城市那不勒斯，实现了进军意大利的第一个重要目标。

南方苦战 119

凯塞林精心构筑的一道道防线阻碍着盟军前进的步伐，而为诺曼底登陆所作的准备也在进一步消耗着盟军有限的战争资源。

安齐奥海滩和卡西诺山 155

为了从侧翼包抄据守在卡西诺山上的德国守军，盟军发起了安齐奥登陆行动，但以失败而告终——他们在海滩上陷入了进退两难的尴尬境地。

CONTENTS 目 录

解放罗马 205

意大利首都罗马，这座"永恒之城"在诺曼底登陆开始前两天最终获得解放。

向北推进 235

盟军向北推进，进攻佛罗伦萨与"哥特防线"，遭到了德军的顽强抵抗，德军仿佛在向对手诠释自己为何是打撤退战的专家。

1

盟军开辟第二战场

在北非战场取得胜利后，盟军集结起当时世界上规模最大的一支两栖部队，准备对西西里岛发起进攻。

1943年7月10日，英国第8集团军和美国第7集团军共计超过18万名军人在西西里岛东南部海滩登陆，盟军首次为控制轴心国的原住民而战。在此之前，盟军还从未集结过这样一支规模庞大的兵力。

此时，第二次世界大战已经发生了根本性的扭转，形势变得对于盟国愈发有利。在斯大林格勒，英勇顽强的苏联红军彻底摧毁了曾经不可一世的德国第6集团军。在阿拉曼，英国和英联邦国家军队击败轴心国军队。八个月后，德国和意大利军队共计25万人在突尼斯向盟军投降。

1月份，为期10天的卡萨布兰卡会议召开。美国总统富兰克林·罗斯福和英国首相温斯顿·丘吉尔在会上一致决定，盟军在北非战场取得胜利后将尽快向欧洲发起进攻，突破点就选在意大利西南部的西西里岛。最初，美国战争决策层曾打算1943年在法国登陆，后来考虑到盟军此时的力量尚不足以发起这样一场进攻，于是就放弃了这个念头。一段时间以来，丘吉尔一直主张对轴心国统治下的欧洲大陆的"柔软的下腹部"发起"狠狠一击"！

"卡萨布兰卡会议决定发起西西里岛战役，主要基于两个方面的考虑。"后来出任盟军部队最高司令官的德怀特·艾森豪威尔这样写道，

←←1939年，在罗马城的一次集会上，这些身着笔挺制服的法西斯士兵，在本尼托·墨索里尼的眼里是他梦想着用来实现罗马帝国"伟大复兴"的古罗马军团的化身

"第一，它对于打通地中海的海上航道具有立竿见影的重要价值；第二，西西里岛的面积相对较小，即使盟军在此成功登陆并占领该岛，也不会引起轴心国集团的高度关注，更不会招致对方集结起大规模兵力进行猛烈反攻。然而，在1943年1月，马歇尔将军却对这项决议踌躇再三，他认为进攻成功固然可以将我们的轰炸机基地向前推进许多，但我们没有必要陷入这样一场旷日持久的战役，因为它很有可能把我们珍贵的战争资源消耗殆尽。最终，盟军参谋长联席会议命令亚历山大将军担任我的副手，并在西西里岛战役中担任地面部队指挥官。"

艾森豪威尔所提到的马歇尔将军是时任美国陆军参谋长的乔治·马歇尔，他在当时已经认可了艾森豪威尔出色的组织技巧和领导才能，于是竭

↓在具有重大历史意义的卡萨布兰卡会议上，英国首相温斯顿·丘吉尔（左起第三位）和美国总统富兰克林·罗斯福（丘吉尔的左侧）及其军事和民事顾问们在一起

力向盟国决策层推荐艾森豪威尔。在西西里岛战役期间，艾森豪威尔的三位副手全部是英国人，他们是陆军上将哈罗德·亚历山大爵士、海军元帅安德鲁·坎宁安爵士和空军元帅亚瑟·特德爵士，分别指挥陆地、海上和空中作战。

饱和轰炸

为了准备在西西里岛的大规模登陆行动，盟军首先需要占领地中海上的另一个岛屿——潘泰莱里亚岛，它位于北非海岸与西西里岛中间，当时有11 000多名意大利驻军。鉴于当地复杂的洋流情况和陡峭的地形条件，在此发起两栖作战势必困难重重，于是盟军对该岛进行了长达一个月的猛

↓在地中海上的潘泰莱里亚岛，美军士兵正在查看被盟国空军摧毁的建筑物

↑ 陆军元帅伯纳德·蒙哥马利指挥英国第8集团军击败德国非洲军团之后，又将德军从埃及边境赶到了突尼斯

烈轰炸。6月11日，英军派出一个先遣分队登陆潘泰莱里亚岛，岛上的意大利守军几乎未作任何抵抗，非常愉快地投降了。毫无疑问，这只是一个很小的胜利，却给了艾森豪威尔和坎宁安等人极大的自信。通过战前侦察，他们自信能够以最小的代价拿下潘泰莱里亚岛，而最终的结局也证明了他们的准确判断。在战斗中，英军仅有一人受伤，他是被一头发狂的驴子咬伤的。

就作战经验和投入兵力而言，久经沙场的英军部队当之无愧地称得上地中海地区盟军部队的中流砥柱。然而，所有人都不得不承认美国将在欧洲战争中发挥越来越重要的作用，这不仅是由于美国庞大的人力资源，还在于其无与伦比的工业生产能力。就这样，艾森豪威尔逐渐成为指挥盟军作战的核心人物。

艾森豪威尔的升迁

1890年10月14日，艾森豪威尔出生在得克萨斯州的丹尼森，在堪萨斯州的阿比林长大。在美国西点军校学习期间，艾森豪威尔的学业成绩并不出众，在1915届的164名学员中，他的毕业考试成绩名列第61位，训练成绩第125位，几乎排到了末尾。后来，西点军校的1915届被认为"将星云集"，毕业生中的大多数人获得了将军军衔。

第一次世界大战期间，艾森豪威尔曾先后担任参谋军官和训练军官。一战结束到第二次世界大战爆发之前，他曾担任陆军参谋长道格拉斯·麦克阿瑟的副官，随同麦克阿瑟赴菲律宾并出任第3集团军参谋长。第二次世界大战爆发后，他出任美国陆军战争计划处助理处长、作战处处长等职务。在马歇尔将军的竭力推荐下，艾森豪威尔出任"火炬行动"盟军部队最高指挥官，1942年11月8日指挥盟军部队对北非发起攻击。

艾森豪威尔的身上具有一种极为出色的团队组织能力，这种能力在协调美英盟军对德意军队的进攻中发挥了极其重要的作用。后来，他出任欧洲盟军最高指挥官，竭尽全力地壮大了反对德国法西斯的统一战线，尽最大可能与苏联方面保持合作。从1952年到1960年，艾森豪威尔连任两届美国总统，他所制定的一些施政措施对于今天的世界仍在产生着影响。1969年，艾森豪威尔去世，享年78岁。

战争结束后，马歇尔曾经这样当面评价艾森豪威尔："在协调涉及多个国家利益的国际政治关系中，你遇到了前所未有的困难与挑战，最终却游刃有余地将它们化解了！"

↑凭借出色的组织、协调和指挥才能，德怀特·艾森豪威尔将军先后担任地中海战场和西北欧战场上的盟军最高司令官

"爱斯基摩人"行动

转眼就到了1943年夏季，盟军仍然有着大量的计划、组织工作和战斗需要去进行。很显然，代号"爱斯基摩人"的进攻西西里岛的作战行动需要投入数量惊人的人力和物力。起初，进攻行动的战术规划工作进展比较顺利，并得到美英两国首脑的一致同意。美国第7集团军在极富进攻精神的乔治·巴顿将军的指挥下，将在西西里岛北海岸的巴勒莫附近登陆。英国第8集团军将在阿拉曼战役的指挥官——伯纳德·蒙哥马利元帅的指挥下，在西西里岛东部的卡塔尼亚登陆。接下来，这两支部队将沿着海岸线相向推进，进攻目标直指墨西拿城，切断驻守西西里岛的轴心国军队的退路。

然而，这项兵分两路、相向推进的作战计划刚一出炉，就遭到了正在突尼斯指挥作战的蒙哥马利元帅的极力反对，他在1943年4月24日写给亚历山大将军的信中指出："制订这份作战计划的人天真地认为，（我们）将会异常轻松地拿下西西里岛，更不会遇到强有力的反抗。要知道，这是一个前所未有的致命错误。我方两支部队相距甚远，一旦遭遇强敌阻击，我们将顾此失彼，根本无法相互支援。如今，在突尼斯，德国人和意大利人犹如困兽一般在进行着殊死搏斗。我相信，在意大利，他们必将会有同样的表现。"

接下来，蒙哥马利进一步指出了作战计划中存在的重大隐患。事实上，蒙哥马利的见解受到了盟军最高指挥部的重视，最初起草的作战计划很快就进行了修改。根据最终确定的作战计划，英军将在西西里岛东南角的锡拉库萨登陆，担任支援角色的美军部队将在斯科格里蒂、杰拉和利卡塔镇附近的南部海岸登陆。在蒙哥马利的第8集团军向墨西拿进军时，美军负责保护其左翼的安全。

巴顿的不满

据著名的巴顿传记作家马丁·布鲁门森介绍，上述作战计划的修改，遭到美国陆军中将巴顿的强烈反对，"对于巴顿来说，这场战争似乎专门是为了保护大英帝国的利益进行的。在与英国人打交道时，艾森豪威尔的表现太懦弱了。而自己亏欠艾森豪威尔太多，不得不和他站在一起。"

就这样，美英双方之间竞争的种子在西西里岛战役的最初阶段就埋下了。同样，这些矛盾也使得艾森豪威尔从一开始就面临着错综复杂的利害冲突。艾森豪威尔本人比较赞成对作战计划进行修改，他认为盟军两支部队中的任何一支在进攻中受挫，都将不可避免地影响整个战局的发展。在他看来，虽然不清楚驻守西西里岛的意大利军队的作战决心究竟如何，但有一点是可以肯定的，那就是德国人向西西里岛派出了军队，帮助意大利人进行防守——这些德国人势必进行异常顽强的抵抗。

事实上，盟军投入"爱斯基摩人"行动的兵力远远超过了11个月后发起的诺曼底登陆行动中的兵力，其中，英军出动115 000人，美军66 000人，分属9个师。此外，还有4 000多架飞机和3 300余艘舰艇，负责为盟军

←←神情严肃的乔治·巴顿将军。巴顿将军是一位特别重视甚至拘泥于军事礼仪的指挥官

↓作为美国陆军参谋长和罗斯福总统最信任的战争顾问，乔治·马歇尔将军正在视察地中海地区的美军司令部

登陆行动提供支援。

美国第7集团军划分为三个部队，代号分别为C部队、D部队和J部队。其中，C部队和D部队隶属于第二军，由艾森豪威尔在西点军校时的同窗奥马尔·布雷德利将军负责指挥。根据计划，D部队将在杰拉登陆，下辖威廉·达比上校指挥的陆军突击队和特里·艾伦将军指挥的刚从南非战场撤出来的第一步兵师。C部队由第45步兵师下属的三个刚从美国本土抵达战场的步兵团组成，指挥官是特洛伊·米德尔顿将军，他们将在斯科格里蒂附近登陆。J部队是卢西安·特拉斯科特将军指挥的第3步兵师，计划在利卡塔登陆。此外，美军第82空降师将在登陆场后方实施空降，第2装甲师将作为预备队根据战场形势为上述部队提供支援。

↓美军第12航空队的B–24重型轰炸机编队在地中海上空飞行。盟国所获取的压倒性的空中优势，为赢得战争的最终胜利发挥了重要作用

"肉馅" 计划

第8集团军由英国军队和英联邦国家军队组成，包括米尔斯·登普西

将军指挥的第13军和奥利弗·利斯将军指挥的第30军。其中，登普西的第5和第50步兵师将在诺托湾附近的卡西比勒和阿沃拉分别登陆，利斯的部队将在帕基诺半岛周边登陆。第231独立步兵旅将对诺托湾附近的海滩发起突击，第51步兵师将在帕基诺镇附近登陆，加拿大第一师以及第40和第41皇家海军突击队将在帕基诺机场附近登陆。在锡拉库萨南部，第1空降师的一个旅将实施滑翔机机降。第4和第23装甲旅将为上述部队的登陆行动提供直接支援，在北非的第46和第78步兵师将根据作战需要，随时准备加入战斗。

把西西里岛作为登陆作战的地点，从战略角度来考虑是一个很明显的目标。但是，为了让德国最高统帅部相信登陆将在其他地点进行，英国谍报机关反复研究后认为，最好的办法是对德国人实施一些蒙蔽战术，引诱他们上当。英国谍报人员提出一项计划，挪用一具尸体，把他装扮成一名

↑美军第45步兵师师长特洛伊·米德尔顿将军（右）指挥部队参加了西西里岛和意大利战场上的诸多战斗，并凭借其出色的战绩在战争后期晋升为军长

一在西西里岛，英军士兵冒着德军的猛烈火力，从一处被摧毁的建筑物废墟上快速跑过。这些士兵装备的是"汤姆森"冲锋枪和"李·恩菲尔德"步枪

因偶然原因死亡的总参谋部人员，身上携带一份明确表示将进攻除西西里以外的某一地点的高级别文件，用潜艇把尸体送到会被潮水冲上岸去的海域，从而引起德国或其他国家谍报部门的注意。一定要使对方认为这具尸体是因为飞机坠落在海上淹死的，已经在海上漂浮多日。考虑到西班牙虽然在战争中表示保持中立，但实际上是德国的合作伙伴，于是决定将尸体运送到西班牙港口附近。

事实上，正如英国人所希望的那样，这具被命名为"马丁少校"的尸体被西班牙人发现后，他们当天就把文件送到了德国情报机关。德国情报人员对于文件的可靠性没有任何怀疑。第二天，希特勒召开了最高统帅部作战会议，命令所有与地中海防御有关的德军指挥部迅速集中全部兵力，在6月30日前完成对撒丁岛和伯罗奔尼撒岛的集结和部署。

根据希特勒的命令，隆美尔元帅把他的大本营搬到希腊，而盟军却集中主力于1943年7月9日夜在西西里岛登陆了。以假乱真的"肉馅"行动计划帮助盟军成功攻占了这个具有战略意义的岛屿。

西西里岛激战

在西西里岛，负责抗击盟军登陆的是一支总数36.5万人的德意联军，由汉斯·瓦伦丁·胡贝将军担任总司令，这位曾在一战期间失去一只胳膊的德国将军最近刚刚接任了第14装甲军的指挥权。在德意联军中，意大利军队包括里窝那师、那不勒斯师、奥

斯塔师和奥斯埃塔师，与其并肩作战的德军部队则是由保罗·康拉斯将军指挥的装备精良、作风强悍的赫尔曼·戈林装甲师。此外，在登陆行动开始两天后，埃伯哈特·罗德将军指挥的德军第15装甲掷弹兵师和第1伞兵师也将奉命前来西西里岛增援。

西西里岛是一个面积大约16 100平方千米的岛屿，与美国佛蒙特州大小差不多。在这样一座小岛上，超过50万人的军队将在这里展开殊死搏杀，其激烈程度可想而知。在过去数个世纪里，罗马

↑在入侵西西里岛的"爱斯基摩人"行动开始前，美军空降兵正在登上一架运输机。就在这次人员空降行动中，发生了战争期间最严重的一次误伤事件

人、迦太基人、腓尼基人、摩尔人等诸多军队，都曾为控制这座多山的岛屿进行过激战。一位罗马政治家曾经这样评价："一旦锡拉库萨陷落，西西里岛也将陷落，接下来陷落的就是整个意大利。"

事实上，一片宽3.2千米的水域——墨西拿海峡，将西西里岛与意大利大陆隔开。除了有可能遭遇意大利军队抵抗之外，还有其他一些不利因素摆在盟军面前。崎岖不平的地形条件，有可能为敌军提供易守难攻的防御阵地。退而言之，即使德意军队没有在此部署守备部队，这种不利地形

也有可能打乱盟军夺取西西里岛的关键时刻表。除了缺乏登陆艇和其他装备，在亚德里亚海海岸和伊特鲁里亚海巡逻的意大利海军，也有可能严重威胁到登陆部队的安全。自从1941年的马塔潘角海战惨败之后，塔兰托海军基地又遭到英军航母舰载机部队的重创，墨索里尼的海军舰队已经无力与英国皇家海军舰队进行一场大规模交战。即便如此，对于盟军来说，游弋在近海的意大利海军的4艘战列舰、6艘巡洋舰和10艘驱逐舰，仍然是一个不容小觑的威胁。此外，鉴于战场制空权被盟军牢牢握在手中，德意联军有可能对盟军舰队进行猛烈报复。

在"爱斯基摩人"行动中，仅后勤补给的巨大难度就令人难以置信。古代兵法曾指出，兵马未动，粮草先行。的确，让一支部队填饱肚子是一项艰苦卓绝的工作。据美国陆军后勤部门统计，200名美军士兵每天需要400根口香糖、11.25公斤糖果、200包雪茄、400盒火柴、30盒剃须刀刀片和16管剃须膏等。此外，每名士兵还需要携带足够维持4天的野战口粮。

士兵的朋友

在西西里岛战役发起前5天，部署在北非海岸的盟军舰船开始进入地中海。著名的战地记者厄尼·派尔获准随同盟军舰队前往西西里岛。派尔曾是一战期间的美国海军老兵，作为一名战地记者，他的采访对象很少是高级指挥官，往往是一些普普通通的基层士兵，用他们的视角观察和思考战争，因此，派尔的战场报道往往能够激起美国民众的强烈共鸣。对于美军士兵们来说，派尔绝不仅仅只是一名战地记者，而是他们之中的一员。通过阅读派尔发回来的战地报道，家人们能够真切地感受到他们所牵挂的亲人们在战场上的音容笑貌。

派尔首先乘飞机抵达突尼斯的比塞大港，而后搭乘一艘海军运兵船前

↓德国空军的"梅塞施密特"BF109G型战斗机。1943年，尽管"梅塞施密特"飞机在性能上堪与盟军的"喷火"、P-51"野马"战斗机相媲美，但在数量上处于明显劣势，因此对于意大利战场的影响甚微

往战区。当运兵船起锚驶入公海时，他写下了自己当时的感受："我们乘坐的战舰驶入了烟雾茫茫的地中海，清新的海风扑面而来，海面上升腾起一阵阵的薄雾。猛然间，我看到了一个令我终生难以忘却的震撼场面……在海天交际之处，一支规模庞大、威风凛凛的舰队正劈波斩浪、奋力航进，那正是我们的舰队！"

"至于这支舰队的庞大规模，是言语所无法形容的，它们在海平面上密密匝匝地簇拥在一起，俨然构筑起一座牢不可破的堡垒。"

盟军舰队

起初，海上风平浪静，天气宜人。然而，到了7月9日凌晨，海面上狂风骤起，巨浪滔天。当天下午，海上风力已经达到每小时64千米，大风裹着巨浪，猛烈冲击着盟军舰队。一些小型船只就像浴池中的橡胶玩具一样，在惊涛骇浪中忽高忽低、起伏不定。此时，船上大批盟军士兵出现强

↓1942年，北非战场，意大利青年法西斯党的成员们正在操作一门反坦克火炮。大多数的意大利部队装备低劣、人心涣散，难以指挥

烈的晕船反应，这种情况势必对接下来的登陆作战产生不利影响。此外，狂风巨浪还有可能将平底登陆艇掀翻，直接影响海军舰炮的射击精度，空中厚重的云层也有可能干扰盟军的空中作战。

面对不断恶化的天气，忧心忡忡的艾森豪威尔将军甚至考虑将登陆行动推迟24小时，但经过一番异常激烈的思想斗争之后，他最终放弃了这个打算（在一年之后的诺曼底登陆作战中，面临同样的抉择时，他作出了推迟登陆的决定）。

7月9日下午晚些时候，盟军伞兵部队已经准备就绪，随时可以起飞。根据计划，空降行动将先于地面登陆行动进行。其中，美军伞兵奉命占领杰拉附近的皮亚诺鲁普高地，搭乘滑翔机的英军伞兵将攻占锡拉库萨以南的一座大桥。临近凌晨3时，盟军第一批登陆艇驶抵西西里岛海滩，开始放下跳板。接下来，盟军官兵纷纷上岸。与以往每次袭击行动不同的是，这一次他们将要在这片土地上站稳脚跟，进行一场旷日持久的战斗。

↓1943年8月，在西西里岛卡塔尼亚镇附近，英军士兵借助坦克及其扬起的烟雾的掩护，沿着一条布满灰尘的道路向前推进

2

登陆西西里岛

巴顿和蒙哥马利在西西里岛的联合登陆行动，
见证了这两位"征服者"在解放这座岛屿的过程中
所进行的明争暗斗。

在西西里岛进攻战役正式开始前几天，美国陆军第82空降师下属的第505伞降步兵团团长詹姆斯·加文上校就曾与敌军发生遭遇。颇为有趣的是，加文上校并非是乘坐运输机进入敌方战区的，相反，他率领部下按照"爱斯基摩人"行动的预定路线前往战区，在飞行中途短暂停留时突然遭到德国空军的袭击，大家不得不迅速散开进行隐蔽。

1943年7月9日晚上10时左右，在突尼斯的凯万机场，第505伞降步兵团下属的第3营、第504和第456伞降野战炮兵营以及第307机降工兵营的士兵们开始陆续登上C-47运输机。加文上校发给每位士兵一张纸条，上面写着："第505步兵团的勇士们，今天晚上你们将参加战斗，这是一场伟大的战斗，一场我们的人民以及全世界热爱自由的人们期盼了两年之久的战斗。你们将作为开路先锋，为美国军队登陆西西里岛的伟大行动扫清障碍。如今，所有的应变准备工作全部到位，在你们的背后，集结了一支有史以来规模最为强大的空中力量。全世界的眼睛都在注视着你们，每一个美国人都在为你们祈祷……"

很显然，加文上校有关应变准备工作已经充分到位的说法只不过是稳定军心而已。事实上，如同任何一场军事行动一样，"爱斯基摩人"行动尽管事先进行了大量的规划和演习工作，但仍有可能面临一些难以预测

←←在西西里岛战役期间，英军士兵正从一艘登陆艇的舷梯上下来。根据"爱斯基摩人"行动的最初计划，英军部队沿着东海岸向墨西拿城推进，美军部队则负责保护英军的侧翼

的变数，而这些变数却很有可能产生致命的影响。例如，地中海上的疾风不但席卷着海浪，"奋力阻挡"着盟军舰队的航进步伐，还同样"竭力干扰"着空中飞机的飞行。对于第51部队运输机联队那些缺乏经验、主要借助仪器飞行的飞行员和领航员来说更是如此，他们驾驶着飞机在破晓之前的夜幕中向着自己认为的西西里岛方向飞行，根本分辨不清任何的地面标志。在此前的训练中，他们看到的只是白天拍摄的空降区航空侦察照片。因此，在C-47运输机的强烈轰鸣声中，当心情颇为紧张的加文上校透过舷窗看到马耳他岛上不断闪烁的灯塔时，他几乎懵了，因为他从来没有见过这样一个地方。

空降灾难

　　早在美国人登机前的两小时，2 075名英军空降兵就已经出发了，他们搭乘着由C-47型运输机和英国"艾博马尔"运输机所拖曳的滑翔机向目的地飞去。然而，随着夜幕逐渐降临，空中风力越来越大，英军机群队形被逐渐吹散。在由144架飞机组成的最初的编队中，大约130架飞机抵达了西西里岛海岸线的上空，另有6架左右在中途掉队，4架飞机由于偏离航向，最后又返回了出发的机场。此外，有一架滑翔机的牵引绳索在海上突然断裂，另外一架滑翔机尚未抵达陆地上空就被牵引机提前释放，这两架飞机最后掉进了大海。

　　70多架滑翔机不是被提前释放，就是降落到错误的地点。据统计，仅有54架滑翔机准确降落在西西里岛。就这次空降行动而言，这是一个灾难性的开始。接下来，只有104名搭乘滑翔机降落的英军士兵，在威瑟斯中尉的指挥下，向位于锡拉库萨以南的阿纳波河上的蓬特大桥发起攻击。最终，仅有73名士兵抵达大桥附近，为了争夺这座桥梁，他们中的许多人受伤或阵亡。

　　令人不可思议的是，这批英勇的盟军空降兵居然拆除了意大利人事先放置的用来炸掉这座桥梁的炸弹，并打退了敌人的一次反攻。然而，由于敌人意识到这座桥梁的重要性，在接下来的一天里持续不断地进行反攻。

　　到了下午，仅剩下的18名英军空降兵弹尽粮绝，被敌军团团包围。最后，他们在威瑟斯的率领下向一个意军营投降。然而，就在投降后的几分钟内，英军第5步兵师再次夺回了这座桥梁。战后，意大利军队的一份报告坦率地承认："毫无疑问，英国人之所以能够取得胜利，就在于我们未能将阿纳波河上的那座桥梁炸掉。"

　　在美军方面，有一架C-47运输机坠入大海，另有两架在掉队之后，飞行员驾驶着满载空降兵的飞机又返回了机场。其余200多架飞机搭载着空降兵从东南方向进入西西里岛上空，而后实施空降或机降作业。据美国陆军官方的第二次世界大战历史记载，有33架飞机上的伞兵降落在英国第8集团军的作战区域；53架飞机上的伞兵降落在杰拉附近第1步兵师的作战区域；127架飞机上的伞兵降落在第45步兵师预定登陆的海滩后方，这里位于维多利亚镇和卡塔基罗内镇之间。在众多部队中，第505伞降步兵团第2营是为数极少的一支能够成建制降落下来的部队，但他们的实际降落

↓丘吉尔与蒙哥马利在一起

点距离预定地点有40千米之遥。事实上，真正降落到目标区域的美军伞兵仅有10人左右。

皮亚诺鲁普高地

随着伞兵们的相继着陆，军官们将分散在不同地点的伞兵们集结起来组成一个个的战斗分队，夺取敌军的防御阵地。然而，他们之中只有大约200名伞兵克服一切困难，推进到了事先确定的攻击目标——皮亚诺鲁普高地。

同样，加文上校也降落到了一个非常陌生的地方，这里距离自己所熟悉的参照地标大概有数英里。尽管如此，他还是听到了从远处数个方向传来的交火声。这位上校腿部受伤严重，但他还是忍着剧烈疼痛，陆续找到了手下的参谋军官。接下来，他们抓获了一名意大利士兵，讯问半天也未能获取任何有价值的情报。

后来，在回忆起当初的困惑时，加文上校写道："在着陆后的最初一段时间内，实在难以确定我们究竟是在西西里岛、意大利还是巴尔干。"

一个美军伞兵营——第505伞降步兵团第1营，开创了一个可供后来者借鉴的作战模式。在指挥官亚瑟·戈勒姆中校的率领下，该伞兵营坚守尼谢米—杰拉公路附近的一处高地，他们挖掘战壕进行隐蔽，并成功伏击了一队德军，用火箭筒摧毁了4辆坦克，切断了这支失去支援的德军步兵小分队与后方的联系。接下来，戈勒姆中校将指挥部搬到皮亚诺鲁普高地，

←满载着盟军空降兵的CG-4型滑翔机在C-47型运输机的拖曳下，向着西西里岛的预定着陆场飞去。然而，由于空中风力强劲，再加上导航识别困难，盟军在西西里岛的空降行动极为混乱

以逸待劳，准备打退德军即将发起的反攻。第二天，戈勒姆中校在攻击敌军一辆坦克时牺牲。

尽管冒着极大的风险，"爱斯基摩人"行动中的空降作战还是攻占了最初确定的主要目标。由于诸多原因，盟军付出了沉重的代价，但赢得了一个非常意外的局面——盟军伞兵们在空降过程中的分散和混乱，极大地迷惑了德国人和意大利人，使得他们当时误以为至少有两万名伞兵对西西里岛发起了进攻，但事实上，真正的人数远远小于这个数字。

向锡拉库萨推进

在西西里岛进攻作战中，与空降行动的混乱无序相比，盟军两栖登陆行动却赢得了一个非常幸运的开端。无论是在英军登陆场还是在美军登陆场，盟军第一波攻击部队几乎都未遇任何抵抗，凌晨2时45分左右就迅速上陆。在重新夺回蓬特大桥之后，英军第5步兵师开始向本次行动中的一个重要目标——锡拉库萨港口开进。在未遇任何抵抗的情况下，第5步兵师在7月11日午夜占领了这座城市。然而，在即将突入卡塔尼亚平原的开阔地带时，英军却在锡拉库萨东北8千米处的普里奥洛受到德意军队（意军那不勒斯师和德军上校威廉·施迈茨指挥的部队）的联合阻击，被迫停滞下来。

第一天作战结束后，英军第13军和第30军已经牢牢控制了帕基诺半岛，随时准备切断115号公路。与此同时，在卡塔尼亚以南，德军沿着普里莫索尔河构筑起了一道防线。

突击队冲锋

在利卡塔、杰拉和斯科格里蒂登陆时，美军仅仅遇到一些零星的抵抗。其中，敌军在杰拉的抵抗较为顽强。当时，美军登陆艇在距离海滩数百米时，遭到了意军海岸炮火的猛烈攻击。在敌军密集火力的扫射下，美军一个排的突击队最终仅剩一人。詹姆斯·莱尔上尉率领两个连的突击队冲上海岸，占领了一处被敌军丢弃的炮兵阵地。该处阵地离城市很近，部署了3门77毫米口径的大炮。从旁边堆积如山的炮弹来

←在"爱斯基摩人"行动中，即将登机出发的美军伞兵正在检查所携带的作战装备。为配合伞兵部队的空降作战，盟军地面部队在西西里岛东南角发起了两栖登陆作战

看，意大利人似乎从来没有使用过这几门大炮。此外，火炮的准星和机械升降装置已经被拆除，很显然，意大利人存心破坏这些火炮。即使这样，突击队员们仍然断定这些火炮可以使用，于是调转炮口，准备对付敌人有可能发起的反攻。

大约上午9点，美军第1步兵师第16团下属的两个营向皮亚诺鲁普高地南坡推进，与第505伞降步兵团I连会合。加文部队空降行动中分散的伞兵未能达到预期的兵力投入，计划中空降兵在战术上至关重要的位置充其量也是脆弱的。

对于驻守西西里岛的轴心国地面部队，意大利将军艾尔弗雷多·古佐尼拥有战术上的指挥权，他下令对在杰拉登陆的美军部队发起反攻。古佐尼企图使用经过加强的意军里窝那师和德军赫尔曼·戈林师的部分兵力，

↓ 在"爱斯基摩人"行动的开始阶段，盟军第85特混舰队的运兵船和护航战舰在地中海上劈波斩浪，向着位于西西里岛东南部的锡拉库萨附近的登陆场进发

从东北和西北同时攻击美军，一举将对方赶下海去。然而，由于盟国空军的猛烈轰炸，再加上此前盟军伞兵对于通信线路的破坏，古佐尼企图两面夹击美军的美梦最终落空。

担任赫尔曼·戈林师师长的保罗·康拉斯少将始终未能接到协同意大利军队发起攻击的指令，事实上，他并没有从自己的顶头上司那里听到有关美军登陆的只言片语，相反，他是从凯塞林在罗马的司令部获悉此事的，进而得到了自己下属的证实，这些下属曾在数个地方与盟军伞兵发生激战。在前一天晚上，康拉斯曾要求所属部队保持警戒，防范敌军的进攻。7月10日凌晨4点过后，意军里窝那师也开始单独向杰拉海滩推进。

意大利人的反攻

截至上午9时，在尼谢米城到皮亚诺鲁普之间，意军与大约100名美军发生遭遇交火。美军摧毁了意军队伍前面的3辆坦克，迫使协同坦克作战的意军步兵慌忙丢掉手中的机枪和步枪，仓皇后撤到皮亚诺鲁普附近的一处十字路口。接下来，根据第16团级战斗队的呼叫，美国海军"杰弗斯"号驱逐舰上的127毫米口径舰炮猛烈开火，铺天盖地的炮弹落到了意军坦克集群中间。

意军装甲部队继续向前推进，与美军第16团级战斗队的两个营迎面撞上。这时，意军坦克猛然意识到己方担任协同任务的步兵已经远远落在后面，而自己将在敌人的海军舰炮火力中遭受惨重伤亡，于是停止了战斗。

在更加靠西的地方，是第三支担任反击任务的意军部队，由13辆坦克及协同作战的步兵组成，他们朝着杰拉附近的美军突击队和工兵部队发起进攻。这些坦克沿着117号公路向前推进的途中，有几辆被美军摧毁。事实上，至少有10辆坦克当时已经攻入这座小镇。除了手榴弹外，美军突击队员手中缺乏其他有效的反击武器，不得不与意军坦克展开了一场极其危险的"猫捉老鼠"的游戏。美军威廉·达比上校乘坐一辆吉普车冲回了海滩，等他再次回来时，手中多出了一门"借来"的37毫米口径反坦克炮。如同此前一样，负责协同坦克作战的意军步兵再一次止步不前，使得意军坦克再一次无法施展拳脚。就这样，短短半小时，这支担任反攻任务的意军部队就损兵折将，被赶出了杰拉。

令人难以置信的是，在战斗中，意军里窝那师的一个步兵营几乎是踏着整齐的步伐，向着美军的阵地接近，他们最终在美军的猛烈炮火和枪弹

扫射中纷纷毙命。颇具讽刺意味的是，杀死这600名意军士兵的火炮和轻武器，却是美军此前从意军手中缴获的。

←美军第82空降师的伞兵们最后一次检查作战装备，接下来，他们将搭乘眼前这架C-47型运输机从北非出发前往西西里岛

德国人的反攻

下午2点左右，康拉斯下令赫尔曼·戈林师发起反攻。但攻击行动一开始，德国人就陷入了极其不利的局面。为了支援第16团级战斗队第2营和第180团第1营，在海岸线附近巡弋的盟军巡洋舰和驱逐舰猛烈开火，给德军步兵造成重大杀伤。与此同时，重达57吨的德军"虎"式坦克集群在一片茂密的橄榄树林中迷路，甚至出现了机械故障，场面极度混乱。在此情况下，康拉斯立即下令解除坦克集群指挥官的职务，并命令发起第二轮攻击。在接下来的进攻中，德国人一度冲上了美军第180团第1营的阵地。在这千钧一发之际，担任预备队的美军第3营及时赶到，迫使德军停止进攻并撤退，最终不得不把杰拉及其周边地区让给美军。

翌日上午，仍不死心的凯塞林元帅相信自己能够挽救战局，命令康拉斯再次发起攻击。这一次，康拉斯与自己的意大利朋友进行了很好的协同作战，向着皮亚诺鲁普高地推进。面对强敌，美军第1步兵师几乎全体出动，与德意军队展开了激烈厮杀，而加文上校也率领着美军一支伞兵部队投入战斗。突击队上尉詹姆斯·莱尔紧急呼叫美国海军"萨凡纳"号巡洋舰提供火力支援，后者随即进行了一通猛烈的弹幕射击，一时之间，将近500发152毫米

→这幅示意图展示了盟军于1943年7—8月在西西里岛的登陆行动以及随后进行的其他作战行动。下面的地图详细展示了美军第82空降师在主登陆场周边进行的极其重要的空降作战的情况

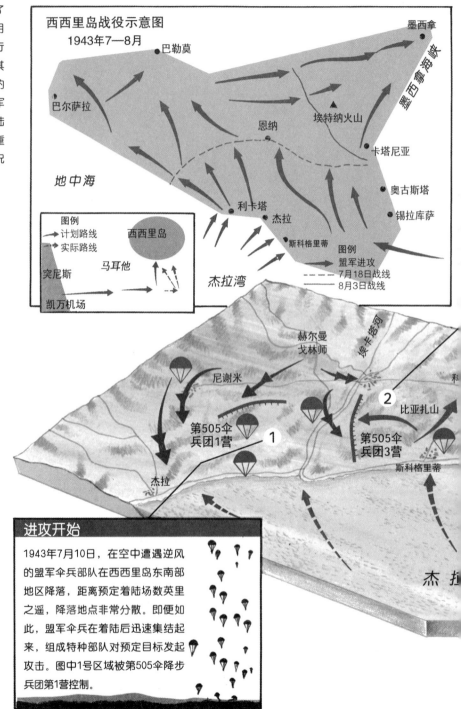

西西里岛战役示意图
1943年7—8月

墨西拿

巴勒莫

巴尔萨拉

恩纳

埃特纳火山

卡塔尼亚

奥古斯塔

锡拉库萨

利卡塔

杰拉

斯科格里蒂

地中海

墨西拿海峡

图例
→ 计划路线
⇢ 实际路线

西西里岛

突尼斯

马耳他

凯万机场

杰拉湾

图例
→ 盟军进攻
--- 7月18日战线
—— 8月3日战线

赫尔曼戈林师

埃卡普河

尼谢米

第505伞兵团1营

1

2

比亚扎山

第505伞兵团3营

斯科格里蒂

杰拉

杰拉

进攻开始

1943年7月10日，在空中遭遇逆风的盟军伞兵部队在西西里岛东南部地区降落，距离预定着陆场数英里之遥，降落地点非常分散。即便如此，盟军伞兵在着陆后迅速集结起来，组成特种部队对预定目标发起攻击。图中1号区域被第505伞降步兵团第1营控制。

炮弹倾泻到意军阵地上，给对方造成惨重的伤亡。战斗中，莱尔的手下俘房了400名意军，这位上尉后来写道："树枝上挂满了敌军的尸体，许多人被炸成了碎片。"

与此同时，康拉斯的几辆坦克冲到了距离海岸1 820米的地方，并对美军一处登陆点进行猛烈炮击。古佐尼将军曾一度接到报告称，美军正在往海上逃窜。事实上，当时海滩上所有的美军人员，甚至包括装卸工，都纷纷拿起武器参加战斗，最终阻挡住了德军的进攻。4辆刚刚抵达海滩的美军"谢尔曼"坦克也参加了这场海滩保卫战。面对这种情况，康拉斯召回了己方坦克。等到德军坦克后退至一定距离后，盟军海军舰炮再度猛烈开火，将16辆德军坦克全部摧毁在海滩前方的开阔地带。

就整体而言，英军和美军在西西里岛的登陆行动，均以极其微小的代价获得了成功。截至中午时分，盟军已经建立起了坚固的滩头阵地。在大批物资进行卸载的同时，一些部队开始向内陆地区推进。此时，德意军队也逐渐地从最初的混乱和困惑中清醒起来，他们将在7月11日早晨发起猛烈反扑。

毁灭性的舰炮齐射

在"爱斯基摩人"行动的最初阶段，盟军海上舰船发挥了极其重要的作用，它们不但将登陆部队安全输送上岸，还非常及时地提供了舰炮火力支援，并源源不断地运来了军火、食品等补给物资。在这些舰船中，最不寻常的是装备一组380毫米口径舰炮的英国皇家海军"阿贝克隆比"号浅水重炮舰，在舰长福克纳上校的出色

敌军反击

1943年7月11日至13日，美军第82空降师遭到了德军赫尔曼·戈林师和意军利沃尔诺师的猛烈反击，在付出惨重伤亡的代价下，他们坚持到最终胜利。

图例

第82空降师着陆点

第82空降师进攻

第82空降师阵地

7月10日盟军登陆

轴心国反攻

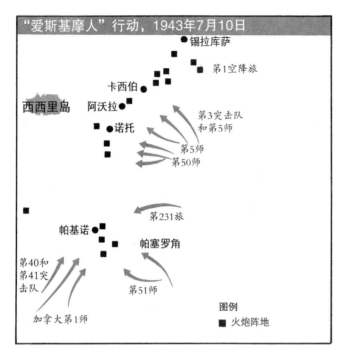

"爱斯基摩人"行动，1943年7月10日

锡拉库萨

第1空降旅

卡西伯

阿沃拉

西西里岛

诺托

第3突击队
和第5师

第5师

第50师

第231旅

帕基诺

帕塞罗角

第40和
第41突
击队

第51师

加拿大第1师

图例

■ 火炮阵地

↑7月10日凌晨3时30分，英军第8集团军开始在西西里岛东南部的锡拉库萨和帕奇诺之间登陆，来自英军K、M和N突击队的突击队员们上岸之后迅速向内陆推进，于当天傍晚时分占领了锡拉库萨

指挥下，该舰多次对敌军进行猛烈的舰炮齐射，其间曾经直接命中并摧毁了敌军一处指挥所。

在多个危急关头，这些大口径的盟军舰炮火力支援不仅精确无误，而且及时有效。同样，纳粹空军和意大利空军也对盟军舰船进行了猛烈反击，极力破坏盟军舰船的物资卸载作业，重创甚至击沉了数艘盟军舰船。其中，6月10日白天，在杰拉海滩附近，美国海军"马多克斯"号驱逐舰遭到德军一架JU-87"斯图卡"俯冲轰炸机的攻击，该舰竭力左躲右闪，最终还是被对方投掷的一枚炸弹击中要害部位，舰上210名官兵随同该舰瞬间沉入海底。临近日落时分，另外一艘满载着弹药、反坦克炮和各型车辆的盟军运输船——LST-313号，被德军一架Me-109"梅塞施密特"战斗轰炸机击沉，21名船员葬身大海。另外，满载弹药的"罗伯特·罗恩"号自由船被击中后，发生的爆炸如同火山爆发一般剧烈。

误伤

敌军飞机的大量出现，给盟军防空部队造成了一个灾难性的"后遗症"——精神过度紧张，他们几乎将所有出现在空中的飞机都当成敌人，不由分说就是一通猛烈炮击。当时，就在德军轰炸机发动一次夜间偷袭后不久，盟军一支低空飞行的C-47运输机编队向海滩上空飞来，上面搭载着2 000人的美军部队，他们是奉命前来增援在杰拉的盟军环形防御阵地的。

然而，这支美军运输机编队刚一抵达海滩上空，就遭到了己方舰船防空火炮的猛烈攻击，等到舰上的水兵们意识到出错时，已经有229名伞兵成为牺牲品，23架运输机被击落，37架运输机受重创，90名机组人员丧生。其中，有一架运输机拼尽最后一丝力气返回在北非的基地，机身上却留下了1 000多处弹孔，这些都是己方防空火力造成的。在此之前，盟军最高司令部曾经通过指挥渠道提醒一线作战部队，己方的运输机编队有可能从他们头顶上飞过，但很显然，并非每一个士兵都得知了这一信息。与此同时，这起事故也引起了盟军高层的思考，在盟国海军与敌方空军进行激战的狭窄的战斗区域，直接派遣一支运输机编队前往空降的做法是否妥当。事后，针对这场悲剧，盟军官方并没有追究或批评任何一人。美军第82空降师师长马修·李奇微少将总结指出："这种损失是战争中无法避免的代价！"

沿着西西里岛东海岸向卡塔尼亚城推进时，蒙哥马利的第8集团军在距离埃特纳火山南坡大约数英里处与一支据守战壕的敌军遭遇，对方充分借助当地的有利地形殊死抵抗。为了夺取位于卡塔尼亚以南、横跨席米陀河上的普里莫索尔大桥，英军第1伞兵旅的1 856名士兵发起了一次空降作战。与此同时，7月13日，英军又派出一支突击队前去攻占马拉泰大桥，这支部队在激战中伤亡150多人，最后在德军的猛烈反攻下被迫撤退。

↓在锡拉库萨以南的G海滩，英军士兵正在从登陆艇上卸载作战装备物资

混乱的空降区

前往普里莫索尔大桥的途中，英军伞兵部队再次遭到己方火力的错误攻击，损失运输机11架。在剩余的113架运输机中，只有39架将其搭载的伞兵准确空投到预定的空降区附近。极为巧合的是，就在英军伞兵开始空降前不久，德军第1伞兵师的1 817名伞兵也空降到了几乎同一地区。这样一来，战场上出现了更加混乱不堪的局面，在漆黑一团的夜幕之中，双方都在竭力识别对方究竟是自己人还是敌人。趁着混乱，一支300人左右的英军想方设法摆脱了混战，直接朝普里莫索尔大桥摸去。然而，在德军猛烈而又凶狠的反击面前，他们面对着咫尺之遥的普里莫索尔大桥无计可施。后来，英军坦克部队到达，才将据守大桥的德军部队赶走。在两次空降作战中，英军伞兵付出了极其沉重的代价，阵亡、负伤和失踪人数超过了900人。鉴于这种情况，蒙哥马利下令暂时取消空降作战。

向墨西拿推进

在"爱斯基摩人"行动的第一天，英国第8集团军就攻占了锡拉库萨，距离西西里岛东北角的墨西拿城还有161千米。对于德国人来说，如果能够继续据守墨西拿城，就可以为西西里岛上的轴心国军队保留一条逃生通道。对于盟军而言，占领了墨西拿城，就可以切断德意军队的逃窜之路，迫使成千上万的敌军投降。当时，德军高层意识到将英国人阻挡在锡拉库萨海湾的重要性，立即将第1伞兵师和第29装甲掷弹兵师从意大利本

↓德军第90空降师所装备的早期型号的3型突击炮。该型火炮的一个致命缺陷就是缺少一座旋转炮塔

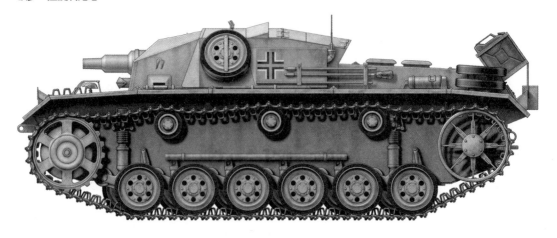

土派往西西里岛进行增援。胡贝将军在接管驻西西里岛德意军队的指挥权的同时，也将自己的第14装甲军指挥部搬到了西西里岛。

蒙哥马利的第8集团军已经习惯了在沙漠地区作战，当他们面对西西里岛上错综复杂的山地地形时，很难一下子适应过来。蒙哥马利下令，要求登普西将军的第13军和利斯将军的第30军齐头并进，向着墨西拿进发。然而，在东侧沿着海岸线推进的登普西的部队，在德军一道坚固防线面前束手无策，被迫停了下来。在西侧，利斯的部队遭遇了同样的难题。战斗中，英军最远仅仅推进到了距奥古斯塔40千米的地方。

7月14日，在一个坦克旅的支援下，英军第50步兵师向114号公路沿线的德军防线发起攻击，试图切断两个德军伞兵营的退路。面对这种情况，德军指挥官施迈茨上校于7月15日下令放弃伦蒂尼附近的阵地，向北撤退18千米，据守席米陀河后方防线。英军第50步兵师赶走了据守普里莫索尔大桥的德军伞兵后，渡过席米陀河继续向前推进，再次与施马尔茨上校的部队以及赫尔曼·戈林师的部分兵力发生战斗。7月16日至17日，英军连续发起猛攻，仅仅前进了2 730米。

巴顿的愤怒

迫于进攻行动一再受阻，蒙哥马利作出了一项重大决定，命令加拿大第一师向西迂回，长途奔袭并攻占维齐尼附近的124号公路，为英军部队从西侧进军墨西拿创造条件。然而，除了面对德军的顽强抵抗之外，蒙哥马利还需要考虑另外一个问题，那就是124号公路位于美军任务区内，美军第45步兵师下属的第157团级战斗队目前正在这条公路上为保护英军的左翼安全进行战斗。

因此，美军官兵在见到英军装甲部队和步兵出现在己方战区内，尤其听到对方要求协助其攻占维齐尼时，他们全都懵了，不知道究竟发生了什么事。巴顿将军获悉此事后更是怒不可遏，他原本就对自己担任的支援角色非常不满，如今看到英国人试图剥夺美军参与进攻墨西拿的权利，他的愤怒顿时像火山一样喷发出来，与蒙哥马利之间的私人关系迅速恶化。

巴顿立即乘坐一架飞机前往突尼斯面见亚历山大将军，请求对方允许自己扩大在西西里岛西部的作战区域，直接进军巴勒莫。在当时，作为盟军地面部队最高指挥官，亚历山大将军对于蒙哥马利的决定同样颇为不满，但为了适应地面战况的发展，他还是勉强同意了蒙哥马利的做法，

并对作战任务区域进行了重新划分。因此，面对前来"告状"和请战的巴顿将军，亚历山大答应了他的要求，允许美军部队放弃原定的为英军提供侧翼支援的任务，在条件许可时向西北方向推进，攻占西西里岛上的最大城市——巴勒莫，为美军最终进军墨西拿赢取一个物资补给基地。

为了肃清124号公路上的残敌，英国人花费了长达两天的时间，他们这时才发现选择另外一条道路，并没有为自己赢得比较理想的推进速度。

根据指示，洛德·特维兹穆尔少校率领加拿大士兵沿着山间小道艰难前进，试图攻占山顶附近的阿索罗村。然而，德国人在撤离阿索罗村之前，又坚守了整整一天，期间定期地对加拿大人开火。事实上，德国人利用悬崖、隘口或羊肠小道等有利地形，竭尽所能地消耗着英军的进攻优势，使得蒙哥马利每前进一步都不得不付出非常大的代价。蒙哥马利最终认识到，无论对于东侧攻势还是西侧攻势，自己都无力提供相应的支援，不得不暂时停了下来。

进军巴勒莫

与此同时，巴顿一面命令特拉斯科特将军攻占阿格里琴托，一面命令布雷德利将军率领第2军的两个师向北进发。接下来，他又命令自己的副手——杰弗里·凯斯将军率领第3步兵师和第2装甲师全速前进，以最快速度攻占巴勒莫。

←美军第7集团军在西西里岛的杰拉海岸登陆以后，开始向纵深地带开进，期间数次遭遇到德军的顽强抵抗与英军相比，美军面前的地形非常开阔，有利于部队快速推进。

　　7月19日上午，凯斯率领部队正式出发，他们的推进速度极为惊人。对此，美国陆军官方的第二次世界大战历史这样记载道："最初的推进速度似乎决定了即将到来的结局。图克上校的第504伞降步兵团比第39步兵团提前出发了两小时，6小时后已经渡过了普拉塔尼河，此时距离出发地27千米。其间，被德军炸毁的一座桥梁横亘在美军面前，但工兵部队很快就架起了一座临时桥梁，美军得以继续快速前进，其间几乎没有任何停顿。美军主力部队推进过程中，曾经遭遇几小股意军的袭扰，但很快就被担任侧翼掩护任务的美军侦察兵肃清了。当时，盟军往往只需要发射几发炮弹、几梭子弹或者出动一两个步兵排，就足以迫使意军放下武器，缴械

↓美军第1步兵师正在西西里岛的利卡塔海滩卸载作战物资。在此之前，该师曾经参加了进攻北非的"火炬"行动

投降。"

第一天结束时，凯斯的部队已经向前推进了40千米。截至7月20日，他们已经攻占了夏卡，此地距离巴勒莫还有一半路程。此时，凯斯相信部队仍然有着足够的力量向前推进，于是命令达比上校率领专门编组的第10特遣部队向前继续突进，该部队由第39步兵团和两个突击队营组成，配备有必要的炮兵支援。21日早晨，第10特遣部队正式出发，沿着115号公路向卡斯泰尔韦特拉诺出击。

意大利军队在撤退时将几座桥梁炸毁，美军工兵部队奉命迅速构筑一座临时大桥，以便部队快速通过。与此同时，达比并没有坐等桥梁搭好再行通过，而是下令一个突击队营从贝利奥河上直接涉水而过，一些吉普车和轻型坦克也纷纷从较浅河段渡河。意大利军队在进行了小规模抵抗后，纷纷丢下碉堡和掩体逃跑了。美军第39步兵团抵达距离巴勒莫43.5千米处的阿尔卡莫时，俘虏了800名意大利士兵。第2装甲师的部分兵力也投入了快速推进的行列之中。仅21日一天之内，美军抓获的意大利俘虏就达4 000人。

占领巴勒莫

7月22日傍晚，美军主力部队已经抵达巴勒莫城下，准备发起攻城战斗。但事实证明，没有必要进行这样一场战斗。在盟军的连续空袭下，巴勒莫已经失去了抵抗能力，城内的许多居民早已逃离。驻守该城的德军部队也奉命后撤至埃特纳环形防线，保卫其逃往意大利本土的最后一条退路——墨西拿。

美军未遇任何抵抗就进入了巴勒莫。一支侦察分队带回了巴勒莫的城防司令朱塞佩·莫里内罗将军。当巴顿获悉莫里内罗正准备向凯斯投降时，他命令第2装甲师和第3步兵师迅速占领巴勒莫城。这道命令在晚上8时左右得到执行，三小时后巴勒莫城正式移交给美国人。

的确，在进攻巴勒莫的道路上，美军并没有受到对方的激烈抵抗，但这场战斗也展现出了运动战的巨大威力。第3步兵师的一支部队在36小时之内向前推进了87千米。凯斯的部队在战斗中伤亡总数仅有300人，其中

↑美军第1步兵师的这名士兵携带着全套作战装备，右肩上挎着的是M1"加兰德"步枪。后来，第1步兵师的部分部队也参加了诺曼底登陆战役

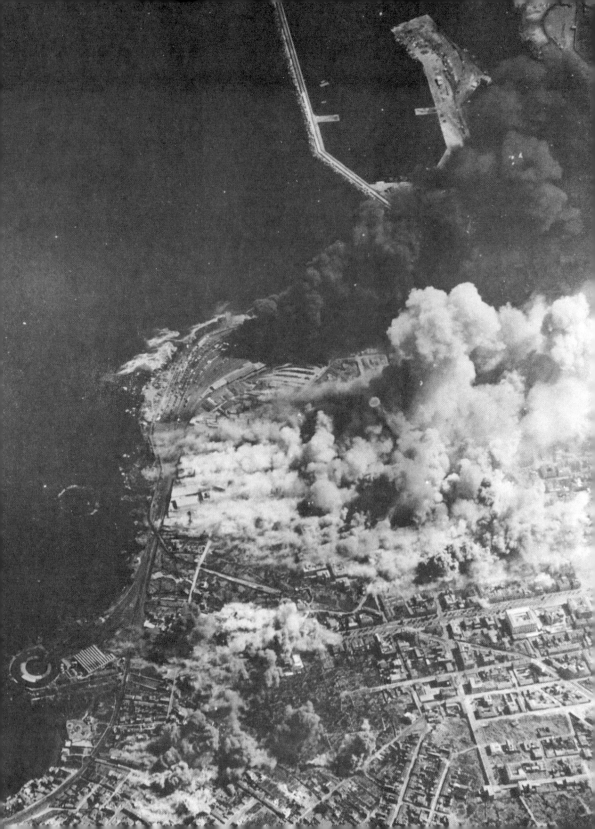

阵亡57人，而他们却俘虏了50 000名敌军士兵。如今，西西里岛上最大的城市和港口——巴勒莫城，落入了盟军的手中。

巴顿的雄心

兴奋不已的巴顿将攻占巴勒莫称为"运用装甲部队的经典战例"，他在日记中写道："今天，我真的觉得自己就像一个伟大的将领——我所有的计划都成功实现了，我希望上帝与我同在！"后来，他在评价推进墨西拿城的意义时说道："这是一场关乎美国陆军荣誉的马术比赛，我们必须赶在英国人之前拿下墨西拿！"

为了阻止美军使用巴勒莫港口，德意军队在撤离前将40多艘船只击沉在港内。尽管如此，美军工兵经过一个星期的艰苦奋战，恢复了巴勒莫港口50%以上的吞吐能力。拿下了巴勒莫的巴顿将军，终于赢得了一个挑战蒙哥马利的最佳时机——抢先抵达墨西拿。

7月21日，蒙哥马利命令第78步兵师从北非出发，前来增援在西西里

←在西西里岛战役期间，盟军飞机对卡塔尼亚城进行空袭，浓密的烟雾从城市上空升起。来自北非基地的空中支援，对于盟军取得意大利战场的胜利发挥了关键作用

↓在意大利战场，美国第5集团军司令马克·克拉克将军（左起第二位）与几位军长在一起。其中，左起第三位是卢西安·K.特拉斯科特将军

岛作战的英军部队，协助打通前往埃特纳火山的西侧通道。与此同时，蒙哥马利还命令第30军调转方向，从120号公路向南面的121号公路推进。此外，鉴于第13军始终无法突破德军防线进入卡塔尼亚平原的开阔地带，蒙哥马利下令该军停止攻势。两天后，亚历山大将军终于同意给予美国人和英国人同等的机会，将北海岸的113号和120号公路交给了第7集团军。

获得亚历山大的准许之后，巴顿立即命令曼顿·埃迪将军的第9步兵师和布雷德利将军的第2军迅速向东推进。为了迅速拿下墨西拿，第7集团军充分利用盟军高层分配给自己的两条公路，兵分两路发起进攻。其中，120号公路位于距海岸线48千米的内陆地带，穿越多处崎岖地形区，沿途分布着德军一些防御工事。

在120号公路上，德国人利用炸药和隐蔽的机枪阵地竭力地阻击美军，让巴顿也尝到了过去两周内蒙哥马利所承受的痛苦滋味。此外，当另外一支沿着海岸线推进的美军部队遭遇顽抗时，巴顿命令担任支援任务

↓西西里岛战役中，美军的Ｍ４"谢尔曼"坦克从一艘坦克登陆舰的舱室中开了出来，驶上了杰拉附近的海滩。"谢尔曼"坦克性能可靠，适合近距离格斗

的美军部队从敌军后方实施小规模的两栖登陆作战，绕过德军的坚固支撑点。

墨索里尼下台

7月25日，意大利法西斯党最高委员会召开会议，通过了对本尼托·墨索里尼的不信任投票，随即将其赶下台。意识到意大利国内的政局动荡将对自己产生不利影响，希特勒和德军最高统帅部作战局局长阿尔弗雷德·约德尔作出决定，从西西里岛撤出剩余的德军部队。希特勒要求约德尔"必须以最快速度进行撤军，整个行动必须在两天之内——最好在一天之内完成"。

约德尔认为在这样的时间范围内，只能将17 000名德军从西西里岛经由墨西拿海峡撤回意大利大陆。希特勒立即反驳道："他们必须克服一切困难，就是挤成肉酱也要撤回来。你还记得英国人在敦刻尔克是怎么干的

↓在奥古斯塔，借助一堵高石墙的掩护，英军第8集团军的士兵们弯着腰向前快速前进，试图清除前方的敌军狙击手

吗？在这样一片面积狭小的浅水区，我们的海军一定能够在一到两天内将士兵们从前线撤运回来，否则就太荒谬可笑了。当然，只要我们相信他们（意大利人）所表示的继续跟盟国进行战争的话，那么游戏就需要玩下去。"

就在第7集团军向墨西拿开进的同时，亚历山大将军会见了巴顿和蒙哥马利，一致决定支持第8集团军重新发起进军墨西拿的努力。这一次，英军第78步兵师将向北发起攻击，加拿大第一师将向121号公路开进，第13军将向卡塔尼亚方向发起一场牵制性攻击，迫使敌军放弃这座小镇，从而在东侧打开一条绕过埃特纳火山的通道。

突破埃特纳防线

↓美军第1步兵师的两名士兵正在对一名肩部受伤的士兵进行战地包扎

在第7集团军向墨西拿推进的路上，最激烈的战斗发生在特洛伊那镇。小镇坐落在120号公路旁边，群山环抱，峭壁林立，迫使美军第1步兵

师不得不一字排开，沿着狭窄的道路艰难前行。对于德国人来说，一旦丢掉特洛伊那镇，就会动摇埃特纳防线的根基，进而威胁到撤离西西里岛的计划。因此，在8月份的前5天里，德军第15装甲掷弹兵师投入了大批兵力，与美军在特洛伊那镇展开了空前激烈的拉锯战。面对着越来越多的美军部队，再加上己方退路随时可能被切断，精疲力竭的德国人最终于8月5日撤退。

同一天，英军第50步兵师突入卡塔尼亚，第78步兵师抵达亚德里亚诺郊区。胡贝将军在等待德军高层下令从西西里岛撤退的同时，开始收缩墨西拿周边的防线。到了8月10日，西西里岛上的所有德军全部收到了沿着东北海岸退往撤离区的命令。截至此时，埃特纳防线开始崩溃，德意军队

↓一名满脸是血的美军士兵正在接受医护人员的检查。在持续一个多月的西西里岛战役中，盟军伤亡总数达到了19 000人

的当务之急就是撤退保命。

在圣斯特法诺、圣弗拉特罗和纳索山，美军第45步兵师和第3步兵师与据守堑壕的德军展开激战。与此同时，巴顿将军还发起了一连串的两栖作战，为美军取得最终的成功赢得了24个小时。8月11日，在布洛罗镇附近的锡伯拉山，莱尔·伯纳德上校指挥一个加强营与德军激战，全营650名官兵阵亡160多人，但最终实现了与第3步兵师主力部队会合的目标。

蒙哥马利也曾打算组织一些两栖作战，但最终还是放弃了。为避免与德军赫尔曼·戈林师发生遭遇，这位英国指挥官决定沿着地形崎岖的道路向墨西拿进发。最后，蒙哥马利选择在敌军后方的斯卡勒塔发起了一次两栖作战，这次突击行动一直向前推进到距离墨西拿3.2千米处，最终在一座被德军炸毁的桥梁前面停了下来。

墨西拿城投降

8月16日晚上10时，墨西拿城落入美国第7集团军之手。次日上午，特拉斯科特将军正式举行城市受降仪式。上午10时刚过，巴顿将军抵达现场。布鲁门写道："在场的摄影师和新闻记者抓拍照片并写笔记。"此前，在进入墨西拿城的路上，巴顿将军乘坐车辆一马当先，他的身后跟着一支长长的美军车队。当时，德军从意大利本土向墨西拿城发射的炮弹不断地在巴顿经过的道路旁边炸响。

←盟军占领巴勒莫港口之后，立即将这里变成一个物资和兵员的重要卸载地，盟军的战争物资经由水路源源不断地运到这里，而后又输送到了一线部队

↓意大利法西斯独裁者本尼托·墨索里尼和他的两个儿子——布鲁诺（左侧）和维托里奥（右侧）。其中，深得墨索里尼宠爱的布鲁诺死于坠机事故，这使得墨索里尼极为伤心

8月17日黎明时分，英军一支坦克纵队进入墨西拿城，但他们遇到的却是美国人。当天晚些时候，蒙哥马利找到了巴顿，在向对方敬礼和握手之后，他说道："这是一场非常有意思的竞赛，祝贺你！"

"爱斯基摩人"行动虽然以盟军的胜利而告终，但并没有赢得盟军高层最初期望的成果。在持续38天的激战中，德军伤亡12 000人，意军伤亡和被俘145 000人，盟军方面伤亡19 000人。更为严重的是，40 000名顽强战斗的德军士兵、70 000名意军士兵、47辆坦克、97门大炮以及将近10 000台的各型车辆，安全撤回到了意大利本土，这些残存下来的人员和

武器在接下来的日子里将继续与盟军对抗。

巴顿的斥骂

　　8月初的一天,巴顿将军像往常一样前去视察野战医院,一边慰问伤病员,一边将他们获得的荣誉勋章放置在他们的床头上。但就在这一次,他遇见了一个显然并没有受伤的士兵。当巴顿询问他哪里受伤时,对方回答自己的神经"实在受不了了!"

　　听到这种回答,巴顿将军顿时怒不可遏,顺手用手套狠狠地抽打了这

↓在西西里岛的布洛罗镇,美军士兵在紧张的战斗间隙进行小憩。第7集团军在攻占巴勒莫后马不停蹄,沿着西西里岛北海岸向墨西拿发起突击

名士兵几下。当天晚上，巴顿向手下的指挥官们签发了一份备忘录，他在备忘录中指出："有一些士兵借口自己精神紧张，无法继续战斗，躲进了医院。他们是一群懦夫，更是亵渎了他们那些英勇战斗的战友们。因此，这些人所在的部队应该对他们进行处分。"巴顿进一步指出："我相信，让这些怕死鬼、懒汉与那些英勇负伤的英雄们待在同一个医院里，是一种莫大的耻辱。医院不能收留这种懦夫，不能让这些混蛋玷污了这个光荣的地方！"

一周后，发生了第二起打人事件。这一次，巴顿将军严厉斥责一名因被炮弹震晕而被送进医院的士兵，他甚至挥舞着手枪要立即枪毙这名士兵。接下来，他对在场的医护人员吼道："我希望你们立即把这个人扔出去，我不希望其他英勇的士兵看到这样一个狗杂种。"巴顿一边说着，一边冲向那名被吓得瑟瑟发抖的士兵，在场的医生未来得及把二人隔开，巴顿就给了那名士兵一记耳光。

←美军士兵行进在堆满了瓦砾的墨西拿街道上。在争夺墨西拿的过程中，巴顿将军和蒙哥马利元帅之间所产生的矛盾，贯穿了整个战争的始终

←据守着西西里岛海岸的意大利步兵。他们之中的一部分人拼死抵抗，后来接受德军指挥官的指挥，另外一些人刚一见到盟军士兵就纷纷缴械投降了

巴顿道歉

那些目睹了事情经过的医生们向艾森豪威尔将军举报了巴顿的粗暴行为。这些意外事件使得艾森豪威尔非常为难，他甚至考虑解除或降低巴顿的职务。然而，这位盟军最高指挥官同时意识到，自己不能够没有巴顿这样一位敢于进取、擅长指挥的前线司令官。再三权衡之后，艾森豪威尔最终命令巴顿做出深刻检讨，向两名遭到他打骂的士兵、当时在场的所有人（包括医生和伤病员）以及第7集团军的士兵进行道歉。

为了赢得战争的最终胜利，艾森豪威尔接下来与一些媒体进行了座谈，希望新闻记者们能够顾全大局，不要向公众披露这件事。然而，专栏作家德鲁·皮尔森却在广播播报中将此事捅了出去，一时间舆论哗然，许多美国民众对此表示强烈不满，有人甚至要求将巴顿送上军事法庭。此时，恰逢盟军高层正在制订进军意大利本土的作战计划，巴顿的第7集团军于是被解散，其主力部队编入了马克·克拉克将军的第5集团军。

接下来，巴顿将军在地中海战场的后方坐了几个月的冷板

→美军士兵在墨西拿的街道上快速前进。在进军墨西拿的竞赛中，巴顿的第7集团军拔得头筹，比蒙哥马利的第8集团军提前数小时抵达目的地

凳，一直持续到出任第3集团军司令官参加诺曼底登陆战役为止。颇具讽刺意味的是，在西北欧战场上，巴顿将听命于自己以前的老部下——奥马尔·布雷德利将军的调遣，而他以前的竞争对手——蒙哥马利元帅，将指挥西北欧战场上所有盟军地面部队向着第三帝国的老巢推进。

当然，在"爱斯基摩人"行动阶段，谈论上述事情还为时过早。如今，一个强大的敌人仍然盘踞在意大利本土上，盟军下一步的突击行动将于9月份在萨莱诺海滩发起。

←英军士兵刚刚肃清了敌军在某个小镇上的抵抗行动。英军士兵脚下躺着的是意军士兵的尸体

3

萨莱诺登陆

随着盟军在意大利本土的成功登陆，墨索里尼的法西斯政府随即垮台，意大利新政府向盟国提出有条件投降。

1943年7月25日星期日傍晚，长达20年的意大利法西斯统治悄然落下帷幕。下午5时许，搭载本尼托·墨索里尼的汽车驶出在罗马的萨乌瓦别墅。此时，意大利国王维托里奥·埃马努埃莱三世正在焦虑不安地等着他的到来。

墨索里尼政府危机骤增。盟军在西西里岛取得了胜利，意大利人民再也无法忍受战争给他们带来的贫穷，每人每天不足1 000大卡的配给也日渐匮乏，空袭造成众多平民和军人死亡，受伤人员日渐增多。所有这一切使普通老百姓不愿再追随衰落的帝国梦了。

就在几个小时前，意大利法西斯党最高委员会以19票赞成、7票反对通过了要求墨索里尼下台的决议，最后交由国王维托里奥·埃马努埃莱定夺。国王明确无误地告诉这个备受非议的领导人，"亲爱的领袖，不能再这样下去了，意大利已经支离破碎，我们军队的士气已经跌至谷底，士兵们不想再打仗了,在阿尔卑斯团里流传着一首歌，歌中唱到他们已经非常厌烦再替墨索里尼打仗。最高委员会的投票结果影响也很大……很显然，你应该明白意大利人民怎么看待你，不要心存幻想了。除了我，你已没有任何别的朋友。你不用担心你的个人安全问题，我会保护你的。我已指定巴

←意大利陆军元帅彼得罗·巴多格里奥（左）与盟国秘密商谈投降事宜，他当时非常担心自己的新政府将会遭到纳粹的疯狂报复

多格里奥元帅担此重任"。

国王维托里奥·埃马努埃莱三世向墨索里尼介绍了对他的安全保卫工作的安排。会面结束后，一辆救护车把墨索里尼带进一个兵营，并布置了哨兵。刚开始，墨索里尼认为这是对他的一种保护，但慢慢地发现自己实际上被逮捕了。

德国"元首"解救意大利"领袖"

关押墨索里尼的地点经过了至少6次的更换后，最终定在罗马北部海拔近2 170米的格朗萨索山上的豪华别墅里。根据一条截获的无线电报，希特勒判断出了这一点，随即指派党卫军少校奥托·斯科尔兹内率领由他亲自挑选的90人的别动队前往解救。

9月12日，德军空降部队成功夺取了从谷底通往陡峭山顶的铁路，斯科尔兹内的别动队在别墅附近突然出现，着实让看守墨索里尼的警卫们大吃一惊。最终，德国人不费一枪一弹，成功救出这个脆弱的前意大利独裁者。紧接着，一架"鹳"式轻型飞机把墨索里尼带到德国空军某基地，一架正等候在此的"亨克尔"He-11轰炸机随即将其运送到位于东普鲁士拉斯腾堡的希特勒的总部。

整个事件中更具戏剧性的一幕是，斯科尔兹内坚持和墨索里尼一起从山顶上乘飞机回去，这一做法不亚于其在战争中的其他冒险行为。别动队员、已免职的独裁者以及飞行

↓ 1943年9月13日，在萨莱诺登陆前夕，美军第82空降师的伞兵们正在检查各自的武器装备。事实证明，在西西里岛和意大利本土进行大规模空降作战的风险极高

员的体重加在一起，远远超过了一架小小的"鹳"飞机的核定载重量，因此当飞机掠过山崖边时就开始直线下降，飞行员使出浑身解数才保持住飞机的平衡，最终把墨索里尼带上暂时的"自由之路"。希特勒在加尔达湖畔的萨洛成立法西斯的"意大利社会共和国"，委任墨索里尼担任元首。虽然这个傀儡政府仅仅存在于纸面上，但一直保持到了1945年，直到墨索里尼被游击队抓获并处决为止。

和平协定

曾在前法西斯政府中担任武装力量总参谋长的彼得罗·巴多格里奥元帅受命组建一个不含法西斯分子的新内阁，随后与盟军签订和平协定。早在8月初，意大利外交官就秘密与艾森豪威尔手下的沃尔特·比德尔·史密斯将军及肯尼斯·斯特朗将军在葡萄牙首都里斯本会面，表达新政府打算投降并反对德国的愿望。但是，巴多格里奥希望得到盟军一个保证，那就是盟军能够在意大利本土部署兵力，甚至在德国占领罗马这座"永恒之城"之前采取空中行动来保证罗马的安全。

意大利人进退维谷，对于他们来说，无法真正分辨出哪一个危险更

↓1943年9月，加拿大部队在意大利勒佐海滩登陆。他们使用的DUKW两栖运输车配备有车轮，能够在陆地上行驶，同时还配有螺旋桨，故而也能在水中航行

大。盟军正在肆无忌惮地轰炸他们的城市，根本没有任何打算调和的意图，更何况前不久双方还是敌人，现在想要并肩作战更是不可能。丘吉尔就直言不讳地指出："巴多格里奥自己也承认他在骗人。"

艾森豪威尔对于意大利困境的评价非常直接，派官员到里斯本和意大利商谈无条件投降事宜。事实上，与意大利进行合作既可以使对方放松抵抗的决心，也是一个减少人员大量伤亡的机会，因此，务实的艾森豪威尔对此非常感兴趣。

意大利的"传奇剧"

"随后双方进行了一系列的秘密谈判、对话和来往，并在隐蔽地点进行频繁会面。这一切如果发生在小说里，肯定会被戏称为不可思议的'传奇剧'。"艾森豪威尔后来写道。

"由于形势变化，很多计划都被迫放弃……意大利急切希望投降。不过，他们投降的条件是要盟军保证在其宣布投降的同时，一支强大的武装力量登陆意大利本土，从而保护其政府和城市免受德军的攻击。因此，他们极力想知道我们计划的每一个细节。但是，无法排除他们发生背叛的可能性，我们当然不会披露细节。况且，武装进攻意大利本土也不可能，因为我们也没有部队驻扎在意大利本土附近，即便有，也没有舰船将他们运到那里……"

经过几个星期的政治斡旋后，9月3日，意大利政府被迫接受无条件投降。不过，投降的消息一直拖到9月8日，也就是克拉克将军的第5集团军在意大利本土的萨莱诺海滩登陆前夕才向全世界公布。

9月7日，美军第82空降师炮兵指挥官马克斯韦尔·泰勒将军和美国部队运输司令部军官威廉·加德纳上校受命冒险前往罗马，负责评估在这个城市实施空降的危险性。根据命令，如果泰勒认为整个计划应该中止，而意大利现政府无力或不愿自己发出取消计划的信息时，他只需在电报中发回"平安"两个字即可。

"平安"

这两位美国军官搭乘一艘英国鱼雷艇，再转乘一艘意大利海军小型快速战舰，最后到达加塔附近海岸。他们用泥巴把身上的制服伪装一番，乔装成遭击落后被解救的飞行员，先乘坐一段汽车，后转乘救护车，再通过几道德军巡逻线，最后安全到达罗马。迎接他们的是一顿美餐，但没有一位意大利高官前来讨论罗马的形势，这让他们坐卧不安。

最后，巴多格里奥终于接见了他们，一再强调自己亲盟国的立场，并对德军将会占领罗马并严厉惩罚意大利新政府的可能性忧心忡忡。

考虑到当时的形势，巴多格里奥决定给艾森豪威尔发电报，极力建议取消先前达成的立即停火决定。泰勒自己也发了电报。两人都建议艾森豪威尔取消代号"巨人2号"的空降行动。为了保险起见，9月8日上午晚些时候，泰勒又发出了第三封电报，上书"平安"。

既然把意大利投降推迟到9月8日宣布是为了迷惑德军，艾森豪威尔就没在意巴多格里奥在电报中的建议，还是按计划公布了意大利的无条件投降的声明。此时，盟军靠近意大利萨莱诺海滩的进攻部队也作了登陆准备。无奈之下，巴多格里奥也只好接受这一现实。

↑德国党卫军少校奥托·斯科尔兹内率领一群德军士兵正在为从格朗萨索山山峰营救墨索里尼做准备

德军在罗马的军事行动

事实上，对于意大利宣布投降，德国人既不惊讶也不疑惑。希特勒早已命令12 000人的空降部队在炮兵的支援下集结到罗马近郊。同时，24 000人的第3装甲掷弹兵师和150辆坦克随即到达。接着，德军切断了意军的燃料和武器供应，并命令在意大利海岸附近凡是有德军部署的地方都要做好随时解除意军武装并接管防御工作的准备。此时，德军已经作好控

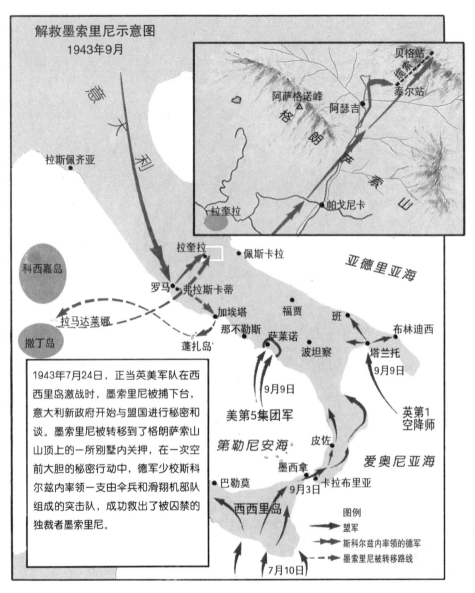

解救墨索里尼示意图
1943年9月

1943年7月24日，正当英美军队在西西里岛激战时，墨索里尼被捕下台，意大利新政府开始与盟国进行秘密和谈。墨索里尼被转移到了格朗萨索山山顶上的一所别墅内关押，在一次空前大胆的秘密行动中，德军少校斯科尔兹内率领一支由伞兵和滑翔机部队组成的突击队，成功救出了被囚禁的独裁者墨索里尼。

↑ 奥托·斯科尔兹内率领德军突击队解救意大利独裁者墨索里尼的举动，受到了纳粹宣传机构的大力吹捧，但这次解救活动并没有激起意大利法西斯势力抵抗盟军进攻的狂热

制整个意大利的准备，必要时将使用武力。

　　与此同时，盟军指挥官们也担心意大利陆军的真实意图。另外，意大利海军也是一支不可小觑的力量，他们的战舰停靠在海港数月之久，对于盟军在西西里岛的登陆行动甚至未做任何抵抗。9月8日，意大利宣布投降，意大利海军的大部分战舰、巡洋舰和驱逐舰到达北非或马耳他的港口投降，其余则被凿沉。然而，战列舰"罗马"号却被德国空军轰炸机击沉，舰上1 300名官兵全部遇难。

　　在意大利南部，凯塞林元帅在海因里希·冯·维廷霍夫将军强有力的支持下，掌握着从比萨到里米尼一线的控制权。在意大利北部，陆军元帅埃尔温·隆美尔指挥着8个德军师。德军在罗马采取军事行动，并在此维持了八个月的纳粹占领局面。意大利国王维托里奥·埃马努埃莱三世、巴多格里奥以及新政府成员逃到南方的一艘英国战舰上。9月29日，巴多格里奥在英国皇家海军"纳尔逊"号战列舰上见到了艾森豪威尔，随后签署了正式的投降文书。即使这样，意大利的痛苦还远远没有结束。

↑ 当 飞 机 载 着 奥托·斯科尔兹内少校和被解救的独裁者墨索里尼准备从格朗萨索山山顶上起飞时，德军突击队员们向他们挥手告别

盟军进攻意大利本土

　　意大利的政治形势对于军事形势产生了直接的影响。起先，盟军领导层在西西里岛战役之后规划整个战争路线时非常保守。在1943年春季，他们的考虑仅限于尽量消灭德军的有生力量，从而减轻苏联红军的压力，同时尽可能把意大利人赶出战场。随着"爱斯基摩人"行动的胜利以及把墨索里尼赶下台，盟军将领不得不重新考虑其战略部署。在此情况下，盟军放弃进攻战略意义较小的撒丁岛或科西嘉岛，而考虑进攻意大利本土则更显合理。

　　盟军最终确定了三条进攻路线：首先，蒙哥马利指挥英国第8集团军下属的第13军团（由加拿大第1步兵师、英军第5步兵师隶属于装甲营和步

↓在"湾城"行动期间，搭乘各种登陆舰艇的英国第8集团军官兵开始上岸

兵营并和跨越墨西拿海峡到达卡拉布里亚的几支突击队组成）将往北推进322千米，与在萨莱诺的美国第5集团军会合，尔后共同往北进军那不勒斯。

9月9日，就是萨莱诺登陆行动的同一天，英军第一空降师将从塔兰托港和附近的布林迪西港的几艘巡洋舰上登陆。塔兰托将作为军用物资的主要存放处，等到塔兰托的局势稳定之后，这支部队将继续沿着东海岸进军并占领福贾军用机场。

克拉克指挥的第5集团军中的英军部队主要是英军第10军（其中包括久经沙场的第46和第56步兵师）、第7装甲师和几支突击队。鉴于布莱恩·霍罗克斯将军在此前的空袭中受伤，上述兵力的战术指挥权就交给了理查德·麦克里里将军。此外，第5集团军中的美军部队临时整编为第6军，下属第36、第45步

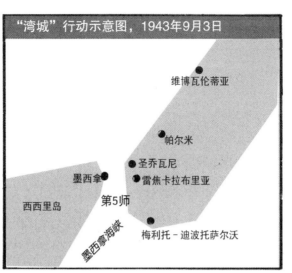

"湾城"行动示意图，1943年9月3日

维博瓦伦蒂亚

帕尔米

圣乔瓦尼

墨西拿　雷焦卡拉布里亚

西西里岛　第5师

墨西拿海峡

梅利托－迪波托萨尔沃

←9月3日凌晨4时30分，在N号和G号突击队的带领下，盟军部队在卡拉布里亚登陆。在"湾城"行动中，盟军跨过狭窄的墨西拿海峡进攻意大利本土

←指挥英军第10军的布莱恩·霍罗克斯将军在"雪崩"行动前的一次空袭中受伤，理查德·麦克里里将军接替他在萨莱诺海滩指挥作战

兵师以及作为预备队的第3和第34步兵师。第6军由E. J.道利将军指挥。

"雪崩"行动

萨莱诺登陆代号"雪崩"行动，卡拉布里亚登陆代号"湾城"行动，袭击塔兰托被命名为"掌击"行动。英国将军亚历山大负责指挥第15集团军地面部队，而海军将领坎宁安和空军将领特德分别指挥海军和空军部队。考虑到美军将领巴顿和布雷德利虽然有着丰富的实战经验，但由于他们仍然在西西里岛战场，盟军高层经过仔细研究，决定由克拉克指挥美国第5集团军。

艾森豪威尔在写给马歇尔将军的信中称克拉克是"……我所遇到的最出色的军事指挥官、策划者和训练者……是我们在策划两栖作战上最有能力、最富有经验的指挥官……在规划命令、登陆艇、军队训练等细节方面考虑非常周全，个人素质过硬。克拉克的精力和智慧能够给人留下深刻印象。在绝境中，他绝不会放过任何机会来赢得胜利"。

克拉克曾打算在五天之内拿下那不勒斯，但萨莱诺附近的登陆海滩和环境本身就是障碍。德军的顽强抵抗可以预见，登陆区附近有两条流进第勒尼安海的河流——卡洛雷河和塞勒河，河间峡谷切断了谷底通往几座山脉的道路。经过精心布置的火炮阵地，能够轻而易举地击退来犯之敌，而这种机会德军绝不会放过。

↓ 北美公司生产的B-25中型轰炸机在意大利战场上大显身手。这种双发动机飞机装备了多挺自卫机枪，有效载荷很大

此外，海滩本身非常陡峭，登陆艇放下跳板后，部队可以直接登陆并把物资直接卸到岸上。萨莱诺位于盟军空中力量的支援范围之内，附近的高维诺山军用机场也可以利用。一条铁路和一条海边公路都在滩头阵地的射程之内，它们穿越那不勒斯并通往西北方向209千米开外的罗马。

蒙哥马利跨越墨西拿海峡的进攻将是意大利南部三支进攻力量中的第

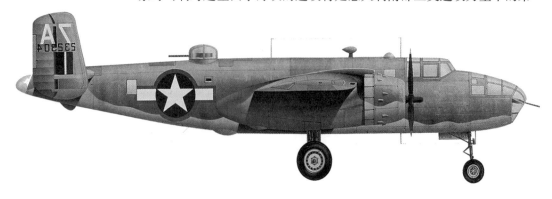

一支。在确定卡拉布里亚登陆的时机问题上，蒙哥马利一直等到9月3日才觉得时机成熟。艾森豪威尔后来也坦率地承认，这个日子比他预想的晚了大约10天。

卡拉布里亚登陆

　　9月3日之前，盟军对于预定登陆场的大规模空袭行动已经开始。到了9月3日，在黎明前的几个小时里，英国皇家海军战列舰"厌战"号、"勇士"号、

↑行进在罗马街道上的德军伞兵部队。在意大利宣布向盟国投降后，德军迅速占领了这位昔日盟友的大部分领土

"罗德尼"号和"纳尔逊"号使用大口径火炮对海岸线进行了猛烈炮击，驱逐舰、巡洋舰、炮艇和三艘配有380毫米口径舰炮的浅水重炮舰也参与其中。此外，第8集团军、第30军和美国第5集团军的4个炮兵营共计600多门火炮也猛轰滩头阵地。来自北非和西西里基地的盟军飞机在空中狂轰滥炸，竭力压制企图鱼死网破的德国空军。

　　进攻前火力准备结束后，英军卡尔顿团、约克团和新苏格兰团开始在卡拉布里亚海岸登陆，其间几乎没有遇到任何抵抗。偶尔在海滩上出现的意大利人甚至全力以赴帮助英军卸载军用物资。然而，在包括英国人和美国人在内的所有外人看来，蒙哥马利的进军速度十分缓慢。由于行军途中地形险恶，加上德军炸毁桥梁、制造山体滑坡等阻击战术，使得英军推进缓慢。同时，蒙哥马利凡事追求完美的性格也使得他在意大利南部贻误了大量战机。可以说，在需要采取大胆果敢行动的战争中，让蒙哥马利负责这样一场关键战役是一大失误。

　　几年后，传记作家阿利斯泰尔·霍恩写道："9月进入意大利本土以后，蒙哥马利及其第8集团军的表现（和在西西里岛相比）不尽人意，他们似乎疲惫不堪。参战不久的美军士兵无法理解近四年战争、无数艰辛与

物资匮乏给他们的英国盟友所造成的影响。登陆后的英军部队慢条斯理地向北推进，就连蒙哥马利的手下也觉得这种行军就像'在西西里岛和非洲战役之后的假期野餐'。然而，就在此时，在萨莱诺登陆的美国第5集团军在那不勒斯以北不远处陷入困境。"

在蒙哥马利登陆后的第六天，第1空降师在塔兰托港口成功上岸。"掌击"行动未遇任何阻力，港口设施完好，未遭破坏。盟军的唯一损失就是英国皇家海军"神仆"号扫雷艇被鱼雷炸沉，艇上正准备上岸的48名水手和101名士兵丧生。

"欢庆场面"

9月8日，参与"雪崩"行动的盟军进攻部队搭乘着450艘战舰到达萨莱诺海滩时，一下子进入了欢庆的海洋。此时，意大利已经宣布投降，盟

↓1943年9月9日，美军第143团级战斗队涉水穿过海边的碎浪区登上意大利本土。在登陆期间，盟军遭到了德军的顽强抵抗

军士兵们觉得不会再有太大规模的抵抗。

"我从未想过会见到这样的欢庆场面。"沃伦·斯拉舍少校写道，"不过还行……我们一手拿着橄榄枝，另一手拿着歌剧票，没有遭遇任何抵抗就将船拖进了那不勒斯港。"

不过，盟军高级将领们明白，德军必将誓死一战。事实上，鲁道夫·斯科纽斯将军指挥的第16装甲师是意大利南部唯一一支装备精良的德军部队，专门用来抵抗英美军队的进攻。可以说，拥有着17 000名士兵、36门大炮和100多辆坦克的第16装甲师，足以给盟军在登陆时制造很大的麻烦。同时，先前由意大利军队据守的6座海岸炮台也被德军掌控了。

凌晨3时10分，就在第一组突击队发起首轮进攻前大约半小时，美军和英军突击队上岸，占领了滩头北侧的几个重要地段，其中包括通往那不勒斯的低地。在塞勒河口南侧，主要由得克萨斯州国民警卫队士兵组成的第36师准备夺取即将从卡拉布里亚前来会合的蒙哥马利第8集团军的主要通道，确保滩头阵地左翼安全。

↑萨莱诺登陆的成功，为盟军逼近并夺取重要港口那不勒斯提供了一个发动快速进攻的基地。1943年9月9日凌晨3时30分，美国第5集团军在萨莱诺海湾登陆。在北部地段的U海滩、S海滩和R海滩，英军两个师担任主攻兵力。其中，第K和第M突击队协同第56步兵师对S海滩和R海滩发起突击，D突击队协同皇家海军攻击U海滩

挺进萨莱诺

在第36师左边，英军第56师受命攻占高维诺山军用机场和巴蒂帕利亚的十字路口和铁路线。在塞勒河的另一边，第46师准备夺取萨莱诺城并与左翼的特种部队保持接触，美军第45师的两个团担任预备队。英军希望在进攻之前能够得到海军的炮火支援，而第36师师长弗雷德·沃克将军却选择放弃火力支援，因为他担心偏离目标的炮弹有可能对他的部队造成误伤。然而，没有火力支援同样也不会对敌人造成杀伤，己方士兵也不可能从激烈的枪炮声中得到任何心理慰藉。

凌晨4时45分，英军第10军上岸，开始向内陆推进。其间，G. W. R. 坦普勒将军的第56师曾经遭遇德军坦克部队，但在英国皇家海军"努比亚"

号、"毛里求斯"号、"猎户座"号、"乌干达"号和"罗伯茨"号等驱逐舰的强大舰炮火力支援下将其击退。第56师曾对巴蒂帕利亚发起试探性攻击，试图攻占高维诺山军用机场，但未能成功。

与此同时，盟军的海上舰炮火力也击退了德军针对霍克斯沃斯将军的第46师的反攻。英国皇家海军驱逐舰"布兰克尼"号、"门迪普"号和"布雷肯"号集中火力，猛烈攻击德军的88毫米口径多功能火炮。德军这种大炮起初是为对付飞机而设计的，但可用来反击坦克、人员和舰船等。

英军皇家燧发枪团第9营登陆后不久，便遭遇德军火箭炮连的猛烈攻击，急忙请求火力支援，英国皇家海军派出一艘驱逐舰前往。"火箭弹几乎贴着头皮飞过去。"一名燧发枪团士兵回忆道，"火箭发射器被清除后，还有一个机枪阵地需要端掉。"接下来，拔掉这个机枪阵地的担子就

↓为了全力支援萨莱诺登陆行动，英国皇家海军"厌战"号战列舰上的381毫米口径主炮猛烈开火。面对敌人的顽强抵抗，盟军强大的海军火力给登陆部队提供了极大的帮助

落在了戴维·刘易斯上尉的身上，他曾是威尔士一位有名的橄榄球手。刘易斯在进攻中严重受伤，却成功打掉了这个机枪阵地，俘虏了25名德军。

英美进攻部队在早期遇到抵抗。第36师下属的第141和第142步兵团在登陆海滩时遭遇顽强抵抗，在敌军的猛烈进攻下，一些登陆艇在岸边着火，还有一些被击中或击沉。有一个81毫米口径迫击炮排因弹药船被炸毁，他们携带着武器登陆后却没有弹药可供使用。一名士兵从登陆艇下来时摔倒，把携带的60毫米口径迫击炮掉进了水里。

萨莱诺海滩见证了数不清的英雄壮举。罗伊斯·戴维斯下士用火箭筒击毁了一辆德军坦克，然后躲过机枪的扫射，爬到一辆动弹不得的坦克近前，把一枚手榴弹塞进坦克，将里面的敌人全部炸死。一等兵亨利·哈伯尔把一座浮桥的铺板抽出来扔到水渠里，使得敌军坦克无法通行。中士约

↓英军士兵趴在土路上，用迫击炮直接命中德军的4型坦克。迫击炮是步兵最有效的武器装备

翰·麦克吉尔将一枚手榴弹扔进敌军坦克的炮塔内。曼纽尔·冈萨雷斯中士只身一人冲向敌军机枪阵地，用手榴弹摧毁了这个阵地。

詹姆斯·洛根中士躲在一条灌溉渠的隐蔽处，将位于182米开外的一个石墙豁口的几名德军士兵射死。接下来，他越过一片开阔地夺取一个机枪阵地，然后用机枪对准德军扫射。他因此获得了一枚"国会荣誉勋章"。

德军反攻

接近中午时分，美国海军巡洋舰"波伊西"号和"费城"号上的152毫米口径舰炮猛烈射击，粉碎了德军16辆4型坦克针对第36师的进攻，6辆德军坦克被击毁，其余坦克不得不撤到美国海军舰炮的射程之外。

在行动的第一天，德军成功炸毁了横跨塞勒河的18号公路的主要桥梁，阻止了英军和美军会师。盟军突击队未能和第46师会合，不过他们挡住了德军的进攻，实际控制着萨莱诺城。第1和第3骑兵营炸毁了几辆德军装甲车，成功占领了基翁齐隘口两侧的制高点和通往那不勒斯的18号公路。

↓在萨莱诺登陆期间，美军"谢尔曼"坦克驶下登陆艇向滩头开去。与德军坦克相比，"谢尔曼"坦克尽管在火力和装甲方面稍逊一筹，但机械性能相对可靠，可以进行批量生产

尽管德军第16装甲师已经从登陆海滩附近撤离，但维廷霍夫认为其实力依然存在，不过，他们已经难以再次进攻到海边。此时，德军第26装甲师和第19装甲掷弹兵师组成的第6装甲军正从卡拉布里亚全速向北进发，与此同时，在西西里岛遭受重创的第15装甲掷弹兵师和赫尔曼·戈林师驻扎在那不勒斯以北地区。这些兵力的到来将给盟军制造不少的麻烦。

↑一架涂有美军五星标志的"喷火"战斗机被德军防空火力击中，飞行员迫降在意大利海滩上。随着战事的进行，盟国空军逐渐控制了整个意大利空域

海军的损失

如同西西里岛作战一样，美国海军和英国皇家海军在"雪崩"行动中发挥了关键作用。为了支援地面部队，盟军舰船在萨莱诺登陆期间使用了1.1万吨的炮弹。

凯塞林元帅的参谋长齐格菲·韦斯特法尔将军在评估德军反击萨莱诺登陆盟军的表现时，也从侧面肯定了盟军海军的重要作用："由于在岸边

的岩石上无法找到可以隐蔽的地方，敌人的大口径舰炮给我军地面部队造成很大的压力。"

在做出巨大贡献的同时，盟国海军也付出了沉重的代价。美国海军"罗万"号、"巴克"号和"布里斯托尔"号等三艘驱逐舰、一艘扫雷艇和6艘坦克登陆艇被鱼雷击沉。英国皇家海军损失了"纽芬兰岛"号医院船和6艘坦克登陆艇，此外有许多船只受损严重。

德国空军灵活机动，随时随地发动了进攻。除了配备常规炸弹，德国空军还配备了现代巡航导弹的前身——无线电制导滑翔炸弹。9月11日，美国海军"萨凡纳"号巡洋舰的3号炮塔被这种滑翔炸弹直接命中，舰体受损严重，在四艘驱逐舰的护卫下，才安全返回马耳他港。

9月13日下午，一枚无线电制导滑翔炸弹击中英国皇家海军"乌干达"号巡洋舰，炮弹在击穿7层甲板后爆炸，舰体损伤非常严重。等到美国海军一艘拖船赶到并用拖绳将其拖住时，"乌干达"号舱内已经进水

↓ 1943年9月9日，美军登陆部队乘坐登陆艇向萨莱诺海滩逼近。在德军的猛烈反攻面前，脆弱的盟军滩头阵地几乎失守

13 000吨。9月16日,两枚滑翔炸弹击中英国皇家海军"厌战"号战列舰,另外两枚在附近爆炸。

克拉克意识到德军将会加强在萨莱诺的反击兵力,随即命令第45师的两个团登陆。接下来,第509伞降步兵团和第82空降师也奉命在阿维利诺实施空降。与此同时,第45师第3团、第7装甲师部分兵力以及更多的空降部队在9月15日之前陆续赶到萨莱诺海滩阵地。

四面楚歌的滩头阵地

在登陆成功后的最初24小时内,盟军的滩头阵地形势非常危急,第36师占据了扩展的战线,英军于9月10日与德军展开了激烈对抗。其中,就在英军突击队与德军赫尔曼·戈林师伞兵营进行激烈厮杀的同时,英军皇家燧发枪团和第167步兵旅共计1 500名官兵在距离萨莱诺19千米处的巴蒂帕格利尔和维耶特利被俘虏。

↑德军一辆3型突击炮猛轰萨莱诺附近的盟军阵地。请注意,安装在车身上的侧面装甲可以保护履带和炮塔

9月9日晚上，蒙哥马利的部队还远在190千米之外。在崇山峻岭之间艰难跋涉后，他的部队已经精疲力竭。于是，蒙哥马利命令部队停止前进，休息48小时。后来，他在书信中描述当时的困难时写道："在意大利南部山区，道路蜿蜒曲折，到处都是桥梁、栈道、涵洞甚至隧道，敌军工兵如果想制造障碍，简直可以信手拈来。"

9月11日，盟军针对塞勒河和卡洛雷河谷两岸的制高点——伊波利和艾尔塔韦尔连续组织了两次进攻。其中，在第191坦克营的一个坦克排的协同下，美军第45师第157团的两个营展开了对伊波利的进攻，当他们向一个由五栋建筑物组成的烟草加工厂悄悄逼近时，刚从巴蒂帕格利尔奉命撤回的一个德军装甲掷弹兵营正在那里静静地"等待"着他们。

当来袭的美军只剩下几米远时，在附近的铁路、公路和建筑物内隐蔽的德军部队利用反坦克武器和机枪发起了猛烈攻击，美军7辆坦克顿时被毁，第157团不得不在距离伊波利6.4千米处挖掘战壕进行固守，而烟草加工厂仍然控制在德军手中。

第45师的另外一个团——第179团，派出两个营直接进攻塞勒河大桥，第三个营则守卫着通往424号高地和艾尔塔韦尔道路的左翼。德军大炮和轻武器在美军到达塞勒河桥前就

→在萨莱诺海滩附近的一次军事训练中，德军士兵正在进行MG42型机枪射击训练，一辆配备50毫米口径加农炮的德军3型坦克从旁边驶过，扬起了漫天的尘土

一艘盟军驱逐舰正在为萨莱诺登陆的盟军部队提供火力支援。在第二次世界大战期间，为了掩护登陆作战，诸如驱逐舰之类的小型、快速舰船经常驶入浅水区域与敌军炮兵展开厮杀

猛烈开火，一时之间，卡洛雷河上的渡河作战形势极度危急。如果当时德军成功占领那个渡口，美军步兵和装甲兵之间的协同关系将被切断。不过，这两个营虽然腹背受敌，却牢牢占据了佩萨诺附近的防御阵地，此处距离艾尔塔韦尔6.4千米。

残酷的战斗

第179师的一个营、第190坦克营的一个排和第160野战炮兵营在撤回己方防线之前遭到德军的阻截。具有讽刺意味的是，第36师第142步兵团未遇抵抗就轻松占领了艾尔塔韦尔和424号高地。然而，到了第二天，德军的猛烈反攻又把第142步兵团赶了回来。

维廷霍夫开始愈发相信自己不仅能将来袭之敌赶进大海，而且还能切断他们的退路。9月13日下午，第36师部分兵力试图夺回艾尔塔韦尔，遭遇德军第29装甲掷弹兵师和第16装甲师的猛烈反击。美军部队被冲散，一些士兵在天黑后返回了最初的防线。后来，查尔斯·凯利下士、阿诺德·比约克伦德中尉和威廉·克劳福德等三人因在此次战斗中表现勇敢，被授予"国会荣誉勋章"。

俯瞰整个塞勒河－卡洛雷河谷地区的敌军防御工事，一些美军指挥官甚感迷惑，导致他们在这条走廊上的防御兵力不够充足。更糟糕的是，第

←在意大利战役的第一天，远处某个目标的上空升腾起滚滚浓烟，英军士兵和一辆"谢尔曼"支援坦克沿着一条土路疲惫前行

26装甲掷弹兵师指挥部确信盟军正在从海滩阵地撤离，于是在当天下午再次展开了一次极其猛烈的攻势，众多坦克在步兵的支援下重创第157团的一个营，从两翼猛攻第143团并俘虏了500名盟军人员。截至下午6时30分，德军坦克已经开进到距离海滩不足3.2千米的地方。当时，那里只有两个美军野战炮兵营和一个由炊事兵、文职人员等一切能够拿起武器的人员临时组建的分队把守，仅仅几百米开外就是第5集团军司令部所在地，克拉克甚至制订出了在10分钟之内迅速撤离的计划。然而，就在这千钧一发之际，盟军炮兵猛烈开火，他们发射了近4 000枚炮弹，最终挡住了德军的进攻。

9月14日，德军再次组织进攻，不过火力较前一天明显弱了许多。克拉克在前一天夜晚重新整顿并缩短了阵线，第45师和第36师的炮兵发射了近11 000枚炮弹，一些曾经负责攻击德国本土目标的重型轰炸机也加入其中。第636营的一辆坦克歼击车在半小时内击毁了5辆德军坦克和一辆满载弹药的卡车，德军先后损失了30辆坦克。重要的是，美军第6军的阵地保住了。

真正的恐怖之战

424号高地和艾尔塔韦尔的战斗仍在持续。一位美军士兵回忆当时的情形时说："夜幕降临时，我们开始从山脚往上爬。炮弹在耳边呼啸而过，落在附

←在1943年10月的空降行动开始前，盟军C-47"达科他"运输机及其拖拽的"韦科"滑翔机正准备从西西里岛的科米索机场起飞

近……我们身上马上就落满了炸飞的泥土和石块。直到那个时候，我才感受到真正的恐怖……山上到处都是阵亡将士的尸体。看到那么多死尸，甚至有些已被烤焦变形，真是一种恐怖的经历。"

9月13日到14日，就在德军装甲兵进攻巴蒂帕格利尔东南的美军第56师的同时，维廷霍夫对英军阵地也发起了猛烈进攻。在海空火力的大力支援下，第2禁卫步兵团、皇家燧发枪团和第167旅的步兵成功挡住了德军的进攻。

大约一周后，彼得·赖特少校接管第3营，在其所有指挥官相继阵亡或受伤后，第2步兵团也归其指挥。他先后摧毁了三个机枪阵地，把部队带到有利地形，并占领一座重要山头。此外，他还曾冒着炮火为士兵收集弹药。这些壮举使得赖特被授予"杰出服役勋章"。一年后，国王乔治六

↓在"雪崩"行动的第一天，一群德国战俘被送到萨莱诺镇附近的控制区。德意军队在抵抗盟军的登陆行动

世下令授予他"维多利亚十字勋章"。

9月15日到16日，达勒姆轻型步兵团的列兵厄恩斯特·赫尔斯将一些伤员从萨莱诺北侧山边进行转移，其间展示出了惊人的勇气，第16营营长普雷斯顿中校写道："客观地讲，他成功转移了至少30名伤员……其中大多数是从敌方火力之下转移出来的。"15日晚，据守某处山口的达勒姆轻型步兵团一位连长弗兰克·达菲上尉指挥手下与德军展开了激烈的肉搏战，最终打死敌人15人，俘虏11人。

"维廷霍夫游戏"结束

蒙哥马利的第8集团军的出现，使得德军指挥层开始惶恐不安，他们不得不考虑对其实施重点防御。事实上，当第8集团军与第5集团军会合

↓在萨莱诺附近成功空投之后，美军的"达科他"战机停在西西里空军基地。一个意大利农民在旁边观看

后，萨莱诺海滩的危机已经解除了。如今，来自第6军和第10军预备队的增援兵力牢牢控制着几乎失守的萨莱诺滩头阵地，并开始向内陆地区缓缓开进。9月18日，维廷霍夫感到大势已去，命令部队往北撤至亚平宁山脉防线。

蒙哥马利的参谋长弗朗西斯·德·金根将军在谈到自己对这件事的感受时说："可能有人会认为——当时我就这么认为——即使我们没有扭转局势，但至少起了很大作用。然而，我如今有了不同的看法。实际上，在我们赶到之前，克拉克将军已经完全控制了局势。"

在一个多星期的激战中，英军第10军有5 500人阵亡、受伤或失踪，美军第6军也损失了3 500人，其中500人阵亡，1 800人受伤。"雪崩"行动的另一个损失就是第6军指挥官道利将军。一些观察家认为持续的紧张战斗使得道利非常沮丧，而另一些人则对于克拉克解除其职务感到惊讶。在战役的关键时刻，与道利的电话交谈使得这位第5集团军司令官非常担心

↓进入敌军曾经占据的萨莱诺镇，英军第40皇家坦克团的一辆坦克越过一处路障。在周边地区，盟军已经击退了德军的猛烈反攻

他在关键问题上的焦虑和优柔寡断。

　　在艾森豪威尔亲自前往第6军指挥部之前，他仿佛已经下定决心要将道利解职。那次战役后，第36师的沃克将军回忆起可能导致道利被解职的一件事情。据美国陆军的第二次世界大战官方历史记载："……当艾森豪威尔、克拉克、道利和休伊特海军上将一同视察36师指挥所并听取沃克汇报时，沃克明显感觉到艾森豪威尔并没有留意他说的话。汇报结束后，艾森豪威尔转向道利问道：'你怎么把你的部队弄得一团糟？'"

　　到了9月下旬，所有关于在萨莱诺海滩应该怎样做或本来可以怎样做的思考都是时过境迁了，现在已经没有时间再作一次假设了。接下来，盟军在首次登陆欧洲大陆之后，紧接着要向西北方向艰难推进。对于盟军来讲，那句古话"不到黄河不死心"注定将呈现非同一般的新含义。

↓意大利机组人员和英军指挥官站在一架停放在布林迪西机场上的MC.202战斗机前面合影

4

目标：那不勒斯

盟军各部队向前推进，攻占港口城市那不勒斯，实现了进军意大利的第一个重要目标。

9月16日，蒙哥马利的第8集团军与克拉克的第5集团军终于在萨莱诺东南数千米处实现了期待已久的会师。两天后，约翰·卢卡斯将军晋升为美国陆军第6军军长。

艾森豪威尔曾亲自前往萨莱诺海滩视察战地情况，在得知德军守备部队有可能向北部进行有序撤退后，这位盟军最高指挥官认真审查了发起一次攻势作战，夺取那不勒斯港和福贾机场的作战计划。如果能够拿下这两处目标，则标志着"雪崩"作战取得了成功。

"9月16日，我前往萨莱诺了解情况。"艾森豪威尔在战后写道，"经过认真细致的调查之后，我认识到有必要批准克拉克将军所提出的解除道利将军职务的建议。"

"在战时，解除一名战地指挥官的职务，并不是一项能够轻松作出的决定。首先，该指挥官所在部队的官兵会认为，上级对于他们的作战表现不满意，否则，他们的指挥官应该得到表扬，而不是解职。其次，如何在很短时间内选择另外一名指挥官来接替这一职务，新任指挥官能否胜任工作又很难预料。但与此同时，对于那些真正无法胜任职务的指挥官，必须提早发现并迅速予以更换。我们必须认识到，成千上万人的生命在他们的

←←在盟军部队逐渐向那不勒斯逼近之际，两名衣衫褴褛、一无所有的意大利儿童站在那不勒斯街头，茫然地注视着大街上来来往往的人群，其中一名儿童失去了一条腿

手中——对于他们的选择，关乎无数人的生死以及战争的成败。"

英军哗变

　　除此之外，还有一件事情不但折磨着艾森豪威尔，同样令美英军队的每一位高级指挥官倍感头痛。当德军对萨莱诺海滩的反攻达到最高潮时，英军高层命令第51高地团和第50诺森伯兰团的1 500名士兵从位于的黎波里的第155号宿营地出发往前沿阵地开进。由于诸多原因，这些士兵们此前没有按照原计划返回英国休整，他们的武器装备也因此未能得到必要更新，无法跟德军抗衡。因此，当他们抵达战斗地段并与一些此前并不熟悉的部队并肩作战时，有将近一半的士兵拒绝执行命令。

　　麦克里里将军发表了一番慷慨激昂的演讲，呼吁那些士兵拿起武器进行战斗，有许多人照着去做了，但仍有192人无动于衷。最后，这些士

↓盟军第5集团军的士兵们从临时架设在沃尔图诺河上的一座钢制桥梁上通过。图中这辆SDKFZ250轻型装甲输送车是从德军手中缴获的战利品

兵被遣送回北非接受审判，并以哗变罪被判处徒刑。其中，三名中士被处死，其余士兵愿意戴罪立功，返回意大利战场参加战斗。这场发生在萨莱诺海滩的士兵哗变，给广大盟军官兵造成极大震动。

然而，在1943年夏季，盟军指挥官们几乎没有时间来反思这件事情。如果拿下那不勒斯，盟军就能够拥有一个大型的补给港口，为未来的作战行动提供支援。与此同时，如果占领福贾空军基地，就可以加大对德国以及位于巴尔干半岛上的敌军军事和工业中心，尤其是罗马尼亚境内的普洛耶什蒂炼油中心的战略轰炸力度。

蒙哥马利向前推进

在第一加拿大师与从塔兰托出发向北推进的第一空降师实现接触后，第78步兵师和第8印度师也及时赶到，从而进一步增强了蒙哥马利元帅的

↓就在盟军地面部队向那不勒斯缓慢推进的同时，盟军飞机对这座港口城市投下了成千上万枚炸弹。德军在撤离那不勒斯之前，将大量的基础设施破坏殆尽，并埋设了大批的地雷

实力。在调整了补给基地与亚得里亚海沿岸港口之后，蒙哥马利下令加拿大师和第5步兵师向前推进。与此同时，德军第一伞兵师继续实施阻滞战术，他们一边战斗，一边向位于北部的比弗尔诺河防线退却。

9月27日，德军放弃福贾，这座小城及其附近的机场在10月1日前被英军完全控制。为巩固这项重大战果，蒙哥马利命令第78步兵师和第一加拿大师（隶属第13军）沿着亚得里亚海海岸向泰尔莫利推进，其侧翼由第5军负责保护。第78步兵师进展顺利，一直推进到目标附近才遇到一些轻微的抵抗。蒙哥马利派出一支突击队，从侧翼发起快速两栖突击，试图削弱据守比弗尔诺河防线的德军第一伞兵师的力量。

↓这名加拿大士兵扛着PIAT反坦克武器，骄傲地站在他所缴获的一辆装备88毫米口径加农炮的德军"犀牛"坦克歼击车之上

英军突击队很快就攻占了泰尔莫利，但能否守住这座小城，则要看第78步兵师能否在当天夜间往该地区投入一个步兵旅进行增援。与此同时，德军第16装甲师也向比弗尔诺河防线快速推进，与英军增援部队展开竞赛。10月4—6日，短短三天内，德军向据守泰尔莫利的英军以及沿着海岸向北推进的其他英军发起猛烈反攻。

10月7日，第78步兵师派出的第二个步兵旅通过水路抵达泰尔莫利，但他们试图在比弗尔诺河上架设桥梁的努力无果而终。由于坦克和火炮部队推进速度过于缓慢，精疲力竭的德军部队开始退守布设在特里尼奥河上的下一道防线。加拿大第一师在崇山峻岭中间奋勇冲杀，攻占了温其亚图诺镇。截至10月11日，福贾及其周边地区的安全形势得到加强。

向那不勒斯突击

在西侧，第5集团军司令克拉克将军和他手下的指挥官们在向那不勒斯推进的问题上面临着异常艰难的抉择。根据第15集团军的整体作战计划，第5和第8集团军应根据自身情况向福贾和那不勒斯方向适度推进。克拉克认为，为了攻占那不勒斯，并击退德军可能发起的反击，第5集团军应至少向前推进至那不勒斯以北40千米处的沃尔图诺河河岸。

鉴于萨莱诺周边多山区地形，道路状况较差，第6军和第10军不得不

↓在那不勒斯附近，雷西纳镇的居民们站在街道两侧，观看盟军第5集团军的车辆从街道上驶过。崎岖不平的山地地形，以及德军坚强的防御阵地，使得盟军的推进步伐异常艰难

↑1943年9月，德军部队正在一处桥梁附近阻击盟军的推进步伐。在意大利北部战场，德军部队在撤退过程中实施阻滞战术，往往把身后的桥梁或公路炸毁

采取战备行军战术[1]。其中，麦克里里将军率领第10军担任主攻任务，他们将穿过索伦托山的两处山口，进入开阔的那不勒斯平原，而后使用装甲部队向沃尔图诺河防线发起突击，最终攻占那不勒斯城。第6军负责侧翼掩护任务，他们将穿过绵延起伏的群山，先后跨过横亘面前的两条公路，切断往北通向那不勒斯的7号公路，并与第8集团军保持直接联络。

客观地讲，凯塞林和维廷霍夫指挥德军进行了一场迄今为止最为出色的防御战。随着德军从科西嘉岛和撒丁岛的相继撤退，驻守意大利的德军兵力增加了40 000人，在意大利北部战场的隆美尔元帅仍然指挥着一支数量可观的军队。然而，直到10月初，德军仍然未能确定究竟在何处构筑起一道主要防线。这条防线究竟应该部署在罗马以南，从而保护意大利的首都，还是部署在亚平宁半岛北部？在最初的作战计划中，该道防线更加靠北，这是因为德军担心盟军通过一系列的两栖作战行动，能够对南部的德军防御阵地形成包围。

关于意大利境内防御作战的最终决定权取决于希特勒，而这位元首正在为最近发生的一些事情兴奋不已。10月初，希特勒命令凯塞林沿着部署在那不勒斯和罗马之间的漫长防线进行据守。早在9月10日，凯塞林就已经确定了在该地区进行防御的一系列重点阵地。一周后，德军开始从萨莱诺盟军占领区的周边阵地陆续撤退。维廷霍夫命令在上述地区留下足够数量的兵力，一方面阻滞盟军部队的推进速度；另一方面支援第14装甲军与盟军第5集团军的对峙。因此，当克拉克的第5集团军抵达沃尔图诺河时，

[1] 战备行军是指部队以准备战斗的队形实施移动。——译者注

他们将遭遇一条由坚固支撑点组成的松散的防线，这些分布在高地上的支撑点控制着所有通向沃尔图诺河的道路。

起初，盟军指挥官们认为双方将在那不勒斯进行一场激战，但情报和航空侦察却显示在最近一段时间，从那不勒斯周边地区通往北部的军事交通流量大幅度增加。尽管如此，从萨莱诺向80千米开外的那不勒斯推进，盟军仍将面临一段异常艰险的历程。德国人继续借助当地的有利地形——交叠起伏的山岭和谷地，犹如手指一样从亚平宁山脉开始向意大利中部一泻千里——进行防御，并将这种优势发挥到了极致。德国人不但炸毁了桥梁和狭窄的通道，还在盟军必经之路上事先布置了大量的机枪火力点和火炮阵地，并巧妙地对这些设施进行了伪装。

↓德军一支4型突击炮队伍整装待发。突击炮配备一门75毫米口径火炮，但缺乏一座旋转炮塔

↑阿尔伯特·凯塞林陆军元帅，一位特别擅长地面防御作战的德军高级指挥官

德国人布置陷阱

为了从那不勒斯城撤运出重要的作战物资，维廷霍夫制订了一份内容翔实的作战计划，指导德军如何进行牵制作战，如何据守和撤离一道又一道的阻滞线。根据这项计划，在撤离那不勒斯之前，德军将摧毁所有的港口设施，布设大量的地雷和定时炸弹，企图在盟军进入那不勒斯之后，继续制造人员伤亡和混乱。

凯塞林也在高度关注着这项破坏计划，决心将那不勒斯港口甚至这座城市本身变成一座废墟，使其对于盟军失去意义。他在下令保留那些具备重要的历史和文化价值，但不具备军事价值的场所的同时，还下令将其他所有有用的东西摧毁殆尽。就这样，医院、博物馆、教堂、修道院以及大哲学家圣托马斯·阿奎那数百年前在那不勒斯大学任教时的住所，最终没有幸免。

第二次世界大战中美军的官方历史表明："凯塞林想做的并不仅仅只是破坏，他还指示第10集团军运走卡车、公共汽车、汽车、电缆等所有能够滚动搬运的物资，下令拆除那不勒斯附近的阿尔法·罗密欧发电厂并将设备运走。此外，其他所有的工业设备，包括制造工具、打字机和计算器等，一个也不留下……他们还炸掉铁路、发电厂、桥梁、变电站和输水管道，在桥梁和公路沿线埋设地雷，摧毁所有无法拆走的运输和交通设施——港口、码头、无线电台、气象站，炸掉水库、粮库、食品加工厂、啤酒厂甚至蒸馏水厂。为了实施彻底破坏，凯塞林甚至表态将派出更多的爆破专家前去协助，并声称如果人手仍然短缺，整个集团军部队都可以参与其中。"

9月20日，美国第5集团军开始向德军侧翼推进，英军部队于9月23日发起主攻。直到此时，克拉克的第5集团军仍在源源不断地得到加强。从9月9日到10月1日，在三个星期之内，共有19万名军人、30 000辆各型车辆和12万吨的补给物资先后在萨莱诺海滩登陆。除了原有的第3和第7装甲师部分部队，第34、第35、第46和56步兵师部队之外，第5集团军的战斗行列中又增加了第3和第7装甲师的剩余部队以及从海上抵达的第82空降师。麦克里里将军指挥部队向前推进时，担任先锋的是第46步兵师，该师将首先穿过维耶特里—诺切拉山口，以便第7装甲师紧随其后向前推进。接下来，第7装甲师将渡过沙诺河，绕过维苏威火山脚下的庞贝古城遗址（公元79年被火山爆发摧毁）抵达沃尔图诺河。第56步兵师将穿过萨莱诺—圣塞维里诺山口，直接向沃尔图诺河推进。

　　在第10军的左翼，是达比上校指挥的三个美军突击队营，总兵力加强到了8 000人。起初，人们希望这些突击队能够实现快速推进，为第46步兵师向前开进创造便利条件。然而，在茫茫群山之间作战，有的山头海拔高

↓图中这名美军突击队员正在沃尔图诺河附近的一处石头房子的废墟中据守，他手中端着的是一枝标准装备的"加兰德"步枪

度甚至达到1 240米，指挥官达比的命令很难及时准确地传达到各支部队。与此同时，在这样糟糕的地形条件下，突击队不仅难以迅速移动，也无法集中起足够兵力。

就这样，自从在马伊奥利镇（位于萨莱诺海滩以西19千米处）登陆以来，这些美军竟然在基翁齐山口据守了将近三个星期之久，他们一次又一次地打退德军的反攻。该山口护卫着盟军滩头阵地的左翼，其附近的高地居高临下俯瞰着那不勒斯平原。

尽管在数量上处于极度劣势，但美军仍然通过肩扛手提，将一门门的火炮、迫击炮和重型机枪搬运到高地上。达比在发给克拉克的电报中说道："我们不但占领了敌人后背上的阵地，我们还将在这里坚持到最后一刻。"

负隅顽抗

在一间石头农舍里，达比和他的军官们向上级呼叫重炮和舰炮火力支援，对前方山谷地带的德军坚强支撑点进行猛烈轰炸。此外，美军士兵还经受了德军发起的七次大规模反击，人员伤亡率高达30%。一名士兵这样回忆："我们咬紧牙关，死守着每一寸阵地。为了挡住德国人的脚步，我们每个人都承受了地狱般的痛苦煎熬，最终我们做到了——这要归功于我们的速度、战斗能力和艰苦的训练。当德国人爬上来时，我们一个个跃出战壕，把他们再次赶下去。"

在第一天的进攻中，第10军没有取得任何进展，而第46步兵师前进还

↓第16装甲师的这辆4型中型坦克，是德军装甲部队的主力装备。该型坦克配备75毫米口径主炮，它的生产工作贯穿了整个战争的始终

不到一千米。其中，第16轻型步兵营的作战表现是一个引人注目的亮点。该营营长普利斯顿中校率领部队在拉克罗塞尔进行战斗，以其出色的指挥才能受到了所在旅指挥官的表彰："尽管面临重重困难，普利斯顿中校仍然出色地完成了任务，在最佳时间内确立了作战目标。他的这种成功，对于当天的战斗结果产生了非常重要的影响……普利斯顿中校是一流的团队领导人，一名非常优秀的营级指挥官。"

霍克斯沃斯将军也对普利斯顿的突出贡献赞不绝口："这名指挥官面对敌人时所表现出的沉着和勇敢，对于该部队赢得巨大胜利功不可没。"

四天后，第82空降师发起一次攻击，解除了据守在基翁齐山口的美军突击队所承受的压力，并为第7装甲师投入战场扫清了道路。与此同时，维廷霍夫根据自己制定的时间表，下令德军部队开始向沃尔图诺撤退。在

↓在撤离那不勒斯之前，德军根据凯塞林陆军元帅的指令，用大量的废弃物资堵塞航道，对当地的港口设施进行彻底破坏

此情况下，盟军第56步兵师和第6军开始向北推进。此时，德军的防御作战再次发挥出强大力量，在一段长度27千米的公路上，德军摧毁的桥梁竟然多达25座。鉴于这种情况，盟军的推进步伐受到极大阻挠，他们要么涉水前进，要么停下脚步等待工兵部队架设桥梁。

举步维艰

在那不勒斯平原上，密密麻麻的橄榄树、灌木丛和果树林，使得英军坦克步履维艰。尤其令人头疼的是，那不勒斯平原上仅有一条可供英军坦克通过的道路，因而使得英军装甲部队前后绵延了数千米。9月29日，盟军赶在德军动手破坏之前，夺取了沙诺河上的一座桥梁。其余桥梁则被撤退的德军全部炸毁，大量桥体被滚滚河水冲走。盟军工兵经过奋战，在沙诺河上又架起了三座桥。接下来，盟军数千辆各型车辆从索伦托山地鱼贯

↓盟军医护人员正在救助被德军地雷炸伤的意大利平民。在盟军与德军的交战中，意大利平民付出了相当高的伤亡代价

而出，渡过沙诺河，进入那不勒斯平原。截至第二天晚间，英军击退了德军的最后一次反攻。第46步兵师进入海滨公路，在第7装甲师的支援下，向沃尔图诺河快速推进。10月1日晚些时候，第82空降师占领那不勒斯。

如今，在卢卡斯将军的指挥下，第6军沿着一条崎岖不平的山路向前推进，其间遭遇了数量虽少却占据有利地形的德军残余部队的阻击。为了从侧翼包抄德军防御阵地，第3步兵师和第45步兵师根据新的作战指令，偏离预定路线数千米向前推进。9月21日，这两个步兵师抵达预定阵地。

"我太幸运了，没有打中我！"

在21日的战斗中，第45步兵师的两名士兵获得了"国会荣誉勋章"。其中，在奥利维托镇附近，担任侦察任务的詹姆斯·斯拉顿下士冲在最前面，用手榴弹、步枪和刺刀，摧毁了德军三处机枪阵地，为身后的两个步兵排扫清了前进道路上的障碍。另一名战斗英雄来自第180步兵团，他就是欧内斯特·奇尔德斯少尉，他在向前冲锋时不小心掉进一个山洞里，脚踝骨折。"由于天色太暗，我没有看到那个山洞。"他回忆道，"我猜想，我在掉进山洞并重重摔倒地面上时发出的痛苦呻吟声，德国人肯定听到了，他们用机枪朝着我躺的地方就是一通扫射，几梭子弹几乎擦着我的后背射了过去，甚至把我的衣服都给打穿了。但是，感谢上帝，我太幸运了，没有一发子弹打中我，我赶紧爬进路边一条深沟里。当时，脚踝疼痛万分，但我根本顾不上这些，喘息片刻后，朝着敌军机枪阵地摸了过去，最终和战友们一道把这个机枪点给拔掉了。"

"接下来，根据上级指示，我到不远处的一个救助站接受治疗。救助站设在一处房屋内，我艰难地爬过去。然而，就在我即将到达救助站时，

↓配备75毫米口径长身管火炮的德军3型突击炮

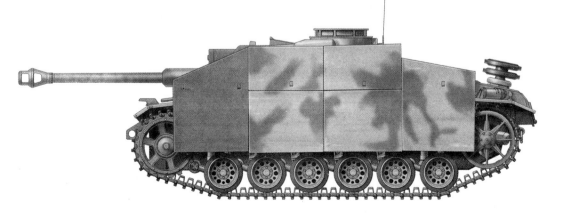

一声巨大的爆炸声在前面响起，极有可能是一发炮弹击中了房顶。不幸的是，那枚炮弹炸穿房顶，落到了房屋内，把一名在场的医生给炸死了。"

迫于这种情况，奇尔德斯和另外7名伤病员不得不向附近一处山坡转移，途中遭遇德军两名狙击手的袭击。奇尔德斯先是用步枪干掉了其中一个，接下来又向第二处机枪阵地爬过去。即将接近敌人时，奇尔德斯从地上捡起一块石头朝德军扔了过去。德军机枪手误以为对方扔过来的是一枚手榴弹，吓得扔下机枪撒腿就跑，结果被奇尔德斯击毙。就这样，来自俄克拉荷马州的奇尔德斯成为第45步兵师第一个获得"国会荣誉勋章"的人，也成为第一个获得该项殊荣的美国人。

第6军推进极其缓慢，物资补给面临巨大的困难。在崇山峻岭之间行军作战，这支现代化、机械化部队的后勤补给不得不严重依赖最原始的畜力运输。为此，他们在当地的山村里征用了大批骡马和驴子，并在部队内部寻找具有照料和管理牲畜经验的士兵。此外，他们还到处收集马鞍、缰绳、草料等牲畜所需的紧缺物资。其中，第3步兵师在西西里岛征集了整整一车皮的畜用物资，十万火急地送到前线。

就在美国人向前艰难移动的同时，第3步兵师的进攻步伐在9月26日停了下来。在他们的面前，是三座被德国人炸毁的桥梁。这些桥梁长度在25米以上，而架桥物资一时半刻难以找到。师长特拉斯科特将军曾把"贝雷桥"描述为："一种可以拆卸组装的钢制桥梁，它们能像儿童积木玩具一样进行拼装，铺设在需要架设桥梁的河道上。没有一种武器装备能够比工程推土机更重要，没有一个兵种在推动我们向前迈进时能够比工兵更有力量。"[1]

坦克推土机

通常情况下，工兵往往暴露在敌人火力之下，他们的推土机总是遭到敌军子弹甚至炮弹的猛烈攻击。即使这样，架桥工作仍然需要继续进行，不能有丝毫的懈怠。在此情况下，一种新型的战场工程设备应运而生了，它们为进行战地紧张施工的工兵部队提供了一定程度的安全防护。

---

[1] 贝雷桥即军用钢桥，1938年由英国工程师唐纳德·西·贝雷发明，这种桥以高强钢材制成轻便的标准化桁架单元构件及横梁、纵梁、桥面板、桥座及连接件等组成，用专用的安装设备可就地迅速拼装成适用于各种跨径、荷载的桁架梁桥。在第二次世界大战期间，这种桥梁曾被大量运用于欧洲及远东战场，抢修桥梁或架设临时便桥。——译者注

"就在这时，一种新型设备运到前线，对于我们来说简直是雪中送炭，它就是坦克推土机。"艾森豪威尔战后在他的回忆录《远征欧洲》中这样写道："德国人每放弃一寸土地，总会毫不迟疑地把所有桥梁、管线、设施破坏殆尽，使得我们寸步难行。为确保作战物资能够直接运送到前线作战部队手中，同时将伤病员及时从前线撤运下来，工兵部队的官兵们甚至使用技术上明显过时的推土机昼夜奋战，有时甚至战斗在阵地的最前沿。"

"敌人往往躲在1 000码（910米）开外的安全距离上，使用机枪和其他远程、小口径武器进行攻击，他们不但将操作推土机的工兵人员逐个射死，甚至能够破坏工程设备本身。获悉工兵部队在前线面临这些困难后，奋战在后方的工程技术人员充分发挥他们的聪明才智，积极寻求对策，他们对'谢尔曼'坦克进行简单改装，推出了坦克推土机。可以说，这种坦克推土机简直是'刀枪不入'，除了大口径火炮或重型地雷之外，所有类型的轻武器都对它毫无办法。从那时起，前线工兵部队的安全作业才得到了保障，进而推动了战争的进展。对于这项发明，没有谁能够准确评判出它的真正价值。对于这项发明的创造者，即使获得所有的勋章也不为过。"

艰难推进

在艰难推进的过程中，盟军愈发清晰地认识到，要想向沃尔图诺河推进并拿下那不勒斯，必须首先控制阿维里诺和贝尼文托镇。

↓在安装一套推土机设备之后，美军的"谢尔曼"坦克就成为一种性能非常出色的战场推土机，可用来搬运沙土、清扫雷场或架设小型桥梁

第34师下属的第133步兵团正在蜿蜒曲折、泥泞不堪的道路上行军，突然接到卢卡斯将军的指令，要他们沿着同一条道路向相反方向行军。起初，第133团计划配合第3步兵师进攻阿维里诺镇，但在亚历山大将军通知克拉克将军其右翼不再需要与蒙哥马利的第8集团军保持接触后，该项计划随之作出调整，由第3步兵师单独进攻阿维里诺镇，第133步兵团和第45步兵师则向贝尼文托镇进发。当时，大雨倾盆，一些道路被冲毁，引发了泥石流。第133团克服重重困难，成功切断了阿维里诺和贝尼文托之间的道路交通，第45师成功占领贝尼文托镇。截至9月30日，阿维里诺镇也落入第3步兵师的手中。面对德军零零星星的抵抗，第6军一边战斗，一边向沃尔图诺河继续推进。其中，疲惫不堪的第3步兵师竟然徒步行军97千米。

伤亡12 000人

在10月份的第一周，盟军第5集团军强行军抵达沃尔图诺河。在西

↓德军士兵正在往一座桥梁下面放置炸药。德军在撤退过程中所采取的这种阻滞战术给盟军的推进造成了极大的困难

侧，第8集团军也推进到了设在特里尼奥河上的德军防线正面。至此，
"雪崩"作战行动结束。在整个行动期间，盟军伤亡总数达12 000人，其
中，阵亡2 000人，负伤7 000人，失踪3 500人。盟军的重型轰炸机开始使
用福贾机场，曾经美丽如画的历史名城——那不勒斯如今已是千疮百孔，
最终也属于同盟国。德国人在撤离这座城市之前，严格按照凯塞林将军的
指令，将所有可能对盟军有用的东西全部摧毁。

　　10月1日，克拉克将军行走在那不勒斯的街道上，内心充满了莫名的
恐惧，"……在每一座房屋、每一栋建筑物的里面，在每一扇密闭的百叶
窗的后面，有无数双的眼睛窥视着我们。同样在这条街道上，当我们从那
不勒斯开拔时，我仍然有一种感觉，自己正在被成千上万的人偷窥着，尽
管我环视整个街道，空无一人"。

　　据统计，除了盟军轰炸所造成的损坏，德军撤退前所实施的破坏战
术，又造成200多幢建筑物和数十处城市排污设施被毁，整个那不勒斯几
乎成为一座死城。当地的80万居民，绝大多数沦为战争难民，他们在战斗

↓盟军士兵正试图拆
除捆绑在一名德军士
兵尸体上的饵雷引
信。在盟军进入那不
勒斯数周之后，德军
遗留下的饵雷装置仍
然时不时地造成人员
伤亡

日益逼近这座城市时逃离。在留下来的居民中，许多人濒临饿毙的边缘，其中有人在一周甚至更长时间内没有食用任何东西。此外，当地还缺乏清洁卫生的饮用水，大规模的传染病疫情随时可能爆发。

重建那不勒斯

　　凭借着惊人的聪明才智和创造力，第540团和第343团的工兵人员和当地居民一起清理街道，维修被破坏的排污管道。其中，他们进行了一件最富于创造性的维修工作，对三艘意大利潜艇和一台变压器进行临时改造，用来为城市供水系统提供电力。

　　在撤退之前，德国人破坏了一处储油量高达150万桶的油库。接下来，盟军花费了将近一个月的时间进行灭火，更换被炸毁的输油管道，铺设了一条全新的管道，一直延伸到前线盟军部队的集结阵地。截至10月底，这座油库的储油能力恢复到了60万桶。

　　"在当时，最重要的任务就是重新恢复那不勒斯港口的吞吐能力。"美军官方的意大利战役史这样介绍："这里的港口设施遭到了最严重的破

↓在那不勒斯附近的卡斯特拉马尔海堡，意大利士兵正在与德军激战，试图肃清在掩体中顽强据守的德军狙击手。自从意大利在1943年投降以后，一些意大利部队加入盟军一方作战

坏，除了地面上的30多处大型残骸之外，水面下还有100多艘被击沉或凿沉的船只，从小型港口拖船到驱逐舰、油船、轻巡洋舰、拖网渔船、舢板、运煤驳船和浮吊等，这些船只的吨位大小不等，彻底堵死了进出港口的航道。事实上，许多船只在被击沉之前就已沦为一座大型垃圾堆，德国人在上面堆满了起重机、卡车、机车头、氧气瓶、轻武器、弹药箱……各个码头成为堆放废铜烂铁的场所。码头仓库、谷物升降机、办公大楼和铁轨设施被炸成一座座的废墟，一堆堆的煤炭在熊熊燃烧，冒着滚滚黑烟。"

在煤堆持续燃烧三天后，潜水员们开始着手清除港口内的水雷。鉴于大型沉船很难移动，打捞人员首先将一些小型沉船捞出水面，将其他一些障碍物炸掉，清理出可供船只进出港口的通道。此外，德军在撤退时，全然不顾可能造成的环境污染，竟然拧开输油管道的阀门，将数百万加仑原油倾泻进港口，厚重的原油积聚在水面上，给潜水员们的作业活动造成了巨大的困难。经过盟军工程技术人员艰苦卓绝的努力，那不勒斯港的码头设施得到了一定程度的修复，能够容纳近40艘的大型货运船只。

在和平时期，那不勒斯港的码头每日的货物卸载量达到8 000吨。令人惊奇的是，就在这座城市获得解放后的短短两星期内，在意大利居民的帮助下，美英两国的工兵和打捞人员就使港口的日均卸载能力达到了3 500吨。即便如此，大批装载补给物资的大型船只仍然不得不停泊在外海，等待着码头上能够腾出更多的空间。鉴于这种原因，到了10月初，盟军前线士兵的配给量减少到了四天。

尽管补给能力面临着暂时的困难，无法确保在意大利战场上作战的盟军能够进行长时间作战，但重要的作战物资始终能够源源不断地运送到前线，是一个无法否认的事实，也是盟军所取得的一个极具象征意义的巨大成就。

德国人的狂怒

在撤离那不勒斯城数天之后，仍然时不时地让人们感受到德国人在败退后的狂怒——竭尽所能地破坏盟军为重建这座城市而付出的所有努力。10月7日，一枚定时炸弹在那不勒斯一家大型邮局爆炸，70名士兵和平民被炸死。10月11日，又一枚定时炸弹在美军第82空降师的一处要塞内爆炸，18名士兵被炸死，56名士兵受伤。

10月初，隆美尔元帅奉命前往法国战场，指挥西线德军构筑"大西洋防线"，对抗盟军可能发起的强渡英吉利海峡的作战行动。凯塞林接管了在意大利境内作战的全部德军部队的指挥权，并以实际行动证明了其出色的防御作战指挥才能。

最初截获的情报显示，德国人打算撤退到远离罗马的意大利北部，艾森豪威尔获悉这一消息后非常兴奋，打算将自己的指挥部从阿尔及尔搬迁到意大利本土。然而，根据最新的情报，德军增援部队正在向南移动，旨在加强凯塞林元帅部署在那不勒斯和罗马中间的防线。就这样，有关盟军在六周之内进入罗马的希望就化成了泡影。

与此同时，有传言称，盟军后备部队、登陆舰艇和战争物资将投入西线战场，为盟军即将在诺曼底海滩发起的"霸王行动"进行准备。此时，艾森豪威尔逐渐意识到，盟军在意大利战场所进行的努力将降格为一种支援性的角色。

"在创建了这个基地（那不勒斯）并牢牢掌控了福贾机场之后，我们已经实现了意大利战役中的第一个重大目标。"艾森豪威尔写道，"接下来，在该地区的所有战斗都将以牵制当地德军部队，使其无法增援来年即将打响的诺曼底战役作为首要目标。第二个目标则是消耗德军有限的战争资源，使其无法挪作他用。第三个目标出于政治目的，对罗马以及意大利北部的工业中心保持持续不断的威胁，能够在巴尔干和欧洲其他地方激起社会动荡，从而打击德军的士气，增强我方将士的信心。"

"虽然意大利战场上所取得的战果，对于最终击败德国具有无法衡量的意义。但就本质而言，意大利战场已经降格为一个附属的战场。很显然，意大利战场上的战斗，无法为决定性地击败德国提供一条珍贵的通道。相反，只有横渡英吉利海峡、穿越法国和低地国家，才是一条通向最终成功的道路。"

放眼"永恒之城"

盟军向"永恒之城"——罗马的推进计划，正面临着严峻的挑战。1943年秋季，接连不断的滂沱大雨，将往日温顺安静的河流、小溪变成脾气暴躁的洪水和激流。在这种遍布着高山、谷地和河流的地带，即便是驾驶单车通过也绝非易事，更不用说一支携带着各种武器、车辆和给养的军队了。尤其严重的是，在它的对面还有着一支决心顽抗到底的敌军。推进到沃尔图诺河之后，克拉克的第5集团军沿着河岸停了下来，开始仔细打量眼前这条93米宽、3.4米深的河流，准备在此进行一场恶战。其中，第10军的正面是宽度32千米的比较开阔的平原地带，第6军的正面则是宽度56千米的悬崖、峭壁交错分布的高山地带。

强渡沃尔图诺河

在沃尔图诺河以北大约65千米处，是一片真正开阔的地带——拉皮多河和加里格利亚诺河谷地，而克拉克的目标则是抵达这片谷地以南的高地。为了实现这一目标，他的部队必须穿过他们早已熟悉的崎岖地形，强渡沃尔图诺河。

然而，横亘在盟军部队面前的不仅仅是难以逾越的沃尔图诺河，更有着数量庞大的德军守备部队。其中，左侧是包括久经战斗考验的第15装甲掷弹兵师和赫尔曼·戈林师在内的德军第14装甲军，右侧是第3装甲掷弹兵师，该师得到了来自第26装甲师的一个加强营的兵力。在更东侧，一直到亚得里亚海海岸，由第26装甲师剩余部队、第16装甲师、第29装甲掷弹

↓在攻占福贾城之后，盟军开始对当地被破坏的火车站进行维修。除此之外，福贾周边还分布着大量的机场，它们很快便被盟军投入使用

兵师和第1伞兵师组成的德军第76装甲军拦住了盟军第8集团军的去路。

凯塞林曾经指示维廷霍夫，要求据守在沃尔图诺河沿岸的错落分布的防御工事里的德军部队，必须坚持到10月15日，为构筑更加靠北的下一道防线争取时间。因此，盟军必须以最快速度渡过沃尔图诺河，绝不能给德军任何喘息之机构筑防线。

德军的进攻

10月9日，第45步兵师开始沿着卡洛雷河谷地向西推进，目标直指卡洛雷河与沃尔图诺河的交汇处，最终抵达沃尔图诺河谷地上方，确保将在10月12日夜间渡河的第3和第34步兵师的右翼安全。

在阿塞罗山附近，德军第26装甲师的一个侦察营进行的顽强抵抗，打乱了盟军的时间表。在战斗中，盟军第179步兵团K连一度突破德军防线，

↓盟军第505伞降步兵团第2营的士兵们正穿过那不勒斯城的一条宁静的街道。起初，盟军曾预料他们将面临一场激战，但德军却在盟军到来之前撤出了那不勒斯

但很快趁着夜幕退了回来。由于没有意识到盟军部队已经撤退，德军在拂晓前对已放弃的盟军阵地进行反攻，最终反倒被盟军一通猛烈的炮火所歼灭。在接下来的白天，美军部队清除了据守阿塞罗山的德军部队，从而拔掉了维廷霍夫设在沃尔图诺防线最东端的坚固支撑点。一天后，第45步兵师推进到沃尔图诺河谷地上游的入口附近。

卢卡斯将军命令第3步兵师在特里弗里斯科和卡亚佐之间渡过沃尔图诺河，而后向前推进，攻占不远处的特里弗里斯科山脊，拔掉德军设在那里的炮兵观察哨，支援从卡普阿出发沿着6号公路向泰阿诺进军的英军部队。第34步兵师将与第45步兵师在沃尔图诺河谷会合，而后向西进击泰阿诺。

向山峰进发

第3步兵师的作战地域内，还有三座近在眼前的山峰——卡鲁索山、蒙泰塞罗山和梅萨里诺罗山。特拉斯科特将军打算攻下其中一座在他看来肯定部署重兵的山头——卡鲁索山，从而对其他高地上的德军构成包围之势。在一阵猛烈的弹幕射击和佯攻之后，10月13日凌晨2时，第3步兵师开始乘坐小型突击艇渡河。一些士兵从河水较浅的地段涉水通过，并在对岸固定导绳，以便引导后续部队渡河。由于连日暴雨，有些树的根系严重松动，再加上士兵们在拽着绳子过河时用力太大，这些树木被连根拔出，进而被河水冲走。德军机枪手朝着河面猛烈射击，但由于德军阵地一侧的河岸过高，很多子弹打飞了，这在一定程度上帮助了盟军。最后一艘登陆艇刚一下水，就被德军一发炮弹击中，炸成了两截。

沿着与沃尔图诺河平行的87号公路，第7步兵团第1营构筑起非常坚固的左翼阵地，为直接进攻卡鲁索山的第2营和第3营提供保护。截至上午8时，第2和第3营已经完全进入通往该处高地的通道上。由于河堤过高，当盟军进攻部队呼叫装甲部队提供支援时，那些履带式车辆根本无法通过。在此情况下，盟军工兵部队出动推土机，打算在河堤上切开一个个豁口。然而，只要有推土机出现，总会招致德军的猛烈射击。最后，特拉斯科特将军下令工兵人员直接用工程铲和鹤嘴锄作业，经过一番苦战，他们终于打开了一条出路，一辆接着一辆的装甲车辆隆隆驶过。

在第3步兵师的右侧，大批美军部队开始渡河。这时，部署在梅萨里诺罗山的德军炮兵开始进行抵抗，但很快便被美军更加猛烈的炮火所压

从城堡钟楼上俯瞰那不勒斯全城及那不勒斯海湾。经过一番艰苦卓绝的努力，盟军工兵部队在几周之内便使这座饱受战火蹂躏的港口城市恢复了活力

↑1943年11月，从北非出发的美军增援部队搭乘运输船只抵达意大利战场。由于重大的伤亡率，使得地中海战场面临巨大的兵员紧缺压力，不得不进行人员调整

制。随后，盟军第15步兵营占领了梅萨里诺罗山地。在战斗中，阿罗·奥尔森上尉摧毁德军两处机枪阵地，并在接下来的13天内继续英勇战斗，后被追授荣誉勋章。

10月13日下午，特拉斯科特将军命令第30步兵团渡过沃尔图诺河，但该团下属的第2营在渡河时陷入困境，先后两次失败。在此期间，特里弗里斯科山脊始终牢牢掌握在德军手中，直到夜幕降临后，德军才开始有序撤退。14日拂晓之前，盟军第3步兵师完成了一次猛烈的攻势，在纵深6.4千米处创建了桥头堡阵地。与此同时，赫尔曼·戈林师的左翼受到重创。

强渡沃尔图诺河

在第6军的右翼，查尔斯·赖德的第34步兵师于10月13日凌晨时分强渡沃尔图诺河，计划攻占沃尔图诺河以东、以南至87号公路西北的三角地带。在将近100门火炮所发射的弹幕和烟雾的掩护下，第168步兵团一马当先，他们或涉过齐胸深的河水，或乘坐登陆艇，向着沃尔图诺河对岸冲去。在涉水过程中，有的士兵被湍急的河水冲倒，等他们再次站起来时，身上携带的武器装备却丢失了。第268步兵团在渡河期间几乎没有受到抵抗，他们遇到的唯一抵抗是德军设在卡亚佐镇的一处坚固支撑点，但该支撑点很快就被担任支援任务的坦克歼击车打掉了。

除了在阿莫罗西村受到德军坦克和轻武器火力的轻微抵抗外，第135步兵团的推进步伐一帆风顺。在第45步兵师控制了阿塞罗山之后，第34步兵师也攻占了沃尔图诺河上的一系列目标。当美军部队发起渡河行动时，德军第3装甲掷弹兵师只有少部分兵力进入防御阵地，就这样，在双方的攻防较量中，美国人赢得了先机。

在第3步兵师的阵线上，工兵部队花费数小时在沃尔图诺河上搭起三座桥梁。其中，一座承重8吨的桥梁供卡车通过，另一座稍微轻型的桥梁供吉普车通过，第三座承重30吨的供装甲车辆通过。当时，盟军选择的许多架桥地点都曾遭到德军火炮的猛烈轰击。盟军工兵将橡皮艇充气后，放在卡车上运到预定的架桥地点，便遭到德军火力的猛烈压制。有三辆卡车起火燃烧，大多数橡皮艇未来得及下水就被摧毁了，有三艘橡皮艇在下水后被击爆。在烟幕的掩护下，盟军工兵进行了第二次尝试，但再次失败。鉴于这种情况，架桥地点被迫放弃。

14日下午晚些时候，第34步兵师通过架在沃尔图诺河上的两座桥梁，顺利推进至纵深6.4千米处。第3和第34步兵师在战斗中的伤亡总数不到500人。

沃尔图诺河沿岸的开阔地形，为德军守备部队提供了极佳的视界，将盟军部队的一举一动尽收眼底。与此同时，沃尔图诺河的河堤过高，使得英军部队在渡河时无法对德军进行还击。此外，暴涨的洪水增加了渡河作战的难度。

↓盟军工兵正在沃尔图诺河上架起一座可供卡车和装甲车辆通过的桥梁。在战斗期间，此类作业经常顶着敌军的猛烈火力进行

10月13日，临近拂晓时分，在海军舰炮火力的支援下，第46步兵师开始在海岸线到坎切洛—阿尔诺内之间渡河。激战中，盟军先后打退了德军的两次反攻，却未能打退德军在夜间发起的第三次反攻。最终，盟军幸存人员不得不分批撤回对岸。

在盟军第46步兵师的右翼，两个步兵营乘坐小型舟艇渡过沃尔图诺河，而后沿着一条小道向前推进。在打退了德军一次反攻后，他们无力向前继续推进，不得不停住脚步，希望能得到在沃尔图诺河口登陆的17辆盟军坦克的支援。然而，这些坦克在搭乘登陆艇渡过沃尔图诺河之后，刚一上岸就陷入了松软的沙土中，行动极为困难。其中，有几辆坦克费了九牛二虎之力，总算行进到了比较坚硬的路面上，却碾上了德军地雷，被炸得动弹不得。迫于这种情况，这两个步兵营不得不死守待援，在10月14日又前进了546米。一天后，得到四个加强营兵力的第46步兵师，在海岸线附近的海军舰炮火力的持续支援下，向前推进了6.5千米。

13日拂晓之前，第7装甲师经过三个回合的苦战，最终渡过了沃尔图诺河。其间，德军的猛烈炮火曾迫使盟军部队不得不后撤。10月14日，第7装甲师向前推进了910米。

10月12日，临近黎明时分，对于特里弗里斯科山脊的一阵佯攻，拉开了盟军第56步兵师渡河作战的序幕。然而，这次佯攻行动并没有真正奏效，因为在第56步兵师的作战地段仅有一处最理想的渡口，它位于被炸毁的一座铁路桥附近，德军在此部署了大量兵力。渡河行动开始后，盟军第一批登陆艇刚一下水，就被德军的猛烈炮火摧毁了。事实证明，该处渡口并不适合盟军渡河作战。

↓德军在撤退之前将那不勒斯的港口设施摧毁殆尽。即便如此，经过盟军人员的辛苦努力，短短数周之内，港口的吞吐能力便得到了一定程度的恢复，大批战备物资开始卸载在港口内

在那不勒斯附近某山口，美军人员使用骡马托运弹药和补给物资。在意大利南部、中部的山区地带，美军后勤部队不得不借助骡子、马匹等原始畜力，运输作战物资

↓美军士兵顶着德军的猛烈炮火，涉水冲过那不勒斯海岸附近的碎浪带。远处，德军炮火在海面上激起了高高的水柱。由于缺乏足够数量的登陆艇，盟军在意大利的两栖作战行动受到极大的限制

由于唯一的渡口已经无法使用，克拉克将军指示第56步兵师调转方向，使用第3步兵师所架设的那座承重30吨的桥梁过河。在渡河战斗中，第56步兵师的伤亡总数超过了600人。尽管如此，第5集团军还是在沃尔图诺河北岸牢牢站稳了脚跟，为随后更大规模的作战行动进行准备。两周后，蒙哥马利向第8集团军下令准备强渡特里尼奥河。

10月14日，特里弗里斯科山脊到阿塞罗山一线被美军包围。迫于形势严峻，胡贝将军认为有必要从该地区撤离，遂向维廷霍夫请求后撤，随即得到准许。事实上，维廷霍夫的部队完成了在沃尔图诺河沿线坚守到10月15日的预定计划，开始向北面的下一道防线退却。

"令人疯狂"的国家

"在意大利战场，妨碍盟军进攻作战的恶劣天气仍将持续一段时间，再加上崎岖不平的地形。"艾森豪威尔回忆道，"所有这些使得美军官兵怨声不断！"

在盟军的面前，铁路被摧毁，桥梁被炸毁，公路也断断续续。因此，即使不遭遇德军的抵抗，盟军向前推进也困难重重。意大利境内遍布着大大小小的河流，其中有的河流蜿蜒曲折，盟军在推进过程中不得不数次渡过同一条河流，这种地形条件特别有利于防御作战。

"第34步兵师在进军时，曾经连续三次穿过沃尔图诺河。一天晚上，副师长卡菲准将和一名吉普车司机从前线返回司令部，这位吉普车司机向他抱怨，称实在无法理解这个'令人疯狂'的国家。卡菲询问他为什么会有这样的感受，这位士兵的回答非常经典：'为什么在这个愚蠢的国度里，每一条糟糕透顶的河流都叫作沃尔图诺？'"的确，沃尔图诺这个名字很难让人一下子忘掉。在1943年冬天，德国人竭尽全力构筑一条坚固的防线，试图阻挡盟军向罗马推进的步伐。盟军官兵，无论是最高统帅部的将军，还是一名普普通通的列兵，都非常痛苦地意识到，在他们的面前还将有着更多的苦战。每前进一步，他们都要与德军展开激烈的厮杀。

5

南方苦战

凯塞林精心构筑的一道道防线阻碍着盟军前进的步伐，而为诺曼底登陆所作的准备也在进一步消耗着盟军有限的战争资源。

1943年即将过去，对于出生入死的盟军普通步兵来说，在被战火蹂躏的意大利，他们还会面临更多的生死考验。在连绵不断的山峦之间，每一条蜿蜒小路的弯道处都有顽强的德军士兵把守，机枪、迫击炮和大炮正在冷酷地瞄准着每一条通道。

这里没有休息，也没有娱乐，泥浆、雨水和不时出现的敌军使得每个人的内心世界都在经受巨大的煎熬。日复一日，年复一年，士兵们在为了自己的生存而战，为了战友们的生存而战。

受爱戴的上尉

在畅销书《勇敢的人》中，记者厄尼·派尔记述了战争中最感人的士兵们的一些片段。

"在这场战争中，有很多深受部下爱戴和尊重的军官，但我从未遇到过亨利·瓦斯科这样受爱戴的军官。来自得克萨斯州贝尔顿市的瓦斯科上尉是第36师的一名连长，他在离开美国本土之前就开始担任这个连队的指挥官了。他很年轻，只有二十五六

←←在一处房屋废墟中，两名骁勇善战的尼泊尔廓尔喀族士兵正在坚守一个"布伦"轻机枪阵地。在意大利战场上，英联邦国家军队在盟军之中占到了很大的比例

岁，但身上那种真诚和温和的品质使人愿意接受他的指挥。

"一位中士说：'除了我父亲，就是他了！'

"一位士兵说：'他总是很照顾我们，每次都会支持我们！'

"另一位说：'我从没听说他做过任何不公平的事。'

"他们把瓦斯科上尉运下来的那天晚上，我就在羊肠小道的下面。那是个即将月圆之夜，你可以顺着小道向上看出很远，甚至看到下面一半的山谷。

"整晚都有战死的人被捆在骡子背上，从山上送下来。他们脸朝下趴在木制的驮鞍上，头耷拉在一侧，僵硬的双腿伸在另一侧，随着骡子走动，一上一下地颤动。

"意大利骡夫不敢在死人旁边走，所以那晚是美国人把骡子赶下来的。到达谷底时，连美国人也不愿解开并放下尸体，一位军官只得亲自动手并叫来其他人帮忙。

"我不知道第一个是谁，面对逝者，你会感觉渺小，也问不出那些愚蠢的问题。

"他们把他从骡子上放下，让他直立了一会儿。昏暗的光线里他就像倚靠着别人站立的病人。然后，人们把他放倒在路边石墙的阴影里。我们把他第一个放在路边，所有人又回到牛棚，或坐在水罐上，或躺在稻草上，等待着下一拨骡子的到来。

"有个人说这个士兵已经阵亡4天了，没有人接这个话茬。在一个多小时里，我们都在聊自己的话题，而那名死者孤零零地躺在外面石墙的阴影里。

"这时，一个士兵走进牛棚说外面又有尸体运来。我们来到外面大路上，月光下有4匹骡子站在通往山下的小道上，赶骡子的士兵站在那儿等候。

"其中一个士兵轻轻地说'这是瓦斯科上尉'，两人把尸体从骡子上解开，抬起放在石墙边，其他人把剩余的尸体从骡子上解下来。最后5具尸体头脚相连排成一溜儿。在战区没有人来掩埋阵亡的人，他们就躺在那里等着其他人来。

"没有负荷的骡子走向橄榄树丛，路上的士兵们似乎不愿意离开，他们一个个地走向瓦斯科上尉。我想他们最后要对上尉和自己说点什么，而不只是看看。我站得很近，能听到他们说的话。

"一位士兵走过来，低头看着，大声说：'我他妈饶不了他们！'

"就这一句话，然后他走了。

"另一位走过来说：'我要替你报仇！'他低头看了一会儿，然后转身离开了。"

"对不起，老伙计"

"又有一人走过来，估计是一个军官。昏暗的光线里，很难区分军官和士兵，每个人都胡子拉碴，蓬头垢面。军官低头看着上尉的脸，好像他还活着，说道：'对不起，老伙计。'

"接着，一位士兵过来站在军官的旁边，他弯腰也对上尉说着话，但他不是耳语，而是非常温柔地说：'真的对不起，头儿！'

"那军官蹲下身，伸手拉住上尉的手。然后足足有5分钟的时间，他坐在那儿，握着上尉的手，聚精会神地盯着他的脸，一声不吭。

↓著名的美国战地记者厄尼·派尔讲述了很多普通士兵的故事，本图中他正和一些美国军人讲笑话

"最后他把上尉的手放下，伸手轻轻地理平上尉的衬衣领角，又稍稍整理一下伤口周围的制服，然后起身在月光下独自顺着大路走远了。

"我们剩下的人又返回牛棚，只留下5位亡者头脚相连排成一溜儿躺在低矮石墙的阴影里。我们躺在牛棚里的稻草上，很快都睡着了。"

毫无疑问，派尔所目睹的这些场景在意大利战场上不断重演。对双方士兵而言，战斗和死亡已经成为一种生活方式，没人认为它会很快结束，坦白地说，它才刚刚开始。

　　克拉克将军的第5集团军近期目标是到达距离沃尔图诺河40～65千米远的一道防线。如果克拉克行动迅速，德军几乎没有时间去构筑一条能够无限期阻挡盟军前进的强大防御阵地。到达斯托诺韦、韦纳夫罗和伊塞尼亚镇，可以使第5集团军处于一个能够影响加里格利亚诺河和拉皮多河交汇区域的位置。利里河谷的广阔平原为装甲部队行进提供了开阔地，再向前130千米就是罗马。

"冬季防线"

　　在沃尔图诺河两岸分布着三道强大的防线。凯塞林元帅向希特勒进言，在意大利南部构筑强大的防线要比向阿尔卑斯山脉中撤退更加可取，他个人对这三道防线的构筑很感兴趣。总的来说，这三道防线都是为了阻止盟军攻占罗马，被统称为"冬季防线"，但它们又各自相对的优势。

　　第一道是"巴巴拉防线"，离沃尔图诺河最近的地方只有6.4千米，德军指挥官知道这条防线只是缓兵之计。"巴巴拉防线"由一系列松散的防御工事构成，从海边的马西科山和第勒尼安海向东经由提诺镇和普桑查诺镇到达马泰斯山。"巴巴拉防线"以北16千米处就是"伯恩哈特防线"，这道防线位于加里格利亚诺河的河口处，横贯意大利全境，一直延伸至四座崎岖、险峻的山峰——拉迪芬萨山、马杰奥尔山、卡米诺山和赛穆科山。第三道同时也是最坚固的防线——"古斯塔夫防线"，这道防线位于

↓美军"谢尔曼"坦克的武器和装甲都无法与德军坦克相提并论，为了增强火力，它专门安装了76毫米口径的主炮

拉皮多河和加里格利亚诺河上，卡西诺山是这条防线的强大的天然屏障。"古斯塔夫防线"穿越马泰斯山脉，延伸至蒙哥马利的第8集团军的控制区。届时，第8集团军将被迫与德军主力在桑格罗河展开激战。

凯塞林计划坚守"伯恩哈特防线"以北19千米处的"古斯塔夫防线"。为此，具有工程建设天赋的汉斯·贝塞尔将军全权负责燃料库的建造、机枪和大炮的安装以及雷区的选址，他的手下和意大利平民一起工作，并且给平民们现金、食物或烟草作为报酬。

10月中旬，盟军第5集团军的部分兵力开始从沃尔图诺河向前挺进。第6军从一开始行进就极其缓慢，他们很难在起伏的山脉中间、陡峭的山坡上或者雨水浸泡的小路上找到合适的前进路线。在仅仅一周的战斗中，第3师和第34师的伤亡数量就高达850人，向德军战区仅仅推进了16千米。

↓一门美军240毫米大口径榴弹炮正准备对德军阵地发动致命攻击。在意大利战场上，盟军这种威力强大的榴弹炮发挥了决定性作用

麦克里里的第10军

　　麦克里里将军的第10军沿着海岸线前进，他们的进展较为顺利，肃清了海岸线上的德军后卫部队。截至10月29日，盟军的侦察显示，德军正在从"巴巴拉防线"撤离。在这次撤退中，德军付出了沉重代价，除了伤亡惨重之外，还得接受战争失败的现实。德军士兵赫尔穆特·瓦格纳写道："一切都肮脏不堪，泥巴黏在手上、鞋子上、裤子上、外套上，加重了鞋子的负担。在过去的五天里，我的脚始终没有干过。"另一个士兵在日记里凄惨地写道："在猛烈炮火的攻击下……我们撤退了5千米。几个人受伤，军士长布雷根茨阵亡……我已经失去了斗志。"

　　在一段64千米长的战线上，盟军第5集团军经过长达3周的浴血奋战，推进了32千米。其中，第3师下属的第7步兵团到达6号公路旁边的米尼亚诺峡谷，第10军就在低处的加里格利亚诺、马西科山村和特雷诺镇一带。一些盟军部队在进攻"巴巴拉防线"时，渡过了沃尔图诺河。其中，第34师第三次渡河后，第1营和第2营成功占领了里韦纳夫罗村。34师部分兵力穿越地雷和饵雷密布区，切断85号公路并前进至附近山区。卢卡斯将军对于第6军在11月4日之前取得的战果非常满意。

　　除了德军顽强防守和天然屏障外，这一地区缺少平坦的道路，给第5集团军突破"巴巴拉防线"造成很大困难。在盟军的面前，可行的选择只有两种，其中的7号公路就是著名的"亚庇古道"，昔日的古罗马大军就行进在这条古道上，它像一条狭窄的丝带缠绕在海边，被高耸入云的奥朗西山脉挡住。7号公路向前蜿蜒曲折，一直延伸到彭甸沼地，这是一片广袤的低地，墨索里尼

↓被德国占领军视为眼中钉的意大利游击队们在一次突袭行动后进行庆祝

10年前在一项公共工程中下令将水排干，成为现在的一片开阔地。鉴于上述原因，德军在这条通往罗马的公路全线部署了大量守军。

交战双方都清楚6号公路是一条最合乎逻辑的进军路线，两千年前罗马人修筑了这条道路，途经米尼亚诺峡谷边缘和卡西诺山。在这里，强大的"古斯塔夫防线"堵住了利里河谷的入口。德军确信盟军会沿这条路前进，他们将充分利用这段路线进行防御。

散布的地雷

在从"巴巴拉防线"边打边撤的过程中，德军在"伯恩哈特防线"上埋设了4.5万枚地雷，并沿着盟军的前进路线埋设三万多枚。在这些地雷中，威力大的足以炸飞坦克和其他装甲车辆的底盘，有些仅能杀伤人员。其中，德军的S型地雷被盟军戏称为"跳跃的贝蒂"，一旦触发，炸药飞起齐腰高，炸弹碎片四散开来。木制的"斯丘"地雷在引爆前很难发现，

↓一名德国军官和一名无线电报务员正在观察意大利南部沃尔图诺河沿岸的盟军动向。为了阻止盟军渡过沃尔图诺河，德军在沿岸展开了殊死抵抗

它能炸伤毫无防范的步兵脚跟，甚至整只脚。

维廷霍夫再一次向所有人证明了自己出色的防御作战才能，然而，凯塞林元帅却对维廷霍夫颇为不满，他认为虽然"巴巴拉防线"坚持到了11月1日，但放弃得过早。受到上司的指责，维廷霍夫内心苦闷，于是请病假两个月并放弃了指挥权，由约阿希姆·莱梅尔森将军接替行使。早在11月份，胡贝将军被调往东线对抗蒙哥马利，才华横溢的冯·森格尔将军被提拔为第14装甲军军长。

德军指挥层比较担心据守"伯恩哈特防线"的士兵们的士气，这些部队从远离意大利本土的北非、西西里岛撤退。物资供给越来越匮乏，几乎没有一个满编的步枪连，弹药、火炮严重匮乏。唯一对德军有利的就是地形，这使得德军防御在总体上占有优势。

进攻"伯恩哈特防线"时，克拉克的第5集团军经过连续数月的战斗，已经筋疲力尽。而为诺曼底登陆所做的前期准备也在不断消耗人力和

↓盟军在前进路上遇到了成千上万名一无所有的意大利难民，军需官们正在向这些排队等候的难民发放食品

其他资源。11月份，他们依然没有喘息的机会。为攻取卡米诺山半山坡一处据点，第56师用了一周的时间持续强攻，但历经战火考验的德军第15装甲掷弹兵师坚守山顶。12日，克拉克将军下令撤退。第3师下属的第7步兵团进攻拉迪芬萨山，希望能控制卡米诺山并支援。

　　美军用了10天时间试图占领高地，但遭到据守战壕的德军部队的顽强抵抗，进展不大。据美国官方史料记载，"当一个人需要双手攀爬时，就很难携带较多的武器和弹药。从轻型飞机上向下投放物资也不可行，因为物资往往落在难以到达的峡谷底部或落入敌占区。从山上向下抬伤员就需要6个小时。雨水、严寒的侵袭和连续作战的疲惫，使得部队无力攻占拉

↑在某处阵地上，英军士兵们正在堆放107毫米口径的重型迫击炮炮弹，准备为进攻卡米诺的英联邦国家军队提供火力支援。在意大利战场上，交战双方使用了大量不同口径的可移动式迫击炮

迪芬萨山"。

11月5日，特拉斯科特将军下令第3师下属第30步兵团和第15步兵营攻占伦格山东南坡，并赶到6号公路前去巩固米尼亚诺北部1.6千米处的一个U型弯道。这次行动花了三天时间，最终在8个营兵力的支援下，美军控制了目标。在此过程中，美军还肃清了罗通多的残敌。

布里特英勇作战

第3师的部分兵力击退了德军伞兵营的几次反攻。11月10日，莫里斯·布里特中尉因为在一次激战中的英勇表现赢得了一枚荣誉勋章。

据嘉奖令记载，那天早上，大约100名德军士兵对布里特的连队进行反攻。"在激烈的枪战中，布里特中尉的小水壶和双筒望远镜被打得粉碎，一颗子弹射中身体一侧，胸部、脸和手上都被手榴弹炸伤。尽管多处受伤，但他仍然拒绝接受医治，一直坚持到战斗结束。他一人击毙了5名敌军，击伤无数，除掉一个机枪阵地，发射了5个弹夹和大量的M1型步枪子弹，还投出了32枚手榴弹。凭着这种完全不畏优势敌军的勇气，他还俘虏了德军4人，打伤其中两人，还帮助几名被俘的美军士兵顺利逃脱。布里特中尉身上这种无所畏惧的战斗精神和杰出的指挥才能是击退德军反攻的重要原因。而德军反攻一旦成功，就可能使布里特所在的部队孤立无援，陷入困境"。

↓德军251/1型多功能半履带式装甲车不但能将步兵人员运送到战区，还能够用自备的两挺机枪为他们提供火力支援

英勇的防御

第二天，第3师机枪手——一等兵弗洛伊德·林德斯特罗姆在打退米尼亚诺德军反攻的战斗中表现英勇。在炮火猛烈攻击下，林德斯特罗姆和他所在排里的士兵撤退到防守据点，他发现自己失去援助而且在人数上与敌军相比处于1：5的劣势。他掌控形势，尽他所能充分利用人员和武器装备对抗前进的敌军。

他的嘉奖令上记载："敌军的机枪、手枪、手榴弹同时向他开火。由于无法从原来位置上攻破敌人老巢，一等兵林德斯特罗姆扛起一挺重机枪，不顾敌军轻武器在他周围的射击，向着多岩石的山腰上蹒跚前行14米到达一个新位置。在这里，离敌人机枪阵地只有10米，他进行猛烈射击。意识到由于敌军躲藏在一块巨大的岩石后面，无法击中机枪手，他于是在枪林弹雨中占据上坡的位置，用手枪击毙德军两名机枪手，把机枪拖回己方阵地。接下来，他又一次攻入敌军机枪阵地，夺回了两箱弹药。他惊人的举动彻底击碎了德军的反攻。面对死亡的威胁，一等兵林德斯特罗姆表现出英勇无畏的精神。"

↓ 1943年秋季，盟军在强渡桑格罗河之前，首先对沿岸的德军驻点进行了猛烈的炮击，炮弹激起了漫天的灰尘和浓烟

没有大的威胁

11月13日，在第34师的防区，副师长本杰明·卡菲将军率领一支特遣部队向敌方防区纵深渗透8千米，与第504空降步兵团会合，保住了蒙塔基拉。尽管这次行动本身没有什么特别之处，但双方士兵之间的交战距离令人吃惊，仅有几米远，还是值得一提。第3装甲掷弹兵师一直努力牵制盟军的进攻，第26装甲师的部分兵力也被调来支援这一地区的防御。

维廷霍夫将军仍认为形势稳定，他说："敌军的小胜并没有造成太大的威胁,他们向山区前进的每一步都将面临重重困难。"到了11月15日，克拉克似乎也同意了这种观点。很显然，士兵们已经筋疲力尽，于是他请求上级准许自己的手下休整两周时间。在得到亚历山大将军的同意后，被战争拖得疲惫不堪的第6军停止了代价惨重的进攻，开始休整，准备新的进攻。

1943年秋，进攻欧洲西北部的"霸王行动"计划进展迅速，但后勤补给困难及物资匮乏的问题一直未能获得解决。从萨莱诺登陆开始以来，第6军的第46师、第56师、第3师、第34师、第45师都在定期作战，第36师也长期战斗。尽管这些部队均有可以进行轮换的军队，但保持战斗效率却是一件极富挑战的事情。

同时扩充第5集团军和第8集团军是一次跨国兵力配置。不同国籍的士兵艰苦奋战，使得意大利境内的战争真正带有"联合"的色彩。英军第1、第5和第78师也即将到达，而美军第88师也将投入战争，不过至少两个月后才能到达。由5 500名士兵组成的意大利第1摩托化步兵团经过严格训练并尽可能配齐了装备。从非洲来的法属殖民地国家军队在11月份也陆续到达，其中包括由法国人指挥的摩洛哥第2师、阿尔及利亚第3师和法国第2师，这些法军部队均由下属于克拉克的阿方斯·朱恩将军统一指挥。

第1特种部队是由加拿大和美国联合组建和进行特别训练的一支部队，在11月底分配给第36师。这支2 400人的部队被认为是一支精锐力量，他们将显示出美洲两个国家间的合作水平。

虽然部队指挥官罗伯特·弗雷德里克上校不停地对士兵们进行战前动员，但兵力部署仍然需要一段时间。不过，在与日本作战重新夺回基斯

↑一名英国皇家宪兵身着御寒大衣指挥交通。在意大利战场上，来自不同方向的盟军车辆经常发生拥堵

卡岛、阿留申岛后，第1特种部队注定将扬名意大利山区，并赢得"魔鬼旅"的美名。

最终部署在意大利的其他军队包括新西兰第2师，印度第4师、第8师，南非第6装甲师和由巴西士兵组成的一支分遣队。由弗拉迪斯拉夫·安德斯将军指挥的波兰第2军在未来的战斗中扮演着重要的角色。

当1943年进入尾声，冬季来临之际，盟军在意大利境内的军事指挥体系发生重大改变。11月18日，杰弗里·凯斯将军和美国第2军司令部从突尼斯前移至意大利，凯斯负责指挥第36师和第3师进行作战。

1944年1月8日，艾森豪威尔将军正式就任盟军最高指挥官，启程前往英国负责指挥"霸王"行动。同时，英国人亨利·梅特兰·威尔逊将军接任艾森豪威尔的原来职务，美国人雅各布·德弗斯做他的副手。蒙哥马

↓在意大利南部，美军士兵们正在艰难地徒步穿越一道峡谷

利元帅也离开地中海战场，担任在英国本土的第21集团军群司令官，而第8集团军指挥官由奥利弗·利斯将军继任。高层指挥官中还有其他一些变更，但亚历山大和克拉克仍然担任原职。

安齐奥计划

　　关于陆海空协同作战对德军"冬季防线"进行翼侧包围的讨论正在进行中。早在11月份，艾森豪威尔曾考虑过把部队调至罗马南部56千米处海滨度假城市安齐奥的计划。丘吉尔也支持这一行动，而这次行动成功的可能性也于本月在开罗和德黑兰召开的高层会议上讨论过。艾森豪威尔对这次行动的结果抱有疑虑，并没有很积极地继续这一计划。

　　艾森豪威尔写道："只要我名义上是那个战区（地中海）总指挥，我

↓一辆美军"谢尔曼"坦克敞开着炮塔舱门疾驶而过，扬起一阵阵的尘土。路旁是一辆被摧毁的德军突击炮

就无法果断地决定为安齐奥进攻做准备。我和地中海战场的关系终止后，这一进攻计划才能执行。我听说最高负责人对作决定还有迟疑，是因为我的任命还没有被官方正式批准。所以我立即放弃了返回非洲的计划，向马歇尔将军建议立即着手结束我与地中海战场的关系，并把这一战区的所有指挥权转交给威尔逊将军。遗憾的是我因此而不能向老部下表示感谢，并向所有跟随我的忠实、高效、尽心工作的人道别，但我已经给大家写了最后的道别信，祝愿我们在德军的老巢重逢。"

英国军队在地中海战区的参战，以及对"冬季防线"的缓慢进攻，使安齐奥登陆计划被再次提起，代号为"鹅卵石"的计划后被定在1944年1月。

同时，在10月和11月的5周内，第8集团军通过战斗，使得部队向前推进了80千米。10月底，第78师占领特里尼约河上的一个据点，德军第66军开始向北撤退。盟军第5集团军猛烈的渡河攻击，加上第13军的突击，加速了德军的撤退。通过这些攻击，盟军占领了伊塞尼亚镇，并和美军第504伞兵团会合。蒙哥马利的主力——印度第8师和第78师用了一周时间，占领了能够俯瞰桑格罗河的一处高地。

在维廷霍夫休病假返回之前，莱梅尔森重新部署了德军地面部队，把优势兵力集中到西部。改组后的第10集团军保留了第76军的三个师——第1空降师、第16装甲师和第65步兵师——去应对盟军第8集团军；而第14集团军则加强至五个师：第94和第305步兵师、第26装甲师、第3和第15装甲掷弹兵师。赫尔曼·戈林师继续作为预备队，第29装甲掷弹兵师则在罗马附近待命。

↑擅长高山作战的德军山地部队正在构筑防御工事。盟军官兵虽然极不情愿但也开始佩服起对手的毅力和韧性来

罗马的"后门"

11月20日，蒙哥马利的参谋长金根将军在第8集团军继续向罗马推进后写道："我们是不是走得太远，军队是不是被拖得太累？"重新开始的进攻是亚历山大将军发动的"三步走"计划的开端，根据此项计划，1943年年底盟军将攻占罗马。首先，蒙哥马利的军队将强渡桑格罗河，控制佩斯卡拉镇，到达距离罗马240千米的5号公路。他可能成功迫使罗马打开后门，至少能把德军从第5集团军的战区引开。

克拉克准备指挥第5集团军发动进攻，翻过卡西诺山进入利里河谷，攻占距首都80千米的弗洛西诺内。紧接着，盟军将进行陆海空协同作战，彻底打通通往罗马的道路。

刚开始，第8集团军取得一些进展。在强大的空军力量支援下，第78师部分兵力渡过桑格罗河。战斗中，德军第65师遭到重创，刚从意大利北部调回的第44步兵师赶在美国第5集团军到达米尼亚诺之前，赶去援助第26装甲师。

27日，天气转晴，蒙哥马利继续进攻，印度第8师和第78师向奥尔索尼亚镇前进。12月3日，在坦克部队的支援下，印度第8师攻占了一道重要山脊，威胁到德军在桑

←几名波兰"喀尔巴阡山"师的步兵正躲在一辆被击毁地陷入泥地的坦克歼击车后面准备发射迫击炮

格罗河的防线。12月的第一周，第78师前进16千米逼近奥尔托纳。加拿大第一师被派去援助精疲力竭的第78师。自从在意大利登陆后，第78师在6个月的战斗中伤亡已高达一万人。

12月14日，新西兰第2师对奥尔索尼亚镇进行包抄，迫使德军撤退。同一天，加拿大士兵为争夺卡萨贝拉迪镇的控制权陷入苦战。这个小镇是通往奥尔托纳和奥尔索尼亚交叉路口的关键。

"他们不会射击"

由于在战斗中指挥连队表现英勇，皇家第22步兵团的保罗·特里奎特上尉赢得一枚"维多利亚十字勋章"。在加拿大装甲团的支援下，特里奎特的连队穿越德军机枪和迫击炮猛烈攻击下的一道峡谷。几分钟内，包括所有死伤的军官，连队兵力损失过半。

↓在塔沃勒托镇的街道上，英国第8集团军的廓尔喀士兵躲在石墙后面伺机发起攻击。在与德军的激烈厮杀中，这种巷战经常发生

据特里奎特上尉所获得的"维多利亚十字勋章"嘉奖令上记述，他开始重新组织剩余人员，鼓励道："别在意敌人，他们都不会射击。"最后，发现四面八方都被敌人包围后，他大声喊道："现在，我们前后左右都是敌人，唯一安全的地方就是前方的目标。"他率领着战士们向前冲去，最终突破重围。这次战斗中，他们击毁了敌人四辆坦克，端掉了几个机枪据点。

当他们强行突入镇子时，只剩下两名中士和15名士兵了。特里奎特上尉组织了一个防守阵地，鼓励士兵们击退在几辆坦克支援下的德军反攻行动。嘉奖令称他"完成了几乎无法完成的任务"。特里奎特冒着密集的炮火，到处鼓励士兵，指挥防御，充分利用从敌人手中获得的任何武器。德军的几次进攻均被击退，损失惨重。特里奎特上尉等人坚持与优势敌军进行对抗，直到第二天，己方后续部队占领了卡萨贝拉迪镇，把他们解救

↓两名德国士兵在战斗间隙分享面包和奶酪，他们将一块帆布搭在防空洞上方

→一队加拿大士兵借助建筑物的掩护向前进攻。在意大利战场，错综复杂的街道和建筑物，给城市作战造成了很大的麻烦

出来。

"在整个战斗中，特里奎特上尉在枪林弹雨中表现出了极大的勇气和乐观精神。越是战斗激烈的地方，越能见到他鼓励士兵、组织战斗的身影。他的英勇、乐观和忠于职守的精神激励着士兵们。虽然伤亡惨重，只剩下少量兵力，但他们坚持与敌军对抗，死守阵地，击退敌军的顽强反攻。正是由于特里奎特上尉的坚持，盟军才攻占了卡萨贝拉迪镇，打通了进攻重要交叉路口的通道。"

直到12月28日，加拿大军队才占据了奥尔托纳。凯塞林的参谋长韦斯特法尔将军后来坚持称，德军部队并非被赶出了卡萨贝拉迪镇，而是为了减少不必要的伤亡才撤退的。现在，佩斯卡拉镇仍被德军坚守着，在进军罗马之前，盟军必须首先控制这个小镇。寒冷的季节里，蒙哥马利的行动突然停下来。12月1日，克拉克指挥第5集团军肃清米尼亚诺山谷的残敌，从南面打开通往利里河谷和罗马的大门。克拉克攻占罗马的雄心不断增长，他请求亚历山大将军允许自己比原计划提前两周开始进攻。

12月1日，麦克里里将军命令第46师发动一场牵制战，希望能把德国守军从卡米诺撤离。在那里，第56师第二次向高地发起进攻。次日晚，英军占领了963高地上的一处修道院，这是卡米诺山制高点。两天后，他们又被顽强的敌军击退。直到12月6日，盟军才最后控制了这处制高点。第46师也成功占领了卡拉布里托村。

在第5集团军的战斗行列中，第2军担任主攻任务，在近千门火炮的轰鸣声中，12月2日的进攻开始了。一个小时的密集轰炸中，346门大炮共发射了2.2万发炮弹。为了支援第36师向前推

进，第2军向卡米诺山、拉迪芬萨山的德军据点发射了7.5万发子弹。

弹幕射击

在意大利战场上，密集的弹幕射击的破坏力极强，能够顷刻之间杀死成百上千的敌人，随后的冲击波能将敌人吓得丧失抵抗力甚至疯掉。战地记者厄尼·派尔曾在一次战斗中和某个炮兵分队待一起，他们中的很多人来自南卡罗来纳州。在《勇敢的人》中，派尔记述了与一名炮兵的对话。

"炮弹和火炮都很花钱，但花钱总要比送命强。"他写道，"在那个阵地上，我们几个人围拢在一起，盘算着打死一名德军需要花费多少钱。当你把所有的开支计算在内，包括这些现代化火炮、士兵训练、运输，加上单价50美元的炮弹，我们用炮弹打死一个德军士兵，共需花费25 000美元。对此，有个士兵说道：'倘若我们给每个德国士兵25 000美元让他们投降，也就避免了中间这些过程和最终的杀戮，我敢打赌他们会接受的。'"

"这很有创意，但我个人认为他们不会接受。"

维廷霍夫将军在谈到弹幕射击对德军的影响时，将其描写成"威力空前……炮火将他们完全与外界隔绝，陷入孤立无援的绝境。小规模的战术预备队根本无法运动，就连最低限度的补给也无法进行"。

进攻拉迪芬萨山

第1特种部队夺取了拉迪芬萨山顶的控制权，该部队于12月2日撤离。这个高地的地势极不平坦，峭壁林立，士兵们经常被深谷或岩石阻挡，无须德军抵抗，稍一失足就会掉入万

↓英国陆军元帅伯纳德·劳·蒙哥马利（中）和两个他最信任的下属——赫伯特·拉姆斯登将军（左）和奥利弗·利斯将军，这两人在北非战场上曾经担任第8集团军所属部队的军长

丈深渊。在夜幕的掩护下，士兵们到达指定地区，本打算等到拂晓时分再向德军把守的930米高的高地发起进攻，但一块石头滑落的声音暴露了他们的行踪，德军随即发起了猛烈的进攻。一名战士描述随后的混战时这样写道："我和迪耶特正往山边移动，这时他大喊道：'他们在下边！'然后就倒在地上。我发现他的前额中枪，痛苦地呻吟……我看到伯恩斯坦扔出一枚手榴弹后迅速跑开了……炸飞的石头碎片击中了班长费希尔中士，导致他的眼睛完全失明……可怜的凯西本来可以待在后方担任炊事兵，但他坚持要去战斗排，被一颗未爆炸的迫击炮弹砸中头部当即毙命……"

"登上山顶停下来休息时，我躺在地上，和身边的一个士兵聊了好久，后来才发现他早已经死了。当时，我还挺纳闷他为什么不接我的话呢……当我遇到伯德尔上尉时，他正趴在地上用双筒望远镜观察对面山脊上的敌人，我向他借了一支步枪。大约30分钟后，等我还他枪时，发现他被狙击手射中头部，已经死了。"

夺取拉迪芬萨山之后，第1特种部队在随后几天里击退了德军的多次反攻。战斗结束后，经清点，发现参战的1 800人中死伤500人。有名军官向一群举白旗的德军走去，打算接受他们的投降时被击中脸部。从那时起，盟军特种兵就再也不给德军投降的机会了。

第2和第10军的联合作战，击溃了德军第15装甲掷弹兵师的一个装甲侦察营，并消灭掉其中的一个团。接下来，盟军第36师第142步兵团的两个营对拉迪芬萨山发起攻击，在炮兵强大火力的掩护下，他们很快攻下了这个目标。

美国第5集团军控制了米尼亚诺山隘口。然而，德军第44和第305师不惜一切代价死守阵地。经过四天苦战，第34师前进了仅仅1.6千米，却付出了伤亡800人的惨重代价。接下来的一周内，第2摩洛哥师轮换下了第45师。

↑这名身着制服的英军第6印度"拉杰普塔纳"步兵团下士正在阔步前进。英联邦国家士兵在意大利战场上战功卓著

清剿6号公路

第5集团军要想沿着6号公路进军罗马，就必须夺取伦格山。该山位于6号公路和向北延伸并穿过卡西诺山的铁路线之间，是他们的必经之地。6号公路右边是海拔1 240米的赛穆克罗山，其地势稍低的南坡上是圣彼得罗镇的一排排石头房子和商铺。在那里，几乎每个岬角都可以控制盟军的前

进路线，但盟军指挥官认为德军将不会苦守这个地方，因为伦格山四周都是高山，此外，拉皮多河和加里格利亚诺河的洪水还有可能断掉从圣彼得罗镇撤出的德军的退路。

不过，盟军部队也很难找到进入圣彼得罗镇的入口，德军火力能够轻而易举地把任何一间石头房子变成一座堡垒。根据德国陆军元帅凯塞林、将军韦斯特法尔以及莱梅尔森对于战局的判断，人困马乏的第3装甲掷弹兵师应该驻守在那里而不是撤退。在德军大本营，希特勒死死抓住部队调动的控制权，并撤销了部队继续向北撤退的命令。最终，第29装甲掷弹兵师的两个团（其中一个已经实际控制了圣彼得罗镇）奉命加强圣彼得罗镇、伦格山和赛穆克罗山的防守。

"为轻松夺取伦格山，盟军指挥官寄希望于首先在圣彼得罗镇实现突破。"著名历史学家马丁·布卢门森写道，"情报人员没有料到圣彼得罗镇有多么难攻。在由石房子组成的巨大石头防线上，到处都是德军的枪炮阵地，盟军根本进不了镇子。"

↓英军士兵正在架设一门107毫米口径的重型迫击炮，准备对德军阵地发起攻击。在意大利战场上，这种迫击炮弹给双方士兵造成了重大伤亡

圣彼得罗坐落在赛普帕纳公路上方，一道很深的小峡谷将它与罗通山和卡纳维内尔山隔开。要想进入圣彼得罗镇，除了乡间小道或赛穆克罗山悬崖峭壁上的小道，别无他法。同时，盟军情报人员也不清楚从这一地方监视伦格山和通往卡西诺山的6号公路到底有多重要。

进军伦格山

12月8日，凯斯将军命令意大利第1机械化团沿着伦格山山坡向上进发。该团下属的两个营同时出发，并肩作战，直逼德军装甲掷弹兵师的防御工事。几小时后进攻失败，意军仓皇撤到山下，造成84人丧生，122人受伤，另有170人失踪。拂晓时分，第1营第143步兵团夺取了赛穆克罗山山口，在504伞兵团的支援下加强防御，并击退了德军的几次反攻。美军控制了1205号高地，第3突击队夺取了950号高地，但很快失守，直到第二天再次夺了回来。与此同时，第2、第3营和第143步兵团向圣彼得罗镇仅仅推进了364米。在两天的激战中，第1营兵力损失过半，仅剩下340人。

↓在盟军密集的炮火攻击下，意大利小镇奥尔索格纳的上空升腾起了滚滚狼烟。炮兵在盟军进军过程中发挥了决定性的作用

↑这是一名身着作战服、端着"汤姆森"冲锋枪的廓尔喀士兵。此外，骁勇善战的廓尔喀士兵非常擅长使用一种类似回旋镖的弯刀

→在意大利小镇奥尔托纳，加拿大部队与德军狙击手展开了激烈巷战。当时，顽强作战的德军部队坚守每一个楼层甚至每一个房间，只有长时间的军事行动才能将其根除

第36师指挥官沃克将军意识到，夺取1205号高地西侧绵延1.6千米的三座山头能够形成对圣彼得罗镇的包抄，同时还能对镇内的德军装甲掷弹兵部队的退路构成威胁。于是，15日破晓时分，第1营、第143和第504伞兵团奉命夺取这些山头。随后，第141步兵团和第753坦克营的装甲车将从北、东两个方向分别对圣彼得罗镇发动主攻。与此同时，第142和第143团也将发动进攻以牵制据守伦格山的德军。

从表面上看，在圣彼得罗镇使用装甲车辆的这项决定存在问题。两边是高地，中间一条狭窄的通道，在此行进的坦克有可能成为德军的瓮中之鳖。唯一一条勉强可供坦克通行的道路又无法双向通行。更糟糕的是，路上还有四处障碍物，分别是两座桥和两条水沟。尤其突出的是，赛穆克罗山山坡布满了落差达2.2米的梯田状的挡土墙，盟军要想通过这些地方，就需要穿过枪林弹雨。

盟军工兵炸掉几个挡土墙，开辟出一条道路供坦克开进到能对圣彼得罗镇展开进攻的高地。然而，到了12月11日，坦克在夜幕掩护下开始朝目标进发，没多久，第一辆坦克就陷进了雨水浸泡的地面无法动弹，最终暴露在德军的面前。几乎从一开始，德军火炮就对盟军构成严重威胁，也加速了这次行动的破产。

上山战斗

　　12月15日，第504伞兵团和第143团第1营试图攻占面前的三座山头，未能获得成功。然而，担任协同任务的第753连的16辆M4"谢尔曼"坦克和一辆借来的英国"瓦伦丁"坦克却在午时左右开上了通往圣彼得罗镇的道路，但这次钳形攻势很快就遭遇了麻烦，领头坦克的路被堵住了，它在掉头时捣毁了几处德军机枪阵地和一处指挥所。

　　德军发现近在眼前的盟军时大吃一惊，几乎来不及反应。这时候，另外三辆"谢尔曼"坦克被一辆炸坏的德军4型坦克堵住了去路，无法跟随领队坦克穿过这片梯田，于是便奉命待在道路上，并向村子里开火，支援即将发动进攻的第141团第2营。在距离小镇910米处，三辆坦克车中的第一辆刚刚驶过小桥，就被德军反坦克炮弹炸毁；第二辆坦克身中两发炮弹

↓英军士兵向卡米诺山艰难行进。在滂沱大雨和道路泥泞的意大利境内，物资和伤员运输通常依靠牲畜进行

起火燃烧；第三辆坦克还没到达小桥，便被德军连续三发炮弹给摧毁了。

接下来的三辆"谢尔曼"坦克被地雷炸伤无法动弹，一辆从1.5米高的道路边上翻下深沟；另有一辆试图穿过梯田，但在半道上翻了车；还有一辆撞到了一辆已损坏的坦克车上。"瓦伦丁"坦克被一些动弹不得的"谢尔曼"坦克车挡住了去路，也不得不被遗弃。在出动的坦克中，只有4辆安全返回。12辆被击伤的坦克中，有5辆后来被修好。

第141团第2营的雷·韦尔斯中士目睹了这些装甲车辆的进攻过程，"我当时距离它们大约有一英里"，他回忆道："看见它们驶上了小路，速度很慢，路上到处都是弯道，它们一辆接着一辆地碾上地雷，只要前面的坦克动弹不得，后面的坦克便把它们推到一边，自己继续前进。坦克手们真是一群勇敢的人，真的！"

↓1944年1月，美军一辆M7型"牧师"自行火炮正在给试图渡过水流湍急的拉皮多河的盟军部队提供火力支援。车身上的白色五星标志耀眼夺目

圣彼得罗镇的英雄事迹

米尔顿·兰德里中校是第141团第2营的指挥官，他记得自己当时的任务就是阻击从西部来的德军补给物资和人员。中午时分，兰德里中校带领部队发动攻击。

"当时，在我的手下，有着E连、F连、G连、H连和营直属连。"在作者对兰德里中校的采访中，他回忆道："我在前30分钟的进攻中失去了三名连长，其中，查尔斯·比彻姆上尉被敌人从脸部击穿，是雷·韦尔斯中士把他的尸体从火线上拖回来的，哈姆纳上尉被打死，约翰上尉受伤。当时，路上到处都有倒下的弟兄。进攻从下午持续到了晚上，伤亡非常惨重，L连被派来支援我们。接到命令撤退时，我们整个营只剩下42人和一个步兵连。要知道，我们在最初出发时，总人数将近800人。"

↓这辆卸去了炮塔和火炮的美军M3"李将军"式坦克，拖曳着一门240毫米口径火炮穿过一个已经沦为残垣断壁的村庄。在英军服役的M3型坦克被称为"格兰特"坦克

在12月15—17日的激战中，由于表现突出，兰德里中校被授予优异服役十字勋章,韦尔斯被授予银星勋章，"圣彼得罗镇对面地带大概有罗通多山到镇子的距离那么远。"中校回忆说，"大多数阶梯顶部和边上都有电线围栏，敌人在每道围栏上都装了某种饵雷。我们必须想法把这些危险物拆除。经过思索，我们想出了一个简单易行的办法：由两个身材高大的人把我举起来去够敌人的电线，然后我做个手势，他们便把我放下来，我下来的同时也把敌人的电线扯下来，同时也就引爆了饵雷。不过，借助石头墙的保护，我们几乎毫发无损。"

由于德军隐蔽得非常出色，为了捣毁他们的战略要点，美军不得不前进到距离他们几米远的地方。"你看不到他们。"兰德里中校回忆："就不得不穿过去，你从石头墙缝往里看，见到一个你认为是黑岩石的东西，

↓在安齐奥附近的内图诺镇，美军一门155毫米口径远射程加农炮猛烈开火，大地剧烈颤动

但那不是黑岩石，而是一个洞，洞里面架设着敌人的机枪。敌人挖了一个和掩体相连的坑道，可以爬进爬出。这些坑道上面交叉覆盖着绳子、土和植物，他们在坑道里面享受酒、黑面包以及从牙膏管一样的管子中挤出来的奶酪。"

韦尔斯带领一个重机枪组发动进攻，却发现他的人在几分钟内大都受伤了，"敌人一直在监视我们，他们的狙击手相当准确。"他说，"我看到许多人被射中两眼之间。我方医护兵的头盔上印有红十字，我看见他们有的人的中弹位置就在红十字的正中心。"

据兰德里介绍，韦尔斯收到命令后，放弃了手中的水冷式重机枪，捡起一挺轻机枪为他的指挥官垫后。韦尔斯打死了三名敌军狙击手，朝着敌人掩体乱扫一通。54年以后，由于在圣彼得罗镇的英雄表现，韦尔斯终于

↓在1943—1944年冬天，英国第8集团军的士兵们牵着运送物资的牲畜行进在白雪皑皑、崎岖不平的意大利战场上。对于盟军来说，意大利境内恶劣的天气和地形条件，像顽强抵抗的德军一样令人十分头疼

获得了一枚银星勋章。

就在第141团第2营在圣彼得罗镇激战时，第143团第3营、第142团第2营穿过了6号公路，朝着伦格山发动了进攻。在占领高地之后，他们以此为据点迎战德军第29装甲掷弹兵师的侦察营的反攻。

16日早晨，意大利部队占领了其余地段。当晚，美军部队攻占了赛穆克罗山和伦格山。德军意识到自己沿着6号公路的逃窜路线处于危险之中，于是就在猛烈炮火的掩护下撤退了。12月17日上午，第143团的士兵们终于进入圣彼得罗镇，他们发现整个小镇已成一片废墟。在激战中，300名平民死亡。盟军第36师阵亡150人，受伤800人，失踪250人。

"死人说话"

好莱坞导演约翰·休斯顿执导的一部纪录片记录了圣彼得罗镇战斗中的一件趣事。当时，约翰·休斯顿是美国陆军的一位上尉，曾于1941年因处女作《马耳他雄鹰》而出名。他宣称，这部纪录片是自己在战争期间拍摄的三部纪录片之一，该片记录了美国士兵在真实战斗中的镜头。他的摄制组在圣彼得罗镇战斗期间受第143团的指挥。他在战后写道："在发动首次攻击前，我们的摄像机采访了许多即将参加战斗的士兵，他们之中有些人的话语非常鼓舞人心，表示自己将要为了未来，为了国家，为了世界而战。后来，这些人都死了。在尸体放进棺材埋葬前，他们被依次排成一排，有可能的话确认一下身份，然后埋上。那时，当这些尸体被抬起来时，我把摄像机调好焦距，对着这些死去的将士们的脸，我把他们活着时谈论自己愿望的那段话作为旁白加了上去。"

这部纪录片的发行引起了激烈争论。美国陆军要求不得公开放映。该纪录片一剪再剪，即使如此，在战前也很少放映。研究电影的史学家争辩说，休斯顿说他拍摄的纪录片《圣彼得罗镇战斗》中包含了一些战争的实景，甚至还说那些"死去的士兵"却在档案中奇迹般地活了。不管如何，这部纪录片是反战宣言的一个里程碑。兰德里中校对于基于这场让他损失了一个营的战斗所拍摄的纪录片有着自己的看法，"这是一个愚蠢的行动。"他说道，"我的营适合在晚上发动攻击，对于我们而言，大白天穿过一个小镇，攻上一座德军重兵驻扎的山头简直是自杀。很幸运的是，我有一群忠实于我的弟兄，我们一路走来。当战争结束时，我们没剩多少

↓英军医护兵用担架小心翼翼地抬着一名受伤的德军战俘。尽管当时条件很差，但交战双方的受伤战俘都得到了尽可能好的照料

人，但那些活着的人仍在继续战斗。"

　　在卡米诺山和罗通多山战斗过的美军勉强赢得了对手德军的尊敬。在为驻意大利的德国士兵出版的报纸《人民战线》上，有一篇文章上这样写道："美国人用的是准印度人的战术，他们在当地奸细的带领下，到处寻找营和团的交界地带、要塞之间的缝隙或最陡峭的山间小道……大多在黄昏时分，他们先由一个巡逻小队渗透到我们中间，然后是一个排。晚上，他们便加强那个渗透到我方内部的分队，到了上午时分，他们便从德军背后对他们发动突袭，有时也从侧部同时发起攻击。"

　　没有足够的增援部队，克拉克和第5集团军在圣彼得罗镇、伦格山和赛穆克罗山所取得的胜利就难以持久。盟军尽管非常急迫，但距离取得最终胜利的果实还很遥远。直到1943年年底，罗马这座"永恒之城"仍然控制在德军之手。

　　意大利战场上的这场战斗非常残酷，然而，在英勇顽强的盟军士兵的前面——安齐奥海滩和卡西诺山，一场更血腥的激战正在等待着他们，这将是一场史无前例的考验。

↓英军医护兵依次给意大利儿童分发饮用水。有大量平民在双方交火中死伤

6

安齐奥海滩和卡西诺山

为了从侧翼包抄据守在卡西诺山上的德国守军，盟军发起了安齐奥登陆行动，但以失败而告终——他们在海滩上陷入了进退两难的尴尬境地。

作为一名曾经亲身经历了意大利战场上的痛苦煎熬的老兵，罗斯·卡特尔军士在被炮火烧焦了的萨姆克鲁山上渡过了1944年的圣诞节。在他们的正下方，是已经沦为一片废墟的圣彼得罗镇。由于昔日的家园被无情的战火彻底摧毁，小镇上幸存下来的居民们选择了附近一处新的地方重建家园。不远处，那些堆积如山的碎石瓦砾、满目疮痍的残垣断壁，仿佛在无声地控诉着战争的罪恶。

"我们在山上坚持了整整17个昼夜，"卡特尔写道，"每天都在跟阴冷的天气、刺骨的寒风、连绵不断的冬雨和难以预测的危险进行抗争。在那段日子，我们之中没有一个人洗过手或刮过胡子，甚至很少有人脱掉过脚上的靴子。虱子啃噬着我们的身体，绝望撕咬着我们的内心！"

盟军步履艰难地向罗马推进，速度简直像蜗牛一样缓慢，有时候甚至被迫停下脚步，接连数天动弹不得。在此情况下，可怕的绝望情绪在盟军官兵中间蔓延开来。这时候，为了准备即将到来的诺曼底登陆行动，盟军主要的作战资源陆续转移到了英国本土，意大利战场因此逐渐陷入僵局。到了12月中旬，第5集团军的攻势已经彻底停顿下来，第8集团军也在桑格

←1944年冬天，一名德国伞兵正在烟雾蒙蒙、群山环抱的意大利战场执行巡逻任务。在德军精锐部队中，伞兵部队的战斗作风最为强悍

罗河以北的"古斯塔夫防线"前面寸步不前。

　　为了加快向罗马推进的步伐，盟军计划发起一场绕过"古斯塔夫防线"的两栖作战行动，但这项代号"鹅卵石"的行动计划一度曾被取消。然而，有两件事情的相继发生，使得这项计划被重新启动，其中之一就是盟军重新调整了地中海地区的指挥体系，第二件事情则是由于英国首相温斯顿·丘吉尔的意外生病。

　　长期以来，意大利战场始终是温斯顿·丘吉尔最为看重的地方，地中海上任何的风吹草动都会使他寝食难安。如今，丘吉尔终于认识到意大利战场取得重大胜利的机会已经不复存在，他怀着深深的失望离开了开罗和德黑兰的会场，开始对于在意大利继续战争的意义产生怀疑。

↓1944年1月，在"鹅卵石行动"期间，两名德军士兵在意大利的海滨小镇内图诺向美军士兵投降

烦恼的丘吉尔

12月11日，在视察艾森豪威尔将军设在突尼斯的司令部时，劳累过度的丘吉尔首相突然患上肺炎，被紧急送进医院。丘吉尔在病床上躺了一星期左右的时间，饱受疾病和烦恼折磨之后，他最终决定立即采取行动，重新激活意大利境内的战争僵局。丘吉尔的解决方案就是发起一场两栖作战行动，从侧翼绕过"古斯塔夫防线"，以最快速度占领意大利首都罗马。12月19日，丘吉尔发电报给他的参谋长们："我军在意大利战场上的停滞不前，正在变得可耻！"

然而，盟军要想在安齐奥发起一场两栖登陆行动，必须拥有足够数量的登陆舰艇。在此之前，这些相当稀缺的船只已经连续两次被推迟前往英

↓一名美军步兵正在卡西诺山上的房屋废墟内持枪瞄准。为了攻占卡西诺山和山顶的修道院，盟军曾经先后四次向该处高地发起突击

↑这是一家意大利难民，由于家园已经沦为战场，他们不得不拖儿带女、背井离乡

国。在与高级指挥官们深入探讨之后，丘吉尔给富兰克林·罗斯福总统发去一份电报，要求将地中海战区的登陆舰艇继续保留到1944年2月5日。如果没有这些登陆舰艇，丘吉尔断言，"意大利战场上的僵持局面还将持续三个月……倘若抓不住这个机会，我们将会见证地中海战役在1944年的溃败"。

在开罗和德黑兰会议上，丘吉尔曾经数次向罗斯福许诺，自己在意大利战场上所采取的行动，将不会打乱盟军在诺曼底和法国南部进行登陆作战的时间表。鉴于丘吉尔声称自己已经制订出了在安齐奥登陆的完善的作战计划，罗斯福最终同意将56艘登陆舰艇暂时留在地中海。

圣诞节这一天，丘吉尔与手下将军们的会谈结束后，亚历山大将军通知克拉克将军，"鹅卵石行动"重新开启。这时克拉克将军也改变了反对在安齐奥登陆的最初立场，开始支持这项主张。由于巴顿前往英国从事诺曼底登陆行动的准备工作，第7集团军的指挥权转交给了克拉克。此外，克拉克还参与制订了从法国南部登陆的作战计划——最初称"铁砧行动"，后来改称"龙骑兵行动"。

就当时的形势而言，要想在地中海地区发起两场两栖作战行动，盟军高层面临着巨大的压力，他们甚至开始考虑取消其中之一。但是，对于克拉克来说，他却希望这两场攻势都能够推行下去。

"鹅卵石行动"

"鹅卵石行动"所面临的巨大风险是显而易见的。根据计划，盟军大约两个师的兵力将在罗马以南56千米处的安齐奥海滩登陆。在安齐奥海滩前方大约32千米的地方，是罗马城的最后一道天然防御屏障——阿尔巴诺山脉，它们要么被在安齐奥登陆的盟军部队攻占，要么被突破了"古斯塔夫防线"的美国第5集团军拿下。然而，令盟军高层担心的是，第5集团军的前沿阵地距离安齐奥海滩有113千米之遥，这两场攻击行动必须互相呼应才能够取得成功，但做到这一点非常困难。

卢卡斯将军的第6军司令部负责指挥"鹅卵石行动"。根据作战方案，登陆行动将于1月22日发起，参与兵力包括美军第3步兵师、英军第1步兵师、美军突击队部分兵力、第540伞降步兵团部分兵力和英军突击队，总人数达到40 000人。当时，有很多人对于凭借如此薄弱的兵力能否实现登陆目标持怀疑态度。

↓两名美军士兵正在打量着躺在街道上的一具德军士兵尸体。左侧那位士兵肩膀上挎着一支"汤姆森"冲锋枪，右侧那位背着的是M1"加兰德"步枪

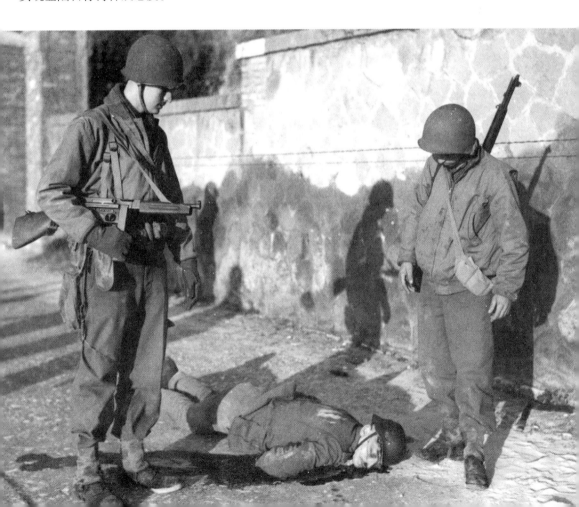

克拉克将军在日记中写道："在那里，我们将把两个步兵师送上海滩，去完成以往需要数个军的兵力才能完成的任务。我将全力以赴寻找能够实现目标的一切方法，而不是寻找不能实现目标的理由。我相信，我们正在走向成功。"

罗马的诱惑

在1943—1944年的冬天，攻占罗马城对于盟军许多领导人来说是一个极大的诱惑，这些人之中就包括丘吉尔和克拉克。的确，解放被世人称为"永恒之城"的罗马，不但可以沉重打击德意军队的嚣张气焰，还可以极大鼓舞盟军官兵的士气。然而，盟军将为此付出多大的代价？谁也无法准确预料。

当时，在第5集团军尚未抵达利里河谷地的弗罗西诺内的情况下，让这支部队继续向前推进的作战计划就已经制订出来了。在他们的前面，还横亘着两条水流湍急的大河——拉皮多河和加里格利亚诺河。不远处，盘踞在卡西诺山和圣特安布罗吉奥山上的德军正严密观察着利里河谷地内盟军部队的一举一动。尽管如此，克拉克仍然坚信第5集团军的渡河作战将迫使德军向南增派兵力，从而暂时缓解在安齐奥登陆的盟军部队的压力。

获悉盟军计划将在安齐奥登陆的消息后，卢卡斯将军大为不解，他在日记中写道："在我看来，这种做法无异于将一群羔羊赶入饥饿的狼群之中。此举明显散发出一股刺鼻的'盖利博卢臭味'！"

↓安齐奥登陆行动中的美军指挥官约翰·卢卡斯将军正与一名英军军官讨论战况。许多人将这场登陆行动在最初阶段的失利，归咎于卢卡斯将军的优柔寡断

卢卡斯私人日记中所提到的"盖利博卢臭味"，指的是第一次世界大战期间，英法联军进攻奥斯曼土耳其帝国时在加利波利半岛所遭遇的一场惨败。1915年，为了缓解沙皇俄国军队所承受的作战压力，英法联军发起了持续数月的达达尼尔海峡战役和加利波利半岛战役，结果不仅一无所获，而且损兵折将，导致国内民怨沸腾，最终不得不全线撤退。当时，极力主

张进加利波利半岛的不是别人，正是时任英国海军部第一海务大臣的温斯顿·丘吉尔本人。后来，英法联军在达达尼尔海峡的全线溃败，导致丘吉尔狼狈下台，被逐出英国政治舞台三十多年。

　　就在"鹅卵石行动"开始前8天，卢卡斯仍然对此不抱乐观态度，他在1月14日写道："我们的军队再次变得狂热起来……大家普遍认为德国人已经屈服了，正在狼狈逃窜，我们接下来需要做的仅剩下打扫战场了……事实上，凶残的敌人只不过后退了一两步，他们正在像困兽一般拼死抵抗，激烈程度史无前例。同样，我们并没有到达罗马。在缺乏足够兵力的情况下，他们（指盟军高层）把我送上了海滩，同时也把我送进了地狱。"

　　第5集团军在12月份发起的突入利里河谷地进而攻占弗罗西诺内的努力，一直持续到了1944年1月份。为了实现部队向前推进并吸引安齐奥地区德军向南调动的两大目标，克拉克将军制定出一套作战方案，具体内容

↓在安齐奥登陆场附近的战斗中，携带着自动武器和大量弹药的德军步兵从一辆"象"式坦克歼击车旁边经过

为：在1944年最初的三周之内，英军第10军负责攻占海拔155米的塞德罗希尔山，渡过加里格利亚诺河，在圣安布罗吉奥山下建立一处桥头堡；朱安将军指挥的法国远征军将取代卢卡斯将军的第6军向卡西诺发起攻击。这两项行动一旦成功，将确保进入利里河谷地的盟军部队南北两翼的安全。

第2军将负责攻占塞尔瓦罗镇、圣维托里镇以及特罗齐奥山、波尔齐亚山、马乔山和拉契亚山。在上述目标达到后，第36步兵师将渡过拉皮多河，掩护第1装甲师渡河并沿着河谷地底部向弗罗西诺内快速推进。克拉克希望第5集团军能够迅速取得成功，与在安齐奥的第6军早日会合。

弗雷德里克的部队

1月3日，弗雷德里克上校率领第1特种作战部队出发，向着马乔山发起攻击。在穿越了崎岖不平的山地地形后,这支部队逐渐认识到自己平时所进行的专门训练在战争中是多么重要。在短短24小时之内，他们扫清了前进道路上的障碍，抵达攻击阵位。1月6日，在得到第142步兵团的加强后，弗雷德里克上校指挥他的部队（现已更名为B特遣部队）开始对马乔山发起攻击。由于德军进行顽强抵抗，弗雷德里克上校派兵沿着一条迂回线路前去攻击其中的两座山头，它们按照海拔高度被命名为1270号和1109号高地。

刚开始，B特遣部队向前推进迅速，但在德军第44和第15装甲掷弹兵师的猛烈反攻面前不得不停住脚步，开始呼叫第36步兵师提供炮火支援。

↓德军这辆车身上涂有黑十字标志的SdKfz Ⅱ型自行火炮装备1门75毫米口径加农炮和1挺轻机枪，该型车辆一直生产到1944年

最终，弗雷德里克上校的这支特遣部队坚持下来，德军则放弃阵地撤退，马乔山被盟军拿下。1月4日晚间，美军对拉契亚山的攻击行动遭遇挫折。当时，第34步兵师第168步兵团的一个连遭遇伏击，69人被俘。第二天，美军重新发起攻击并取得胜利。截至1月8日，这一大片地区落入美军之手。与此同时，第135步兵团的两个营在1月5日成功攻占圣维托里镇，俘虏了170名德军士兵。

在6号公路以南，弗兰克·艾伦将军率领一支特遣部队进攻波尔齐亚山。1月4日，由于遭遇德军的顽强抵抗，第6装甲步兵团人员伤亡将近40%。鉴于此，艾伦重新调整了进攻兵力，派出三个营于1月5日清晨发起进攻。其中，有一个营抵达了波尔齐亚山的山顶，他们在占领该处高地之后进行坚守，在击退德军一次猛烈反攻后，已方能够作战的兵员仅剩下150人。

↑这是一个被战火彻底摧毁的意大利村庄，远处教堂的钟楼孤零零地挺立在废墟之中

英勇的斯派克中士

为了巩固战果，艾伦派出第48工兵战斗营的350名官兵前去增援，他们在1月5日黄昏时分击退了德军的一次反攻，最终迫使德军撤退。在长达10天的战斗中，艾伦的部队阵亡66人，负伤379人。当时，仅第6装甲步兵团上报的失踪人员就多达480人，他们中的大多数人后来又被找到了。在阵亡官兵之中，有一位英勇作战的工兵中士，名叫乔·斯派克。

当时，在夜幕的掩护下，斯派克所在的连队沿着波尔齐亚山的山坡向前推进。为了搞清楚前面有无敌军的防御阵地，连长派遣斯派克前去侦察。没过多久，斯派克安全返回报告说，在正前方的道路上，有着一个德军机枪火力点和几名机枪手。接着斯派克主动向连长请战，要求携带一挺机枪和弹药前去将那个德军火力点拿掉。连长批准了斯派克的请求，他随即出发了。

战后，盟军在给斯派克追授"荣誉勋章"时这样评价道："他只身一人向前行进时，被德军士兵发现了。在对方的猛烈扫射下，他负伤严重，无法站立起来行走。尽管如此，他仍然咬紧牙关，艰难爬过尖锐锋利的乱石堆，抵达一处隐蔽点后将机枪架起来，瞄准敌人火力点进行射击，成功地将对方的机枪阵地摧毁，德军剩下的机枪手慌忙逃窜。看到前进的障碍已被扫除，斯派克的连队迅速向前突进。当战友们找到斯派克时，发现他已经死在了自己的机枪旁边。他的英雄主义行为、自我牺牲精神和必胜的决心，激励着每一位战友奋勇前进！"

经过四天前的失利后，英军部队最终占领了已经无人据守的塞德罗

↓波兰炮兵正在对远处的德军目标进行猛烈炮击。在意大利战场上，波兰第2军发挥了非常重要的作用，经过激战攻占了卡西诺山上的制高点

山。与此同时，在长时间的地面炮火和空中打击的支援下，第34步兵师下属第168步兵团经过连续两天的苦战，终于夺取了塞尔瓦罗镇。如今，克拉克的第5集团军已经推进到拉皮多河河岸，对岸就是"古斯塔夫防线"的核心地段，德军第14装甲军大约90 000名士兵正据守在卡西诺山四周、拉皮多河沿岸以及圣安布罗吉奥山附近的战壕里。

刺刀和手榴弹

当东侧的美军部队激战正酣时，亚德里亚海沿岸的英军第8集团军的阵地上却是一片沉寂。到了1月12日，第2摩洛哥师和第3阿尔及利亚师开始向卡西诺以北发起攻击。

在法国人的指挥下，这两支部队在四天之内艰难推进了6.4千米。在此期间，他们与德军不断地发生面对面的激烈格斗，刺刀和手榴弹全都派上了用场。在此情况下，维廷霍夫决定主动放弃附近的特罗齐奥山，以便森格尔的手头能够拥有足够兵力来对抗盟军的渡河行动，从而保卫住进入利

↓为了阻挡盟军在安齐奥海滩的登陆行动，一支德军部队及其装甲车辆紧急赶往前线，这是他们在中途临时停车。由于德军部队反应迅速，盟军的登陆作战一时间陷入困境

里河谷地的通道。

1月17日，英军第5师、第56师搭乘着舟艇和DUKW水陆两用运输车渡过了加里格利亚诺河，其间只与德军第94师发生战斗。当时，第94师由于防线过于漫长，从河边往北一直延伸到特拉西那镇，导致兵力分散，战斗力薄弱。此前，在制订防御计划时，德军指挥官们曾希望加里格利亚诺河能够发挥天然屏障的作用，再加上布设密集的24 000颗地雷，在一定程度上能够抵御或迟滞盟军的渡河行动。

晚上9时，渡河战斗打响。冒着德军的猛烈炮火，盟军工兵部队开始扫除河岸附近的地雷，为渡河部队标出安全通道。事实上，对于盟军工兵来说，要想在24小时内搭起数座可供大部队通过的桥梁，是根本不可能实现的工作。

尽管如此，仍然有10个盟军步兵营渡过了加里格利亚诺河。直到此时，森格尔才开始意识到局势的严重，于是绕开自己的顶头上司维廷霍夫，直接打电话向凯塞林元帅报告战场情况。凯塞林认识到，英军一旦突入利里河谷地，将从后面包抄"卡西诺防线"，进而直接威胁到"古斯塔夫防线"的安全，将迫使德军第14装甲军向罗马方向全线退却。

凯塞林的危机

凯塞林在打给维廷霍夫的电话中大发雷霆："我敢肯定，我们现在正面临着一场前所未有的危机。"1月18日，这位陆军元帅冒着有可能削弱罗马防线的风险，断然地将第90、第29装甲掷弹兵师和第1伞兵军派往处于极度危险之中的加里格利亚诺沿岸地区。他承认，英军的突破将给德军造成"无可挽回的伤害"，德军第10集团军如今正"命悬一线"！

就在德军增援部队开始向加里格利亚诺沿岸地区开进的同时，英军第5步兵师已经突入河对岸4.8千米的纵深地带，并攻占了米恩特鲁诺镇。此外，英军第56步兵师创建起一个纵深3.2千米的桥头堡，随后开始进入附近山区。

1月19日夜间，第46步兵师试图夺取圣安布罗吉奥山。然而，他们一方面需要克服德军的顽强抵抗，再加上利里河和加里格利亚诺河交汇处的湍急水流，英军的舟艇和橡皮筏刚放下水，固定缆绳便被冲断。上述两个原因注定了这种尝试将无功而返。

克拉克将这一失利称为"相当大的打击",但他仍然认为第36步兵师应当按照既定方案,在1月20日渡过拉皮多河,从而牵制德军部队,使其无法干扰两天后开始的安齐奥登陆行动。对此,克拉克写道:"尽管有可能面临重大的人员伤亡,但我仍坚信有必要发起这样一种攻击,一方面牢牢牵制我部战线上的德军兵力;另一方面尽可能地将德军其他兵力也吸引过来,从而为'鹅卵石行动'铺平道路。"

拉皮多河血战

极其不利的地形条件,以及德军必将进行的顽强抵抗,使得盟军在拉皮多河上的渡河行动面临着巨大的风险。尽管克拉克将军成功地将敌军兵力从罗马和安齐奥引开,却不能完全把握局势的发展,最终导致了一个极其悲惨的结局。

在克拉克的脑海中,盟军最重要的事情就是突入利里河谷地,向弗罗西诺内推进,与在安齐奥的第6军会合后向罗马进军。在利里河谷地的入口处,流淌着拉皮多河,宽度7~15米不等,深度2.5~3.7米不等,水流湍急,冰冷刺骨。德军在河西岸构筑了强大的防御阵地,并根据森格尔的命令,派出了最精锐的守备部队——第15装甲掷弹兵师。

第36步兵师师长沃克将军回忆道:"放眼望去,河对岸是一连串的德军坚固支撑点,里面

↓德军无线电报务员正躲在一处山洞入口处发送电报。在盟军火炮的狂轰滥炸之下,德军阵地几乎无一幸免

隐藏着步兵、机枪手、迫击炮和反坦克火炮。德国人还将河对岸的树木和灌木丛砍得一干二净，确保获得一个开阔的射击视野。为了阻挡盟军步兵的攻击，德国人拉起了几乎密不透风的铁丝网，并在路上埋设了大量的地雷。当时，德军高层还给守卫拉皮多防线的德军第15装甲掷弹兵师配备了强大的炮兵火力，希望能够打退我军的渡河行动。"

↓在"鹅卵石行动"中，曾经美丽的海滨小镇安齐奥在战火中摇摇欲坠。图中，盟军的坦克登陆舰正在卸载人员和物资，用来增援在海滩上苦战的盟军登陆部队

防线

沃克在战后回忆称，在世界军事史上，将强渡大河作战与突破敌军重兵防护作战合二为一，还未曾有过成功的先例。战斗一旦打响，第141和第143步兵团将发起突击，他们将向在圣安吉罗镇的德军阵地发起进攻。该阵地位于一处高达12.4米的悬崖上，盟军的一举一动尽在德军的眼皮

底下。

沃克的担忧引起了第2军军长凯斯将军的共鸣，他也深感作战计划欠缺周全，尤其是第46步兵师发起夺取圣安布罗吉奥侧翼的攻击行动，仅仅比拉皮多河突击作战提前了24个小时。此外，自从萨勒诺苦战以来，第36步兵师几乎没有进行过任何休整和恢复。尽管这样，凯斯将军等指挥官们仍然需要不折不扣地执行作战计划，完成上级下达的作战任务。

↑在"鹅卵石行动"中，德军增援部队火速赶往前线，企图阻挡盟军部队在安齐奥登陆。图中的德军正行进在内图诺街道上，远处是一辆"虎"式坦克

根据计划，第141步兵团将在圣安吉罗镇以北渡河，第143步兵团将在小镇以南渡河。首先，盟军第12空中支援司令部出动飞机124架次对德军阵地进行了猛烈轰炸，紧接着，盟军渡河部队于晚上8时许发起攻击。

当攻击时刻越来越近，沃克的内心几近绝望，他写道："……我已经做好了失败的准备。这种将己方侧翼完全暴露在敌军面前就贸然发起攻击的做法，对于任何一支部队而言都将是背水一战。克拉克给我送来了他最美好的祝愿，与其说是祝愿，倒不如说是担忧。他说他对于我们能否取得胜利深为担忧，其实，他是在为自己的决策是否明智而担忧——在如此不利的战术条件下，将这样一支部队投入战斗，无疑将面临空前的劫难。不过，一旦我们能够取得一些突破，也许我们就能够成功。"

第36步兵师的官兵们向前进发时，不但子弹上膛，刺刀出鞘，还不得不携带能够搭载24名士兵的橡皮筏子和搭乘12人的小舟，后者重达180公斤。在夜雾中，德军发现了河对岸的美军部队，立即猛烈开炮，第141步兵团第1营的30名士兵在炮火中丧命，大批舟艇被炸成碎片，或者遍体弹孔。

由于渡河地点稀少且过于集中，美军部队被德军轻而易举地压制在河对岸。在浓重的夜雾中，很多士兵走散，与所在部队失去联系。这时，河面上漂起了许多美军士兵的尸体，场面极度悲惨。只有一少部分人，大概不到100人，冒着德军的密集炮火艰难推进到了拉皮多河西岸，他们临时

↑在安齐奥战役期间，德军炮兵正在操作一门威力强大的88毫米口径火炮。最初，该型火炮被用来进行防空作战，后来被用于反坦克和反步兵作战。实践证明，这是一种精确有效的炮兵武器

找了几处掩体躲了起来，等待着增援部队的到来。

截至21日凌晨4时，美军工兵利用四座被炸掉的桥梁上的零部件，勉强拼凑起了一座临时桥梁。借助这座桥梁和残存的几艘舟艇，第141步兵团大约1 000名官兵勉强渡过了拉皮多河抵达对岸。然而，天色逐渐变亮，美军处境越发恶化。这时，到达河对岸的美军士兵收到紧急撤退的命令，结果只有极少数人回到了最初的集结地。在河东岸，尚未过河的美军士兵清楚地听到了德军猛烈的炮火射击声，其中夹杂着坦克的轰鸣声。此时，已经突入德军阵地的美军官兵只能够孤军奋战了，他们用手中的轻武器与德国人展开了殊死搏杀。

第143步兵团在渡河行动开始时，并没有遇到太多的麻烦。然而，就在舟艇部队将一个步兵排送到河对岸后准备返回时，突然遭到德军铺天盖地的炮火射击，顷刻之间，这些舟艇全部被炸成碎片，一座仅仅使用了20分钟的浮桥也被摧毁。由于舟艇短缺，美军工兵冒着德军的炮火奋不顾身地架设桥梁。直到21日凌晨5时，距离攻击行动发起9个小时之后，第143步兵团第1营才勉强渡过了拉皮多河。

渡过河的美军士兵立即遭到了德军火力的压制，无法前进半步。面对这种情况，第1营营长认为无论做任何尝试都将徒劳无益，于是向上级请求撤退。然而，当这项请求遭到上级拒绝时，他的手下已经开始撤出战斗。当时，这些美军官兵被压制在一处包围圈之内，随时可能被全部歼灭，尤其当天色越来越亮、更多的德军坦克隆隆驶来时，他们的处境更加危急。截至上午10时，第143步兵团所有能够撤回来的士兵都回到了河东岸。

混乱的指挥

一个美军步兵营在工兵部队的引导下向河岸前进时，丢掉了他们所有的橡皮艇，接下来又在大雾中迷了路，跌跌撞撞地误入一片雷区。来自上级部门的各种命令鱼龙混杂，让人们摸不着头脑。根据指令，某个步兵部队在等待着登陆舟艇的到来，而工兵部队却在为这支部队竭尽全力地搭建桥梁。一名营长因为部队推进缓慢正在恭听上级的严厉斥责时，不幸被敌人的一颗子弹击中身亡。

森格尔事后承认，美军在拉皮多河上发起的渡河行动的确出乎自己的意料之外，但他必须面对现实。没过多久，这位德军军长就收到了来自第15装甲掷弹兵师的一份电报汇报："渡过河的敌军突击部队已被我方全歼！"

作战指挥上的混乱无序，使得美军无法组织起一次新的攻势，以便支援正在渡河的第141步兵团。一再延迟之后，美军指挥官决定于21日晚上9时发起一轮新攻势。

当天下午早些时候，第143步兵团已经有两个营渡过了拉皮多河。其中，当战友们最后一次见到托马斯·麦考尔军士时，他正手持一挺机枪，从某个制高点对着德军阵地进行猛烈扫射。他在牺牲后被追授一枚"荣誉勋章"。来自第143步兵团的第三个营于当天晚些时候渡过了拉皮多河。与此同时，美军工兵部队继续艰苦奋战，试图搭起一座可供装甲车辆通过的大型桥梁。然而，经过24个小时的苦战之后，第143步兵团下属的3个营

↓从1943年开始，装备了一门6磅反坦克火炮的4型"丘吉尔"步兵坦克逐渐成为英军装甲部队的中流砥柱

奉命撤出战斗。

21日夜间，美军第141步兵团第2营和第3营渡过了拉皮多河，他们顶着德军机枪手和狙击手的疯狂扫射，杀开一条血路向前推进。在此期间，他们始终未能找到前一天渡过拉皮多河抵达西岸的第1营的幸存人员。然而，在这两个营的身后，他们临时搭建起来的浮桥却被德军炮火击毁或被河水冲走。天亮后，德军炮兵加大了射击力度，300多发炮弹落在了第36步兵师的集结区。当天下午，来自第141步兵团的无线电信号越来越微弱，截至下午4时，西岸所有的美军军官不是阵亡就是负伤。下午6时刚过，大约40名美军士兵被迫跳进拉皮多河游回了东岸。

至此，美军整个渡河行动失败，第36步兵师遭受重创。在渡过河的美军人员中，430人阵亡，770人被俘。在拉皮多河东岸，也有900多名美军人员伤亡。曾在圣彼德罗英勇作战的兰德里中校，在这次战斗中三度负伤。

第143步兵团团长威廉·马丁上校在被问及攻击失败的原因时，这位指挥官非常坦率地回答："这种攻击行动不仅使我们付出了人员和物资上的惨重代价，还给幸存人员的士气造成沉重的打击……那些高高在上的指挥官们……如果继续进行这类毫无希望的赌博，如果继续把我们的生命当成炮灰，我们就不可能取得成功，死亡也将不可避免地降临到我们的

↓这辆德军250型半履带式车辆装备两挺机枪，乘员四人，可作为无线电发报车使用

头上！"

拉皮多河惨败的调查

1946年1月19日，第36步兵师退伍军人协会在得克萨斯州的布朗伍德市召开会议，与会人员一致通过一项决议。在这份措辞强硬的决议中，老兵们要求国会"彻底调查造成拉皮多河大惨败的真正原因，并采取必要措施纠正存在严重错误的美国军事体制，彻底根除像马克·克拉克将军之流的缺乏经验和才能的指挥官滋生的土壤，使他们不能继续滥用手中的权力去毁灭这个国家的年轻一代，确保未来的士兵们不再付出毫无意义的牺牲"。

就此事件，美国参众两院均举行了听证会，但并没有进行任何调查。由美国战争部长罗伯特·帕特森宣读的官方声明认为，克拉克将军下达的要求第36步兵师渡过拉皮多河的命令完全基于一个"合理的判断"。在接下来的余生岁月里，这次突击行动的所有幸存者，当然也包括克拉克本人，一直饱受着这场大灾难所带来的精神折磨。

安齐奥登陆

拉皮多河惨败刚刚落下帷幕，安齐奥登陆行动接踵而至。根据计划，"鹅卵石行动"将于1944年1月21日发起。三天前，盟军曾专门为此进行了一场登陆演习，但结果令人十分尴尬，盟军在演习中损失了40多辆DUKW水陆两用运输车和28门珍贵的火炮和反坦克炮，这种结果仿佛是即将到来的登陆行动的预兆。

在下达给卢卡斯的指令中，克拉克将军故意含糊其辞，要求第6军在安齐奥附近夺取并建立起一个登陆场，而后视情形向阿尔巴诺山推进。1月12日，第5集团军参谋军官唐纳德·布莱恩将军会见了卢卡斯将军。据官方的美国陆军第二次世界大战历史记载，双方这次讨论的焦点在于克拉克指令中的"向阿尔巴诺山推进"，布莱恩明确了卢卡斯的首要任务就是夺取并建立起一个登陆场，这正是克拉克所期望的目标，他并不希望强迫卢卡斯冒着第6军被吃掉的巨大风险向前推进。当然，如果安齐奥的战场形势适合部队继续向阿尔巴诺山推进，卢卡斯可以自行作出决定。然而，克拉克和第5集团军参谋部均认为，这种可能性微乎其微。

很显然，丘吉尔首相和亚历山大将军均认为"鹅卵石行动"本身就是

一场大规模的攻势作战，而克拉克和卢卡斯却认为这只不过是一种牵制战术，其最终目的在于牵制德军，为美军突破"古斯塔夫防线"进军罗马创造条件。最终，美英军队在海军舰炮火力的掩护下，仅仅出动了三个突击队营，几乎不发一枪一弹就在安齐奥轻松登陆。与此同时，伞兵部队则进入距离海岸线3.2千米的内图诺镇。

第一天结束时，盟军部队已经向内陆地带推进了5千米，卢卡斯写道："毫无疑问，我们实施了历史上一次最出其不意的袭击行动。'比斯开湾'号（卢卡斯的旗舰）锚泊在距离海岸5.6千米处，我站在舰桥上放眼望

↑在安齐奥登陆战役期间，英军军官正围着一幅战场地图进行研究

去，眼前的一切使我惊呆了，简直不敢相信自己的眼睛，海滩上竟然没有一兵一卒，四周一片沉寂。"

凯塞林从容应对

当时，凯塞林的预备队被派到了加里格利亚诺河地带，因此，盟军从安齐奥海滩出发向阿尔巴诺山乃至罗马推进的时候，凯塞林的手头几乎没有一兵一卒可以用来进行抵挡。然而，面对即将降临的灭顶之灾，凯塞林并没有慌了手脚，相反，这位陆军元帅请求希特勒立即从巴尔干半岛和意大利北部调兵驰援罗马附近地区。接下来，德军第4伞兵师和赫尔曼·戈林师奉命阻挡从安齐奥海滩向阿尔巴诺山推进的盟军部队，第715和114师从法国南部和南斯拉夫境内火速赶来增援，第92步兵师也被临时动员起来参加战斗。此外，驻守意大利北部的德军第14集团军接到指令，派出其下属的第65、第362和第16党卫军装甲掷弹兵师前往安齐奥海滩作战。与

此同时，维廷霍夫也派出了第1伞兵军司令部以及第3装甲掷弹兵师、赫尔曼·戈林师、第26装甲师和第1伞兵师的部分部队向北进发，增援安齐奥地区的防御作战。

经过一整天的调兵遣将之后，精疲力竭的凯塞林终于松了一口气，他认为自己完成了一大堆的重要任务，不但化解了一场潜在的巨大灾难，而且将牢牢遏制住仍然在安齐奥海滩集结的盟军部队。接下来，他拒绝了维廷霍夫提出的从"古斯塔夫防线"撤军的请求。当时，维廷霍夫担心业已疲惫不堪的德军将无力据守这些阵地，但在凯塞林看来，一场迫在眉睫的危机如今已经过去。

韦斯特法尔将军后来写道："在1月22日乃至次日，一支足够大胆和富于进取精神的敌人……完全可以不费吹灰之力进入罗马城……然而，这支业已登陆的敌军却犹豫不决，最终坐失良机！"

勇敢的米切尔

在"鹅卵石行动"的最初阶段，卢卡斯一直致力于在海滩上集聚补给物资，并巩固了一处延伸16千米的登陆场。在此期间，虽然前进道路上没有任何敌军，但他竟然没有向安齐奥后面的阿尔巴诺山发起任何攻击。

1月23日夜间，英军苏格兰步兵团第1营的乔治·米切尔下士随同所在连队沿着达米亚诺山山坡前进时，与敌军发生交火。在米切尔所获得的

↓大批盟军士兵乘坐DUKW水陆两用运输车在安齐奥海滩登陆。在登陆行动期间，诸如坦克登陆舰和步兵登陆艇之类的登陆舰艇，也可以用来运载人员和装备

图例
→ 1月22日盟军登陆
- - → 盟军进攻
—— 1月24日战线
- - - 2月1日战线
······ 2月19日战线
➤ 德军反攻

安齐奥登陆战示意图

赫尔曼·戈林师
1944年1—5月

罗马
瓦尔蒙托内
凯撒防线
阿尔巴诺
阿尔巴诺山
阿尔泰纳
7号公路
6号公路
坎波里奥尼
韦莱特里
科里
拉努维奥
火车站
蓬泰罗托
卡罗塞托
奇斯泰纳
阿普里亚
伊索拉贝拉
帕蒂格利昂
赫尔曼·戈林师
帕蒂格利昂森林
孔卡
皮亚维镇
内图诺
利陶纳
安齐奥
美国第6军
墨索里尼运河

↑在安齐奥登陆的盟军部队在与德军赫尔曼·戈林师交战中很快陷入了困境

"维多利亚十字勋章"的致辞中，盟军高层这样评价道："他扔下手中的两英寸口径迫击炮，抓起一支步枪，装好子弹和刺刀，就只身一人冒着枪林弹雨向山顶冲去。在神不知鬼不觉的情况下，他摸到了敌军机枪阵地上，先是用枪射杀了一名敌人，紧接着用刺刀捅死了另一名敌人，非常轻松地将这个机枪阵地端掉了，后面的（英军）部队得以继续前行。然而，没过多久，另外两处隐藏在暗处的德军火力点再次挡住了英军的去路，这次又是米切尔冲了上去，将拦路的德军射击手干掉。"

作为战争期间涌现出的最令人难以置信的孤胆英雄，米切尔凭借着惊人的勇气和娴熟的战术，先后四次拔掉了敌军的火力点，引导着自己所在的连队向前突击。最后，一名假装投降的德军士兵捡起扔在地上的步枪开枪射击，击中了米切尔的头部，这位胆识过人的战斗英雄就这样牺牲了。

在此期间，凯塞林手中的兵力越聚越多，他在短短三天之内将第14集团军的司令部从维罗纳迁到了前线，开始全面指挥在安齐奥集结的八个德军师。与此同时，另外五个德军师正在赶往安齐奥地区的路上。为了减轻维廷霍夫的压力，使其重新调整过于分散的兵力，安齐奥地区的德军指挥官埃伯哈德·冯·麦肯森将军决定发起一次大规模反攻，尽可能地清除在海滩上的盟军部队。

获悉第6军在安齐奥站稳脚跟之后，克拉克下令第5集团军再次发起突入利里河谷地的攻势。这一次，他汲取了拉皮多河上惨败的教训，将目光投向了利里河谷地入口的侧翼，决定派出第34步兵师在卡西诺以北渡过拉皮多河，尔后翻越卡西诺山附近的马斯夫高地。一旦实现这些目标，盟军就可以进入距卡西诺以北6.4千米处的利里河谷地。1月24日，查尔斯·莱德将军下令第133步兵团的三个营发起一次钳形攻势，在此过程中，他们不但与德军进行激烈交火，还要克服泥泞不堪的地形条件和数以万计的地雷，战斗的艰苦程度可想而知。就这样，经过一个星期的苦战，第34步兵师最终渡过了拉皮多河。接下来，该师的一个团穿过比较平坦的地形区向南部的卡西诺镇推进，另外两个团直接翻越横亘在眼前的一群冰雪覆盖的高山。在历时三个星期的艰难行军中，第34步兵师伤亡高达2 000多人。

修道院要塞

　　三个星期后，第34步兵师已经攻占了卡斯特隆山，最终控制了他们最初的一个主要目标——一大群被炸毁的建筑物，这里曾被意大利军队作为兵营，后来又被德军作为堡垒进行据守。此时，他们已经突入卡西诺山

↓在安齐奥战役期间，躲在防御工事里面的三名美军士兵正在冲着照相机微笑。发生在安齐奥附近的激烈的拉锯战，使得交战双方均付出了沉重的代价

区纵深3.2千米处，距离卡西诺山顶上的贝尼迪克蒂尼修道院仅有364米之遥了。这座修道院修建在527米高的山顶上，居高临下俯瞰着整个利里河谷地。

自从公元529年以来，贝尼迪克蒂尼修道院就耸立在卡西诺山的山顶上。在修道院内部的墙壁上，镌刻着维吉尔、西塞罗、奥维德等大师们创作的艺术珍品。然而，在历史上，这样一座堪称艺术殿堂的修道院却多次在战火中罹难：公元581年被伦巴第人摧毁，300年后又遭到撒拉逊人（阿拉伯人的古称）的破坏，1349年在大地震中几乎倾覆，1799年再次遭到当时正与那不勒斯王国进行战争的拿破仑军队的洗劫。

然而，修道院每次遭到破坏，每次又得到了重建。这座气势宏伟的建筑物高46.5米，墙体厚3.1米，长200多米。在盟军看来，这无疑将成为德军最为得天独厚的防御阵地和观察哨，据守在山顶修道院内的德国人无时无刻不在严密地观察着盟军的一举一动。

1月25日，法国远征军开始进攻贝尔韦德雷山。两天后，远征军下属的第3阿尔及利亚师攻占山顶，尔后进行据守。当时，担任防守任务的法军兵力比较薄弱，但在第36步兵师下属第142步兵团（在失利的拉皮多渡河战役期间曾担任预备队）的协助下，他们对"古斯塔夫防线"还是构成了强大的威胁。

↓德军伞兵隐蔽在草丛中操控着一门反坦克火炮。行进在山间羊肠小道上的盟军部队时常遭到德军火炮和轻武器的精确狙击

"法国军队居然还活着！"

在法军向前推进期间，仅第3阿尔及利亚师就抓获了500名德军俘虏。在这些战俘中间，一名德军军官不无嘲讽地写道："我发现法国军队居然还活着！"法国远征军通过与第2军的合力攻击，向前推进到了距离目标不到1 000米的地方。此时，尽管6号公路就在法军的眼前，但他们却遭到了德国人异常顽强的抵抗，每前进一步几乎难如登天。

在第34步兵师下属的第133步兵团夺取一处要塞阵地的第二天，紧随其后跟进的第756坦克营和一个协同步兵营却在德军机枪和反坦克炮的猛烈阻击面前停住了脚步。事实上，第34步兵师的一个步兵小分队和5辆坦克当时已经成功突入了卡西诺镇，但在一夜鏖战之后又被逐了出来。经过将近一个月的苦战，盟军仍然无法前进。

在1月份的战斗中，凯斯将军的第2军伤亡将近12 000人。与此同时，在南部加里格利亚诺桥头堡进行战斗的麦克里里将军的第10军尽管俘虏了1 000多名德军，但自身伤亡和被俘人员却达到了4 152人，试图从南翼突入利里河谷地的努力未能成功。当时，由于形势一度危急，第34和第36步兵师的炊事兵、汽车兵等后勤人员，都被临时武装起来参加战斗。

↓在盟军的猛烈炮击中，卡西诺镇的上空升腾起了滚滚浓烟。远处卡西诺山顶上雄伟的建筑物就是著名的贝尼迪克蒂尼修道院，后来在盟军的空袭中被摧毁

2月中旬，亚历山大将军从相对平静的第8集团军阵线上抽调新西兰第2师和印度第4师，前去增援克拉克的第5集团军。第2军由于伤亡惨重，不得不退出战斗进行休整和重编。此时此刻，盟军高层几乎所有人都意识到事态的严重性。当初，为了协助卡西诺地区的盟军突破"古斯塔夫防线"向罗马快速推进，盟军发起了安齐奥登陆行动。如今，不但这一目标未能实现，安齐奥海滩的盟军部队还身陷囹圄，随时有可能全军覆没。鉴于这种严峻形势，卡西诺地区的盟军部队不可能长时间休息，他们必须重新发起进攻，不给德军任何喘息之机，从而减轻在安齐奥海滩上的战友们的压力。

重要的决策

第6军在安齐奥成功登陆后，卢卡斯将军面临着一项异常重大的抉择。如果选择了向前快速推进，就有可能攻占阿尔巴诺山，夺取通往罗马的道路，结束南部战线上的血腥僵局。然而，一旦快速推进失败，卢卡斯将面临一个极为悲惨的结局——整个第6军有可能全军覆没。考虑到克拉克最初下达的模棱两可的指令，卢卡斯举棋不定，而时间却在一分一秒地流逝。

最终，卢卡斯作出了一个极其致命的选择——9天之后再向阿尔巴诺山发起攻击。曾有人认为，即使卢卡斯本人打算采取防御态势，夺取阿尔巴诺山也会有利于他固守海滩阵地。这是因为，如果不能够拿下阿尔巴诺

↓法国远征军中的摩洛哥士兵正在操控一挺重机枪。为了抵御意大利战场上刺骨的寒意，这些来自非洲的军人们穿着厚重的大衣

山，盟军在安齐奥环形防线内部的一举一动，都将被盘踞在阿尔巴诺山上的德国人尽收眼底。因此，有关这一问题的争论一直延续到了今天。

战后，历史学家马丁·布鲁门森评价卢卡斯在安齐奥海滩的表现时这样写道："问题的答案也许只能在各种假设中找到。对于亚历山大将军的指令，如果在安齐奥海滩指挥作战的是另一位富于进取精神的指挥官，他也许就会给出另外一种完全不同的解释。利用在登陆阶段所取得的出其不意的攻击效果，他将会——也能够会——派出团一级的小规模兵力向阿尔巴诺山进行试探性进攻。盟军部队的'从天而降'，将会直接威胁罗马和其他重要的交通线，也会重创德军的士气。一旦盟军占领了阿尔巴诺山地，控制了安齐奥海滩到这些山地之间的走廊，将会动摇德军的后方。"

奇斯泰纳镇的灾难

如今，鉴于德军针对安齐奥海滩所作出的迅速反应，所有曾经浮现的机会都消失得无影无踪。在"鹅卵石行动"的最初三天里，英军第3步

↓美军炮兵和英军观测员正在操作一门大口径火炮。通常情况下，在步兵发起冲锋之前，需要进行大规模的炮击准备

兵师的部分兵力进入距奇斯泰纳镇6.4千米的东北部地区，英军第1师攻占了阿普里利亚镇及其周边废弃的农舍。卢卡斯确信，自己一手创建起来的坚固的桥头堡阵地是一项非常出色的成绩。尽管如此，他仍然未能催促第1师向坎波里奥尼镇或阿尔巴诺镇（阿尔巴诺镇位于拉巴诺–安齐奥公路与通往罗马的7号公路的交叉口）发起任何攻击。卢卡斯在日记中写道："我必须脚踏实地，我的部队必须牢牢掌控在我的手里，绝不能做任何蠢事！"

↓ 在安齐奥海滩，盟军的DUKW水陆两用运输车和登陆艇正往岸上卸载人员和物资，以增援"鹅卵石行动"。漂浮在海滩上空的是一个防空气球，专门用来阻挡德军的俯冲轰炸机

　　1月30日，卢卡斯最终下令发起一场协同攻击。英军第1步兵师在美军第1装甲师坦克的支援下，迅速攻占了坎波里奥尼镇。然而，在接下来的作战中，由于装甲部队难以有效通过水道交错的地形区，英军第1步兵师的推进步伐因而受阻，难以充分发挥业已获取的战术优势。与此同时，第3步兵师、第504伞降步兵团和达比上校指挥的3个突击营开始对奇斯泰纳镇发起攻击，试图切断7号公路。

　　最初，第3步兵师的进展似乎非常顺利。师长特拉斯科特将军派出突击队作为先锋，在凌晨1时30分左右渡过墨索里尼运河，沿着一条近乎干涸的引水灌渠悄无声息地前进。临近天亮时分，这些士兵已经抵达了奇斯泰纳镇附近。然而，就在他们从灌渠里跃出来时，一场灭顶之灾突然降临。

　　就在那里，德军赫尔曼·戈林师和第715步兵师正在以逸待劳地等待着他们。一时之间，德军坦克、火炮、机枪等轻重火力朝着美军猛烈

↓英军一辆"谢尔曼"坦克陷入泥潭之中动弹不得。在山峦起伏、泥泞不堪的意大利战场，装甲车辆举步维艰

射击。在767名前往奇斯泰纳镇的士兵中，仅有6个人活着逃了回来。第3步兵师的一个营经过30个小时的连续作战，抵达了奇斯泰纳镇，几乎切断了7号公路。在此过程中，最初出发的800人之中，竟然有650人负伤或阵亡。

第3步兵师全体官兵尽管精疲力竭，又遭遇强敌的顽抗，但他们仍然英勇作战，在1月30—31日的战斗中，有四人赢得了"荣誉勋章"。其中，炊事兵埃里克·吉布森率领一个增援小组，前去保护其所在连队的侧翼安全，其间曾摧毁了四处机枪阵地。第30步兵团的医护兵、一等兵约翰·帕特立克在身负重伤的情况下，继续对其他伤病员进行战地救护。

↓最初，盟军对奇斯泰纳镇的攻击行动取得了一些成果，但在德军赫尔曼·戈林师的顽强抵抗面前，他们几乎一筹莫展

"是鲸鱼而非野猫"

2月初，在安齐奥地区集结的德军总兵力几乎达到了10万人，麦肯森指挥德军发起了一次持续一星期之久的反攻，企图将业已登陆的盟军部队赶下大海。在坎波里奥尼镇，德军对英军发起反击，卢卡斯被迫下令部队后撤。第1步兵师在撤退过程中尽管英勇战斗，但却付出了1 500人的巨大伤亡。德国人重新夺

进攻奇斯泰纳镇示意图
1944年1月30日

第504伞降步兵团进攻示意图
1944年1—3月

图例
→ 盟军进攻
✳ 伏击地点
— 1月29日战线
----- 1月30日战线
～～～ 德军反击

图例
→ 1月22日盟军登陆
— 1月24日战线
----- 2月1日战线
-·-·- 2月19日战线
······ 德军反击

第勒尼安海

回了阿普里利亚镇及其周边的农舍。

　　就在德国元首希特勒指责德军反攻乏力的同时，英国首相丘吉尔也对盟军在安齐奥的缓慢进展颇为不满，他抱怨道："我曾经希望我们送上海滩的是一只野猫，没想到却是一头搁浅的鲸鱼！"对于麦肯森来说，他的首要目标虽然最终实现了，但同样付出了异常惨重的伤亡，要想对盟军发起下一轮攻击，必须首先得到后续部队的增援。

　　在卡西诺，第5集团军根据计划以最快速度向前推进，试图突破利里河谷地的德军防线。这一次，由第2新西兰师和第4印度师合并而成的新西兰军将率先发起攻击。新西兰军指挥官由拥有爵士头衔的一战老兵伯纳德·弗雷伯格将军担任，他打算派出第4印度师攻击贝尼迪克蒂尼修道院所在的山顶，新西兰师负责攻占卡西诺镇。在发起正式攻击之前，弗雷伯格将军认为有必要首先出动飞机，对山顶的修道院进行猛烈空袭，从而削

↓在卡西诺镇，德军伞兵部队与盟军进攻部队展开了殊死搏杀。图中这名德军伞兵正在废墟中进行射击

弱其防御能力。

弗雷伯格将军的决定可能是第二次世界大战期间最具争议的决定之一，为了实施一次军事行动，是否可以摧毁一座富有历史价值的中世纪修道院。颇具讽刺意义的是，当时交战双方的指挥官——克拉克和森格尔都是天主教徒，其中，森格尔甚至是贝尼迪克蒂尼修道院的凡人修士，极为虔诚。尤其需要指出的是，德国人当时并没有在修道院内部署兵力，甚至连观察哨都没有。在德国人看来，谷地四周的高地足以用来构筑防御阵地，完全没有必要让这座古老的建筑物冒任何战争风险。

↑曾在一战期间获得"维多利亚十字勋章"的伯纳德·弗雷伯格将军，坚持要求首先对贝尼迪克蒂尼修道院进行猛烈空袭，而后才指挥他的部队发起攻击

其实，早在盟军踏上西西里岛之前，盟军总参谋长就曾告诫艾森豪威尔将军，要求他对一些宗教设施和艺术品进行特别保护。"在确保军事行动顺利进行的前提下，"命令中写道，"应当尽可能地尊重教堂以及所有的宗教设施，竭尽全力地保护当地的档案、历史书籍和古典艺术！"在渡过沃尔图诺河之后，克拉克再次向手下指挥官们重申了这项纪律，任何人不得违反。

如今，文化和宗教保护的观念与进行必需的军事行动出现了激烈碰撞。10月份，德军说服卡西诺山上的修道院大主教唐·格雷戈里奥·戴马雷，准许德军人员协助修士们将贝尼迪克蒂尼修道院里的珍贵艺术品和手稿搬运到罗马进行保存。修道院附近的绝大多数居民都撤离了，只有5名修士、5名凡人修士和另外150人继续逗留在修道院里。随着战事的日益紧张，这座修道院注定将被战火淹没。

与此同时，在盟军指挥官之间，正在就这座修道院的最终命运进行着激烈的争论。印度第4师师长图克将军经过研究发现，这座修道院有可能被德国人用作据守的堡垒，因此请求弗雷伯格将军对于这处海拔527米的高地进行空袭。当然，图克相信，即使德国人当时并未在这座修道院部署防御设施，但当他们的处境变得不利时，不排除他们将使用这座修道院的可能。

　　事实上，凯塞林元帅曾经向驻守卡西诺的德军下令，任何人不得擅自进入修道院，为此还在修道院门口专门布置宪兵进行把守。此外，德军还在院墙四周划出了一条环形的禁区线，距离院墙1.8米。禁区以外则不做限制，德军士兵在附近设置了观察哨、机枪和火炮阵地以及弹药堆放仓库。为了获得一个不受任何限制的射击视野，德军还将修道院周围的所有建筑物夷为平地。

　　克拉克和其他高级指挥官反对摧毁这样一座极具历史价值的天主教修道院，担心此举将会破坏这样一处珍贵的历史文化遗产，并造成当地平民的大量伤亡。此外，他们根据以往的经验判断，一旦这座修道院被炸成一堆残垣断壁，将会更加有利于德军防御。然而，对于盟军士兵来说，他们确信据守在山顶修道院里的德军士兵，正在密切监视着自己的一举一动，因此必欲除之而后快。

"邪恶"的修道院

↓在战斗间隙，这名身着民族服饰的摩洛哥士兵正在擦拭手中的刺刀。在意大利战场，法国远征军队伍中的非洲裔士兵作战异常勇敢，让德国人闻风丧胆

　　"必须对它进行猛烈轰炸。"第2爱尔兰团的一名军士回忆道，"它是罪恶的，是邪恶的！我说不清楚为什么一个修道院会是邪恶的，但它却站在那里'狠狠地盯着你'。"

　　2月15日上午9时45分，盟军对修道院的猛烈空袭开始了，将近600吨的炸弹落到了卡西诺山顶上，当地大约300名没有撤离的修士和平民被炸死。两天后，年迈的修道院院长率领着40名幸存者离开了卡西诺。接下来，德军伞兵便毫不犹豫地占据了这座已被炸成废墟的修道院。到了此时，森格尔下决心充分利用这些废墟进行殊死抵抗。

森格尔的犹豫

直到战争结束10年后，森格尔仍坚持声称在修道院被盟军摧毁之前，德军并没有占据它，离它最近的一个观察哨距离修道院也至少在180米开外。

15日晚上，印度第4师发起了第一轮攻击，试图拿下前面的高地以及被摧毁了的修道院，但未能成功。次日，来自印度第4师的五个营暂时攻占了前一日的失地，但没过多久再次被德军击退。接下来，在盟军战斗机和轰炸机的空中支援下，印度第4师又发起了第三次和第四次攻击，最终

↓在步兵部队发起攻击之前，波兰炮兵首先对卡西诺镇进行了猛烈炮击。经过连番苦战，波兰第2军终于成功占领了卡西诺山

↑这名穿着标准作战迷彩服的德军伞兵肩上挎着一枝自动步枪。在卡西诺战斗期间，面对盟军一轮又一轮的猛攻，德军伞兵进行了异常顽强的抵抗

成功夺取了三天前被迫丢弃的阵地。此时，印度师的士兵们距离卡西诺只剩下910米了，但无力前进半步了。

17日晚些时候，新西兰第2师发起攻击，一度占领了位于卡西诺山脚下6号公路附近的卡西诺火车站，但很快便在德军的猛烈反击下败退回来。盟军曾计划在2月24日发起一次突击行动，但由于天气恶劣最终取消。就这样，盟军在付出了巨大的人员伤亡并实施大规模的轰炸之后，只不过将贝尼迪克蒂尼修道院炸成了废墟，德国人仍然牢牢地据守在那里。

就在卡西诺战场上激战的同时，安齐奥战场上的盟军部队也在与德军进行着殊死搏杀。如今，无论是卡西诺战场上的盟军部队，还是安齐奥战场上的盟军部队，谁也无法支援对方，只能够各自为战。相反，对于德军指挥官麦肯森来说，却获得了一个发起大规模反击的最佳机会，他在16日沿着阿尔巴诺–安齐奥公路发起了一场猛烈攻势，矛头直指几天前刚刚登陆的第45步兵师的三个团。

死亡舞蹈

根据麦肯森的作战方案，德军第3装甲掷弹兵师、第114和第715步兵师将与莱尔步兵团一道作为主要突击力量，对盟军发起攻击。此前，德军曾经针对第3步兵师发起了一次牵制性攻击，但被击退。而德军针对第56步兵师的另外一场牵制性攻击，一度突入盟军防线纵深3.2千米处，所幸这一漏洞被英军预备队及时补救过来。

当时，第45步兵师的9.6千米宽的阵线上突然遭到德军的猛烈炮击。在《激战安齐奥》一书中，作者富林特·怀特洛克描述了第157步兵团的官兵们在战斗刚刚打响时极度吃惊的场面，那些"硬着头皮"将脑袋探出伞兵坑察看情况的士兵们看到了令他们惊骇万分的一幕：几十辆浑身沾满泥浆的黑乎乎的4型和6型坦克正朝着自己隆隆驶来，它们的身后是成千上万名来自第3装甲掷弹兵师和第715步兵师的德军士兵，他们穿着长达脚踝的大衣，一边呐喊冲锋，一边射击！

为了支援第45步兵师，盟军200多门火炮也开始朝着德军猛烈轰击。这时，德军坦克也遇到了对手曾经遭遇过的难题——陷进了似乎永无尽头的泥沼里，无论怎么挣扎也动弹不得。即便如此，德国人仍在不断地发起攻击，第157步兵团的几处阵地失守，有三个团的德军坦克和装甲掷弹兵突入了第179步兵团第3营的阵地。"……伤亡极其惨重"，怀特洛克写道，"士兵、坦克和大炮仿佛正在演出着一场'死亡舞蹈'，人们大声呐喊着、尖叫着和呻吟着，夹杂着步枪、手枪和自动武器的射击声，演奏着一场令人恐惧、极不和谐的交响乐！空中四处飞舞的手榴弹，爆炸后激起了漫天的泥浆。在你死我活的厮杀中，阵地丢了，又夺回来了，接着又丢了"！

在美军第45步兵师的阵线上，激烈的战斗像潮水一般涨了又退、退了又涨，前后持续了五个昼夜，整个战场就像人间地狱。在德军的猛烈反攻下，盟军战线一度被击退2.4千米，但最终没有崩溃，英勇善战的第45步兵师拯救了盟军的整个环形防线。18日，面对着扑上来的80多名德军士兵，一等兵威廉·约翰斯顿操纵着一挺机枪从容不迫，一口气打死了27个敌人。22日拂晓时分，来自俄克拉荷马州的杰克·蒙哥马利少尉一个人先后摧毁了敌军数个机枪阵地，杀死11名德军，俘虏32名德军。约翰斯顿和蒙哥马利均获得了"荣誉勋章"。

在这次战斗中，德军伤亡接近2万人。美军第45步兵师阵亡400人，负伤2 000人，失踪1 000人。

卢卡斯被撤职

2月22日，克拉克将军抵达第6军司令部，宣布撤销卢卡斯将军的军长职务，由第3步兵师师长特拉斯科特将军接替。"我认为，我至少取得了一定程度的胜利。"卢卡斯抱怨道，"倘若我那样做了（向前快速推进），很有可能葬送我的部队。一旦出现这种结果，除了能够提升敌军士气、增加对方胜算的机会之外，对我方毫无益处。"

在德军对安齐奥海滩发起的最后一次大规模反攻中，美军第3步兵师首当其冲，经受住了敌人最大程度的攻击。2月29日夜间，德军发起的一次猛攻给第509伞降步兵团造成重创，在其下属的一个连的官兵中，仅有一名军官和22名士兵得以生还。

在6型"虎"式坦克的支援下，德军第362、第26和赫尔曼·戈林师对美军第7和第15步兵团的阵地发起攻击。在蓬泰罗托镇附近，德军在数个地段突破美军防线，其坦克甚至对美军散兵坑直接进行炮击，但第7步兵团最终顶住了德军的轮番攻击。在3月1日的战斗中，第7步兵团有35人在蓬泰罗托附近阵亡,其中就包括一名来自田纳西州的二等兵萨姆·哈斯丘,他是本书作者的叔叔。

在对安齐奥海滩所发起的最后一次大规模反攻中，德军付出了伤亡3 000多人、损失30多辆坦克的巨大代价。接下来，凯塞林决定利用地面火炮和德国空军轰炸机的空中支援，最大限度地将盟军遏制在海滩上的环形防线之内，使其无法前进半步。

在此之前，凯塞林已经开始着手构建另外一条防线——恺撒防线，从东部的台伯河河口向西一直延伸到佩斯卡拉镇。凯塞林认为，一旦盟军从安齐奥海滩或者卡西诺山突破，恺撒防线至少能够暂时迟滞他们占领罗马的脚步，使得德军第10和第14集团军能够共同守卫这道防线，对抗盟军的攻势。如今，距离罗马仅有48千米的安齐奥海滩，在经历了血雨腥风的2月份之后，进入了僵持对峙的3月。

↓当德军的迫击炮弹落下来时，英军士兵们蜷缩起身体躲藏在战壕中

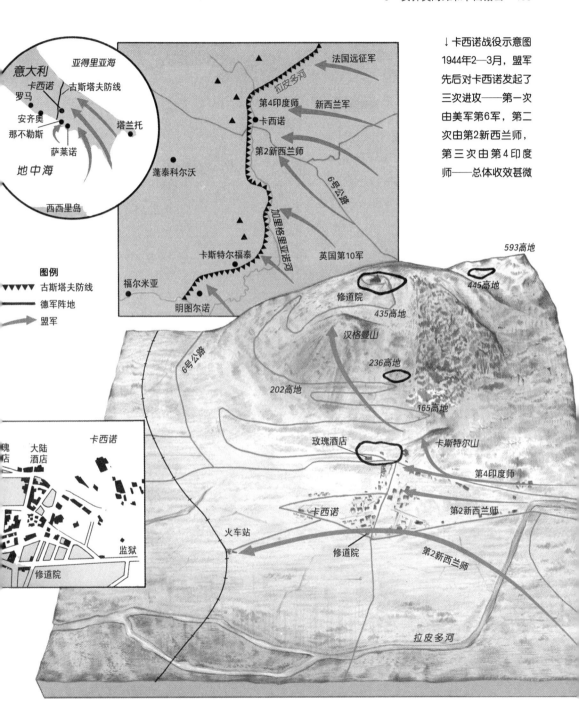

↓卡西诺战役示意图
1944年2—3月，盟军
先后对卡西诺发起了
三次进攻——第一次
由美军第6军，第二
次由第2新西兰师，
第三次由第4印度
师——总体收效甚微

意大利
亚得里亚海
卡西诺　古斯塔夫防线
罗马
安齐奥
那不勒斯
萨莱诺
地中海
塔兰托
西西里岛

法国远征军
拉皮多河
第4印度师
新西兰军
卡西诺
第2新西兰师
6号公路
蓬泰科尔沃
加里格利亚诺河
卡斯特尔福泰
英国第10军
福尔米亚
明图尔诺

图例
古斯塔夫防线
德军阵地
盟军

593高地
445高地
修道院
435高地
汉格曼山
236高地
202高地
165高地
6号公路
玫瑰酒店
卡斯特尔山
第4印度师
卡西诺
第2新西兰师
第2新西兰师
火车站
修道院
拉皮多河

卡西诺
大陆
酒店
监狱
修道院

临近2月底，盟军对兵力部署进行了调整。其中，最重要的一项调整是第8集团军越过亚平宁山脉进入卡西诺地区，开始接管第10军、第13军、加拿大第1军和波兰第2军。第5军继续在亚德里亚海沿岸作战，直接归属亚历山大将军指挥。与此同时，新西兰军则被解散。然而，新西兰军在被最终解散之前，向卡西诺发起了一次更加英勇的进攻。

"扼杀行动"

3月15日，盟军发起了代号"扼杀"的大规模空袭行动，共出动435架轰炸机向卡西诺镇及其周边地区投掷了1 000多吨炸药，这是截至当时飞机对地面目标所实施的最大规模的战术支援行动。盟军希望通过这种大规模空中轰炸，能够为第2新西兰师进入卡西诺地区并向6号公路附近的利里河谷地推进扫清道路。与此同时，第4印度师将把德军牢牢牵制在卡西诺山的山坡上，进而攻占山顶的修道院。在历时三个半小时的猛烈空袭中，每间隔15分钟，盟军轰炸机就会发起一个攻击波次，将它们所携带的炸弹（最小不低于450公斤）无情地投掷到了德军阵地上。当时，雨点般从天而降的炸弹几乎将卡西诺镇夷为平地。

德军守备部队想尽一切办法躲避轰炸，有些人躲进了地下隧道里，有些人躲进了山顶洞穴里。维廷霍夫在轰炸间隙打电话给森格尔，要求第1伞兵师不惜一切代价死守卡西诺阵地。当时，一旦空袭和炮击停止，德军士兵就从隐藏的地点爬了出来，返回防御阵地继续战斗，等待着新西兰人和印度人的攻击。

↓德军曾经动用一门280毫米口径的轨道火炮轰击安齐奥海滩上的盟军阵地。据美军和英军士兵回忆，炮弹袭来时的呼啸声，类似于一列飞速而过的货物列车发出的声音

在卡西诺镇，攻守双方展开了一场猫捉老鼠的游戏，在废墟之间激烈角逐。新西兰部队艰难推进到6号公路附近，但在利里河谷地前面却止步不前。另一些新西兰士兵占领了修道院附近的一座山头后，反倒被牢牢牵制在此，分身乏术。印度师的士兵们几乎没有取得任何进展。第二天，印

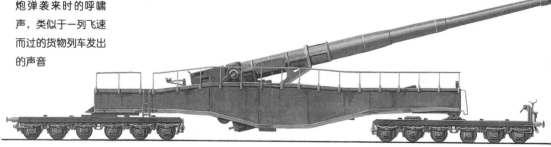

度第4师的一些士兵艰难爬行到距离修道院不到一千米的地方，但由于得不到己方坦克的有效协同和支援（这些坦克无法穿过堆积如山的废墟），因此不得不固守待援。

经过八天的激战，德国人仍然牢牢控制着卡西诺镇的西北角和西南角。而盟军试图攻占卡西诺山的努力，也仅仅以占领两座山头而告终。此时，被炸成废墟的修道院距离第4印度师不到227米，但仍然被德国人牢牢控制在手中。盟军在付出了伤亡2 000人、成千吨的炸弹和600万发炮弹的情况下，取得的战绩却泛泛一般。

亚历山大的陷阱

随着天气逐渐好转，亚历山大将军打算发起一场代号"王冠"的作战行动，从"古斯塔夫防线"沿线的四个地点发起进攻，扩大对德国人的压力。根据计划，在左翼，美军第85和第88步兵师将沿着海岸线经由7号公路发起攻击，法国远征军的四个师将穿过奥伦奇山，沿着利里河谷地左

↓ 在盟国空军的猛烈空袭下，贝尼迪克蒂尼修道院这座古代建筑物最终沦为一座废墟，后来被德军部队据守

翼向前推进；在中间地段，三个英国师、两个加拿大师和一个印度师将在一个加拿大装甲旅的支援下强渡拉皮多河；在右翼，攻占卡西诺山的任务交给了波兰第2军的五万名官兵。此外，第6南非装甲师将作为预备队随时待命。一旦在"古斯塔夫防线"实现突破，德军被迫撤退，在安齐奥海滩的盟军部队将发起一次大规模突击，从桥头堡阵地出发，对德军实施反包围。

　　在此期间，凯塞林并没有让自己的部队进行任何休息，相反却加班加点地修筑另外一道防御工事——希特勒防线。除了安齐奥附近的恺撒防线之外，位于"古斯塔夫防线"以北16千米处的希特勒防线，将成为阻挠盟军攻占罗马的又一道屏障。同样，随着天气的日渐好转，德国人也必须打起精神，应对盟军可能发起的新一轮攻势。

↓在卡西诺镇，一名德军军官和他的手下正在等待敌人的新一轮攻势。他们旁边是一辆3型突击炮

波兰人攻占修道院

1944年5月11日晚上11时，盟军第5和第8集团军共计1 600多门火炮一齐怒射，在惊天动地的猛烈炮火中，"王冠"行动开始了，在接下来的两个小时内，波兰第2军在弗拉迪斯拉夫·安德斯将军的指挥下，向遍布着巨石杂草的卡西诺山山坡冲去。其中，两个波兰师——第3喀尔巴阡山师和第5克雷索瓦师攻占了位于修道院西北1 638米处的范特姆大桥以及距离修道院910米处的593号高地。

在顽抗的德军守备部队面前，波兰师付出了沉重的代价。然而，这些自身获得了自由的波兰人为了盟国的正义事业，同时也为了解放自己被占领的国土，奋不顾身，与德国人展开了殊死搏杀。

在第二次世界大战的最初阶段，苏联和德国从东西两侧同时进攻并瓜分了波兰。其中，苏联红军俘虏了大批的波兰战俘，把他们遣送到劳改营

↓在卡西诺山上的修道院废墟内，德军伞兵正在将迫击炮调整到最佳的发射阵位。战后，德国人坚持声称自己是在修道院被盟军摧毁后才开始进驻的

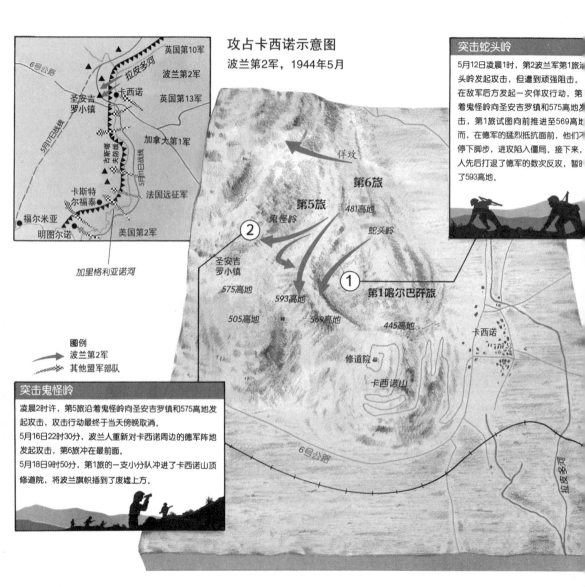

攻占卡西诺示意图
波兰第2军，1944年5月

突击蛇头岭

5月12日凌晨1时，第2波兰军第1旅向蛇头岭发起攻击，但遭到顽强阻击。在敌军后方发起一次佯攻行动，第X着鬼怪岭向圣安吉罗镇和575高地发击，第1旅试图向前推进至569高地。然而，在德军的猛烈抵抗面前，他们不X停下脚步，进攻陷入僵局。接下来，X人先后打退了德军的数次反攻，暂时X了593高地。

突击鬼怪岭

凌晨2时许，第5旅沿着鬼怪岭向圣安吉罗镇和575高地发起攻击，攻击行动最终于当天傍晚取消。
5月16日22时30分，波兰人重新对卡西诺周边的德军阵地发起攻击，第6旅冲在最前面。
5月18日9时50分，第1旅的一支小分队冲进了卡西诺山顶修道院，将波兰旗帜插到了废墟上方。

图例
波兰第2军
其他盟军部队

↑ 经过长达一个星期的浴血奋战，攻占卡西诺山德军坚固支撑点的美誉最终落到了波兰第2军的手中和监狱进行迫害。随着战争形势的发展，苏联人出于政治上和军事上的需要，与美英等西方国家结为盟友，于是陆续释放了这些波兰战俘，准许他们组建军事力量。接下来，随着意大利战局的发展，苏联同意这些波兰人前往意大利战场，在那里接受英国人的训练和武装。

安德斯将军本人曾是一名一战老兵，他曾在1919年的波兰–苏联战争中与苏联红军交战，又在第二次世界大战的最初阶段同时与纳粹德国和苏联作战，后来被长期关押在莫斯科的卢班卡监狱。如今，他和战友们要为沦丧的祖国母亲而战，为也许再也无法谋面的亲人们而战，为自己曾失去

↓在盟军夺取卡西诺镇之后，英军的"谢尔曼"坦克向着下一个战场隆隆驶去，它们的身后扬起了漫天的灰尘

的军人荣誉而战。可以说，面对凶残可恶的德国暴徒，怀着满腔仇恨的波兰人只有一个目的——复仇！

3月12日破晓时分，波兰人突然发现自己暴露在躲藏掩体中的德国人的轻重火力之下，处境极度危险。接下来，德军又发起了一连串的猛烈反击，波兰人的处境更加不妙。鉴于这种情况，安德斯将军下午2时左右下令撤退。最终，当他们返回位于卡西诺东北部的出发线时，已有将近50%的人员在战斗中伤亡。

为了配合第78步兵师试图切断卡西诺西南的6号公路的努力，5月17日清晨，波兰军队向卡西诺再次发起进攻。下午时分，英国人成功切断了6号公路，波兰人则攻占了修道院北面的圣安吉罗大桥。此时，据守修道院的德军第1伞兵师开始陷入绝境，他们仅剩下两条退路可供使用了，其中一条沿着俯瞰6号公路的山体顺势而下；另外一条需要穿过卡西诺山–马萨·阿尔贝纳大桥。

在盟军200多架飞机的空中支援下，波兰人进一步收紧修道院周边的包围圈。17日夜间，德军对据守圣安吉罗大桥的波兰军队发起一次反攻，试图掩护长期据守在卡西诺山顶的德军撤退。

"我们是在5月17日夜间接到撤退命令的。"一名曾经据守在卡西诺的德军士兵回忆道，"当时，我们不得不翻过修道院所在山的山顶到达谷地的另一侧。当我爬到山顶时，一枚手榴弹在附近爆炸，一道强烈的火光闪过之后，我什么都不知道了，等我再次醒过来时，发现自己的左腿已经炸断了。我艰难地爬到了附近的一处救助点，他们对我的伤口进行了清理，并用绷带扎上。5月18日一大早，其余人都撤走了，只剩下我们这些受伤人员。大约上午9点半，卡齐梅利兹·古布里埃尔率领一个排的波兰士兵冲进了修道院，把我们俘虏了……在他们那里，我受到了很

←在卡西诺的战斗中，几名新西兰步兵正艰难通过一处犬牙交错的乱石堆。最终，波兰人夺取了卡西诺山

友善的对待。多年以后，我与卡齐梅利兹竟然再次相遇了，我俩后来就一直保持着联系，直到他在1992年1月27日去世为止。"

突破"古斯塔夫防线"

18日上午，波兰第12枪骑兵团的一个巡逻队冲进修道院，在那里发现了30名德军伤兵以及负责照看这些伤兵的一些医护人员。波兰士兵在德军伤兵的旁边竖起了一面红十字旗帜，提醒后续部队加以留意。与此同时，他们还用一块绿色手巾临时作为第12枪骑兵团的团旗，这面胜利的旗帜于上午10点20分升起在废墟的上方。就这样，经过四个月的浴血奋战，盟军终于攻克了卡西诺山，德军的"古斯塔夫防线"随之土崩瓦解。

安德斯将军在视察修道院时，目睹了遗留下来的极其惨烈的战斗现

↓在卡西诺，两名德军伞兵隐蔽在被摧毁的建筑物废墟中，虎视眈眈地等候着来犯之敌，其中一人操控着一挺轻机枪

场，"战场上的场面令人窒息……尚未使用的弹药和地雷堆积如山。到处是尸体，有德国人的，也有波兰人的，有些尸体死死纠缠在一起，空气中弥漫着尸体腐烂时散发的恶臭。一些坦克四脚朝天躺在废墟中，它们的履带被炸断，炮口仍然朝着进攻的方向，仿佛随时准备发起攻击……"

在山坡上，尤其是一些战斗不太激烈的地方，密密麻麻地生长着一丛丛的罂粟，它们盛开着血红色的花朵，与战场上的惨烈场面融为一体，令人触目惊心。在被称作"死亡谷"的一处谷地内，昔日茂密的橡木丛如今只剩下七零八落的枯树桩。在谷地旁边的山崖上，留下了炮弹射击后的累累弹坑。阵地上，到处散落着军装的碎片、钢盔、枪支和手榴弹。"修道院被彻底炸成一座废墟，只有西侧墙体没有坍塌，上面飘扬着两面旗帜。在残垣断壁、碎石瓦砾之间，教堂大钟躺在一枚未爆炸的大口径炮弹旁边，墙体上和天花板上的壁画和绘画依稀可辨，大量的雕塑、艺术品、书籍等无价之宝全部毁于战火。"

在争夺卡西诺的战斗中，将近4 000名英勇的波兰士兵献出了宝贵的生命，他们中的许多人被葬在了距离修道院不远的斯内克塞德大桥公墓里，其中就包括他们的指挥官——安德斯将军。在1970年去世之前，安德斯将军特意留下遗嘱，要求将自己与在卡西诺牺牲的勇士们葬在一起。

在这座公墓的墓碑上，有着这样一段简短却又恰如其分的墓志铭：

我们——波兰军人：
为了我们的自由，
也为了你们的自由，
将我们的灵魂献给了上帝，
肉体献给了意大利，
内心献给了波兰！

就这样，盟军通过协同攻势实现了最初的目标，战场局势开始向着有利于盟军的方向迅猛发展。面对着被迫退却的德军，克拉克接下来也许将截断他们的退路，迫使成千上万的敌军投降。然而，此时此刻，罗马城依然在远处向他们招手。

7

解放罗马

意大利首都罗马，这座"永恒之城"在诺曼底
登陆开始前两天最终获得解放。

历史表明，盟军的联合行动面临诸多挑战，而这些挑战不仅仅是击败
一个普普通通的军事上的敌人。相互冲突的议事日程和民族自豪感常常会
引发诸多困难，影响着原本就很脆弱的联盟组织。第二次世界大战期间，
盟军高级指挥官们之间的较量，不仅体现在如何合理使用战术打败敌人，
还表现在如何维护多国部队之间并非十分友好的关系。

今天，有关乔治·巴顿将军和伯纳德·蒙哥马利元帅之间的矛盾冲突
已经成为传奇故事，但这绝不表明第二次世界大战期间盟军内部产生战术
分歧的仅有这两人而已。当亚历山大提出"王冠"计划时，引起克拉克将
军的不满。很明显，在这项计划中，克拉克的第5集团军充当了主要由英
国和英联邦国家军队组成的第8集团军的配角。第5集团军在卡西诺的作战
地段缩减到了19千米，而第8集团军的兵力分布穿过亚平宁一直延伸至卡
西诺。

波兰第2军攻克卡西诺山时，英军第13军正准备跨越拉皮多河，穿过
卡西诺镇，向"希特勒防线"发起决定性的冲击。当法国远征军准备强
攻奥朗西山脉时，第5集团军其他部队需要保护向罗马进军的第8集团军
的左翼。从1月份开始一直受阻于安齐奥的第6军准备从滩头阵地突围，攻

←←在成群结队的罗
马市民的注视下，美
国第5集团军的装甲
车队隆隆驶过古罗马
圆形剧场。在解放罗
马的过程中，这座
"永恒之城"并没有
遭到像那不勒斯城那
样的破坏

占瓦尔蒙托内镇，进而控制6号公路，切断维廷霍夫将军的第10集团军的退路。

克拉克一直认为应该由美军率先攻克罗马，他的这种愿望与亚历山大打算首先摧毁意大利南部所有德军的目标背道而驰。另一方面，亚历山大耳边仍然回响着丘吉尔首相的警告："我希望你向我说明为什么距前线2~3英里、经过卡西诺山的这条山路是你持续攻击的对象，大约有五六个师都挤在那个狭窄的地方。"

"王冠"行动

↓英国第8集团军所属的印度士兵跃出战壕，向远处的德军阵地发起冲锋

总之，"王冠"行动将通过多点进攻对德军施加压力。可以肯定的是，亚历山大将军对于盟军的整体状况了然于胸。从1943年9月份萨勒诺登陆以来，在八个月的战斗中，第5集团军的几个师已经疲惫不堪。第8集团军的前沿阵地相对平静了一阵子。第8集团军的一些部队先前已经投入

到了卡西诺，相对来讲，剩余部队仍然保持高昂的战斗力。使用第8集团军，有可能更好地实现所希望的突破。在"王冠"行动开始前不到两个星期的激烈讨论中，克拉克表达了他的反对意见。考虑到合作和团结，亚历山大允许克拉克在第5集团军各部队的战术部署上拥有很大的自由支配权。

在密集的弹幕射击中，"王冠"行动的序幕拉开了。德军万分震惊。凯塞林低估了"古斯塔夫防线"所面对的盟军力量。同时，他也受到了盟军再次在罗马北部海岸可能进行两栖登陆的牵制。然而，事实再次证明了德军的顽强，他们发起了一次又一次的顽强抵抗，战斗十分惨烈。

晚上11时45分，英军第4师和印度第8师刚把船只开到拉皮多河的激流中，就遭到了德军轻武器的猛烈攻击。第4师虽然在浅水处建立了一处桥头堡，但在河上搭建大量浮桥的努力被迫放弃了。虽然印度工兵成功架起了两座浮桥，但也只是部队期望数量的一小半。几经努力，第8集团军最终成功渡过了拉皮多河。

拉姆、韦克福德和谢伊

在第8旁遮普团，卡迈尔·拉姆参与了攻击前方和侧翼四个德军机枪阵地的战斗，并获得了"维多利亚十字勋章"。拉姆从右方远处逐步向敌人阵地靠拢，摧毁后继续攻击下一个目标。在陆军士官长的帮助下他又占领了第3个阵地，每一个遇到拉姆的德国士兵不是被杀就是被俘虏。13

↓M3型半履带式战车是美军主要的武器装备之一，并根据《租借法案》向苏联红军提供。图中这款M3型战车装备了两挺"勃朗宁"机枪

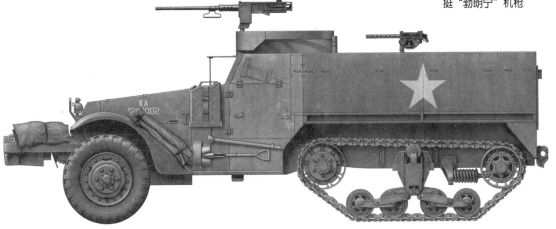

↑乘坐在一辆M10型坦克歼击车上的美军士兵在意大利首都罗马受到当地市民的夹道欢迎。解放"永恒之城"是这场战争的最大战果，然而，艰苦的战斗截至此时仍然远未结束

日，临时担任汉普郡团第4营上尉的理查德·韦克福德赢得了维多利亚勋章。他仅靠一把手枪俘虏了20多个德国士兵并击毙若干人，在战斗中，他的脸上和手臂都受了伤。

5月11日晚上，第5集团军第88师第351步兵团在猛烈炮火的支援下发动重点进攻，试图攻占圣玛利亚步兵团据守的城镇。在它的右边，第350团正向米亚诺山发动进攻。在最初的45分钟的前进中，他们几乎未遇任何抵抗，但在逐渐接近文托萨村时，遭遇到了德军的顽强抵抗。战斗持续几个小时，盟军也未攻下这个目标。在达米亚诺山附近，查尔斯·谢亚中士率领一个排向前冲去，并向敌军阵地掷了数枚手榴弹。

谢亚先是俘虏了四个德国兵，尔后继续攻击下一个机枪阵地，在抓获了两个敌兵后，他又向第三个目标前进，并杀死三名敌人。在他的英勇战斗精神的感召下，他所在的营占领了达米亚诺山的敌军制高点，并击退了德国兵的反击。为此，他赢得了英雄荣誉勋章。

第351步兵团的攻击遭到了德军第94步兵师的顽强抵抗，损失极为惨重。5月12日，太阳落山时分，一群德军士兵向美军大声喊话请求投降。没有考虑到德军在耍花招，美国人走上前去受降，却发现自己被德军包围了，除了5名躺在掩体内装死的美军士兵外，其余所有人全部被俘。

在试图攻下圣玛利亚步兵团旁边的S高地时，第85师部分兵力同样遇到了猛烈抵抗。第339步兵团的罗伯特·沃中尉先后攻占了敌军6座煤仓，因此获得了荣誉勋章。在战斗中，沃向第一个煤仓投掷了照明弹，击退了一群正在撤退的德国兵。然后，他采用同样的手段向一个又一个的煤仓前进。

在第2军的战线上，美国人没有取得重大的突破。与英国人在拉皮多河的收获相比，"王冠"行动头24小时似乎收获甚微。

北非勇士

朱安将军率领的法国远征军突然接到前进命令，要求他们翻越奥朗西山脉。当时，德军相信这样一道险峻的天然屏障可以阻挡任何进攻，于是就只在这里部署了数量很少的兵力。然而，朱安手下的阿尔及利亚士兵和摩洛哥士兵非常熟悉这片崎岖的地方。其中，摩洛哥人被公认为是北非勇士，特别是来自阿特拉斯山区柏柏尔部落的职业军人，他们以勇猛善战而著称。

在进攻马约山高地时，第2摩洛哥师遇到了森格尔将军指挥的第71步兵师的殊死抵抗。5月13日拂晓前夕，在安德烈·多迪将军的指挥下，这些摩洛哥人再次发起攻击，很快就占领了塞拉索山、1739号高地和加洛法

↓在"鹅卵石行动"期间，一艘专门给作战部队运送军用物资的坦克登陆舰停靠在意大利度假胜地安齐奥和内图诺附近的海滩，货舱门大开

↑法属摩洛哥部队士兵由于熟悉本国的阿特拉斯山脉的崎岖地形，因而在意大利战场上表现突出，赢得了交战双方的敬佩

诺山，捕获了150名德国士兵。不过，德军的反击也使得第2摩洛哥师在左侧的进攻步履维艰。

对炮兵的有效运用为第2摩洛哥师再次进攻铺平了道路，也使德军耗尽了其在附近的一个营的装甲部队，整个马约山处于危险之中。这时候，德国人开始准备撤退。

几个小时内，法国人占领了马约山并在最高点升起了法国国旗，直接威胁到德军"古斯塔夫防线"的安全，德军第71步师被迫分兵两处进行防御，其左翼的第14装甲军随时可能遭到攻击。此时，法国军队开始准备进攻位于利里河谷的德军右翼阵地，为刚刚抵达拉皮多河的第8集团军提供有力支援。

德军撤退

在凯塞林奋力支援第71师的同时，英军在拉皮多河上架起了第三座桥梁，把桥头堡阵地向前推进了2 275米。美军第85和第88师的部分兵力重新发起进攻，却遭到了109号高地和131号高地上的德国守军的顽强抵抗，机枪、迫击炮、88毫米口径火炮等猛烈开火，战场上杀声震天。天黑后，美军惊奇地发现，德国人开始陆续后撤了。

不久后，法军开始向他们觊觎已久的利里河谷推进。盟军的不间断空袭给德军交通线造成极大破坏，直接动摇了德军防线的稳定。5月14日下午，德军圣玛利亚步兵团遭遇盟军第351步兵团。第二天，第85师占领了"古斯塔夫防线"后面的一个重要交叉路口，从侧翼包围了7号公路上的德国守军。在这两次战斗中，第2军和法国远征军伤亡3 000多人，同时也使得强大的"古斯塔夫防线"损失惨重。

5月15日，第8集团军成功地在利里河谷撕破了"古斯塔夫防线"。16日，英军兰开夏郡燧发枪团第2营列兵弗朗西斯·阿瑟·杰斐逊使用肩扛式反坦克武器摧毁了一辆正带头发起反攻的德军坦克，赢得了一枚"维多利亚十字勋章"。接下来，他手持武器靠近第2辆坦克，但在他还没有进入有效射程时，那辆坦克就跑掉了。这一切给英装甲部队的到来赢得了时间，最终他们完全击退了德国的进攻。

5月15日，第8集团军和第78师、波兰第2军联合进攻卡西诺，迅速切断了6号公路，并攻占了卡西诺山。很快，驻扎在卡西诺山的德军第1伞兵师被迫从山顶修道院的废墟中撤离。

德军高层官员，包括远在柏林的凯塞林和希特勒，在指挥上的犹豫不决，导致了"古斯塔夫防线"的土崩瓦解。第十四装甲军的执行指挥官沃尔特·哈特曼将军意识到，要在三个不同的点上遏制盟军的突破，必须进行实质性增援，而盟军在罗马近郊又一次两栖登陆行动的威胁，使得凯塞林元帅顾此失彼，捉襟见肘，德军在罗马南郊的防守作战开始力不从心起来。

突破"希特勒防线"

为了赶在德军加固阵线之前突破"希特勒防线"，亚历山大将军敦促第8集团军指挥官利斯将军和第5集团军指挥官克拉克将军采取闪击作战。由于德军的激烈抵抗，再加上战区路况欠佳，第78师和加拿大第一师在5月18日和19日发动的进攻突然停了下来。

↑在意大利山区的某个前沿观察哨，德军士兵正在观察远方盟军部队的动向

"希特勒防线"的防御兵力相当强大，其中包括9座"豹"式坦克炮塔，可进行360°旋转射击。此外，外围还布置了大量的反坦克炮、机枪和迫击炮。先前在卡西诺山附近作战的经验丰富的老兵们也特意被安排在防线的各个地段进行战斗。

在第5集团军的战线上，朱安将军的法国远征军和凯斯将军的第2军继续发起联合进攻。其中，第2军的先头部队——第88师下属第351步兵团在意特里–佩科公路与德军第14装甲军遭遇，后者使用自行火炮和步兵对其发起猛烈攻击，第351步兵团被迫停下脚步，等待步兵和炮兵的增援。第85师兵分两路向前挺进，一路沿着滨海公路前进，另一路沿着奥伦奇山脉的西山麓前进。与此同时，法国军队也于5月18日挺进了埃斯佩里亚镇。

意识到第10集团军右翼即将陷入重围，凯塞林将军决定把第29装甲掷弹兵师派去援助维廷霍夫。

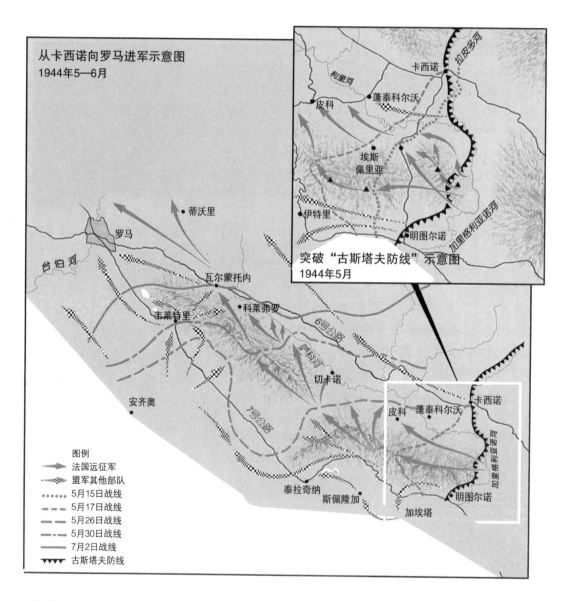

↑1944年1月，美国第5集团军抵达了从卡西诺起始、沿拉皮多河和加里格利亚诺河直达海滨的德军防线，进攻被迫停滞下来。直到5月中旬法国远征军强行渡过加里格利亚诺河之后，德军才不得不从卡西诺的阵地撤退。接下来，盟军5月23日在安齐奥海滩实现突破以后，开始向罗马进军。位于第5集团军右翼的法国远征军一路向北进发，与德军展开了激烈厮杀，最终于6月初推进到了罗马东北部。攻占罗马对于盟军获取最终的胜利意义重大，同时也强有力地证明了轴心国集团在意大利战场上的溃败

美军在7号公路上快速行进，并能够出其不意地从侧翼夹击第勒尼安海海岸上的德军据点。对于重返第14装甲军担任指挥官的森格尔来说，他所要做的就是部署一支后卫部队来掩护军队从危险地带撤退。

克拉克要求凯斯保持进攻锐利优势，全速开往海岸公路，以便与即将冲出安齐奥滩头阵地的第6军会合。同时，利斯需要指挥第8集团军做好正面进攻"希特勒防线"的准备。占领卡西诺山后，波兰第2军在19日之前前进了6.4千米，并且蓄势待发，准备随时进攻位于"希特勒防线"南端的圣日耳曼镇。在第78师的支援下，加拿大第1军担当主攻庞蒂科沃的任务，印度第8师和第6装甲师也开往那里。

袭击佩科

5月20日，盟军首次突破"希特勒防线"。在坦克的协助下，阿尔及利亚第3师猛烈攻击德军第26装甲师，并进入佩科地区。为了从海岸地带撤退，维廷霍夫必须加强佩科地区的防御力量，因此被迫将第15和第19装甲掷弹兵师的部分兵力从利里 河谷调出。这样一来，他们就无法抵御第8集团军的正面进 攻。更糟糕的是，凯斯率领第2军此时正向着安齐奥快速 前进。

5月23日上午8时10分，加拿大第一师对庞蒂科沃展开进攻，在雨雾天气中，他们经过一整天的苦战，终于在"希特勒防线"东北部的一个小镇打开了一个突破口。同时，驻守

↓多功能履带式装甲车除了能将英军部队运送到前线之外，还具备一定程度的针对轻武器的防护功能。这种配备了履带的装甲车辆能够在各种复杂地形条件下行进

T14324

阿基诺的德军拒绝撤退，继续占据着直通利里河谷的6号公路。加拿大军队俘虏了540名德军士兵，自身也付出了500人的伤亡代价。24日，加拿大部队快速行军，在梅尔发河上架起了一座桥,过桥后不到8千米，就到达了与法军共同的目的地——赛普拉诺镇。德军最终于25日放弃了阿基诺。

在第2军的战线上，突破"希特勒防线"的关键在于弗昂迪镇和泰拉奇纳镇。营长沃尔特·耶格尔中校将少量兵力留在弗昂迪镇南部，率领大批步兵和一个坦克排向附近的山中挺进。第349步兵团第3营迅速行进，保证了弗昂迪镇的安全。耶格尔中校沿着7号公路攻击德军脆弱的防御工事，然后挥师北上切断敌军的东西交通线。第350步兵团在阿尔托山消灭了40名德军士兵，俘虏65人。第88师的另外两个步兵团向第350步兵团右翼靠近，保障了该团补给线的畅通无阻。两天后，法军加入战斗，进一步巩固了战线。

↓阿尔方斯·朱安将军指挥的法国远征军中的摩洛哥部队和美军第5集团军的机械化部队（包括坦克和吉普车）并肩行进在某条道路上

攻陷泰拉奇纳

试图从海上发起攻击夺取泰拉奇纳镇的计划失败后，第85师下属的第337、第338步兵团历时两天攻下了泰拉奇纳镇。与此同时，美军切断了7号公路，阻断了德军撤退的路线。意识到所剩时间不多了，德军在5月23日晚上开始撤退。

对于德军指挥官来说，意大利南部战局已经非常明朗。第2军决定在7号公路上实现与在安齐奥的第6军会合。此时，第8集团军正在穿越"希特勒防线"并挺进利里河谷。法国远征军即将完成对德军第14集团军和第10集团军的包围。

5月25日，维廷霍夫下达了南线德军全面撤退的命令。L1山地军从第8集团军对面撤退，沿着与6号公路平行的道路向北败退，第14装甲军撤退到佩科东北部的萨可河谷。

↓为了摧毁位于纵深地带的德军堡垒，英军炮兵正在调高榴弹炮的射击仰角。在意大利战场上，炮兵被称为"战地女王"

↑盟军地中海战场最高指挥官哈罗德·亚历山大陆军元帅（左）和第2波兰军指挥官弗拉迪斯拉夫·安德斯将军（右）与一名不知姓名的军官（中）在一起

经历了长达4个月的煎熬，被围困在安齐奥海滩的第6军从两个师的兵力增加到了7个师，他们始终处于驻守阿尔巴诺山的德军部队的监视之下。在白天，盟军兵力的任何调动都将遭到敌军炮兵的准确攻击。很多盟军士兵还记得，当时他们在白天根本无法移动，不得不在夜色的掩护下给士兵补充作战物资。一般情况下，被调到这条战线上的换防者的身份只有刚调入的军官模糊知道一点。"我们不认识那些换防者。"一位中士回忆说，"当他们进来时，我们不知道他们的名字，我们甚至极少看清楚他们的脸，因为我们白天不能够来回走动。"

特拉斯科特将军

1944年春天，在1月份就已准备就绪并被寄予厚望的"鹅卵石"作战计划已经成为遥远的回忆，地中海战场上的大量资源被重新分配到各个阵地，并准备在适当时机发出决定性进攻。强硬的特拉斯科特将军接替卢卡斯将军指挥安齐奥海滩的盟军部队，亚历山大将军期待着成功的早日降临。

克拉克命令特拉斯科特作好进攻准备。然而，亚历山大主张的"布法罗"作战计划将穿过奇斯泰纳到瓦尔蒙托内向东北地区发起攻击，切断6号公路，极有可能在南部地区包围大量德军。

在这种情况下，相对于给在意大利的德军致命一击的机会，攻占罗马是一个次要的考虑。亚历山大起初提出了向北推进，穿过阿尔巴诺山脉到达罗马的战略计划，但对盟军来说，切断大批德军去路的计划好像更加有利。因为这两条进攻路线相隔至少32千米，对亚历山大来说同时进攻是无法实现的。

必将攻克罗马

　　然而，克拉克把全部注意力都放在了罗马。对于占领6号公路就能够有效阻断瓦尔蒙托内地区的德军部队撤退的可能性，克拉克深感怀疑。他认为朝瓦尔蒙托内方向进军，主要是为了给利里河谷的第8集团军减压。如果克拉克能和第6军联系上的话，特拉斯科特就有可能快速北进越过阿尔巴诺山直取罗马。然而，第5集团军指挥官克拉克一门心思地想着由美军取代英军攻占"永恒之城"——罗马。当时，形势非常紧迫，在"霸主"行动即将实施，即1944年6月6日进攻诺曼底之前，必须攻克罗马，届时地中海地区将彻底退出人们关注的视线。

↑美国第5集团军工兵正在清理曾被德军埋设在路上的饵雷。尽管工兵们进行了大量艰苦卓绝的努力，仍有不少士兵被敌人埋设的各种地雷炸死

　　克拉克有充分的理由相信，驻守在阿尔巴诺山上的德军对第5集团军的任何东进行动都将造成威胁，他指出在进军瓦尔蒙托内山之前必须稳住阿尔巴诺山。按理说，罗马南部的最后一道天然防线——阿尔巴诺山一旦被攻克，罗马也就迎刃而解了。因此，第6军将作为第5集团军的先头部队攻占意大利首都。克拉克热衷于由第5集团军直接进军罗马，其中除了现实因素外，还因为长期以来罗马一直是整个意大利战役的中心。几个月来，亚历山大虽然一直表明他倾向于向瓦尔蒙托内进军，但他始终没有直接发布这道命令。

伟大的胜利

　　历史学家西德尼·马修斯写道："像其他盟军统帅和英国首相一样，克拉克也把罗马看作是整个春季进攻甚至整个意大利战役的重头戏。他曾向特拉斯科特指出，'攻克罗马是第6军唯一值得奋斗的目标'。克拉克对于罗马的飞机场和整个城市作为交通枢纽地位的军事价值并不看好（条条大道通罗马），他想攻克罗马完全是出于占领罗马后的荣耀感及其象征意义，认为他的军队完全应当获取这项殊荣。攻占罗马不仅是对意大利南部战场陷于冬季僵局的一种补偿，实际上也是对担任进攻主力的第5集团军的一种褒奖。"

"克拉克认为占领罗马相当重要。要想理解这种想法，我们必须考虑美军将领的策略，他们过分夸大罗马的象征意义，甚至超越了罗马的军事重要性。对于美国人而言，攻克罗马这一确凿的事实将会向美国人民表明美国在意大利的成功，美国民众对于这一戏剧性事件比听到大规模消灭敌军的消息更感兴趣。克拉克想要在最短时间内占领罗马，因为他认为亚历山大希望第8集团军能分享胜利成果。"

5月22日晚，英军第1师沿着安齐奥到阿尔巴诺沿线发起佯攻，拉开了盟军从安齐奥海滩实施突破的序幕。23日凌晨，美军第1装甲师发起主攻，在战斗第一天就跨过了铁路线并向德军第362步兵师防区推进了1.6千米，抵达了第一处目标——位于滩头阵地北部的一座低矮山坡。在战斗过程中，35人阵亡，137人受伤，一人失踪。5月3日，有三名美军士兵因表现勇敢获得了荣誉勋章，他们分别是欧内斯特·德韦什安中士、乔治·霍尔中士和托马斯·福勒少尉。

早上6时30分，第3步兵师对奇斯泰纳镇发起进攻。迈克尔·保立克少校带领特遣部队填补第15步兵团和第1特种部队转移后出现的战斗空隙。在距离奇斯泰纳运河大桥546米的地方，德军从一片房屋后面进行射击，保立克损失了两辆坦克和一辆坦克歼击车。后来，他指挥3辆坦克集中火

↓ 美国M10型坦克歼击车于1942年首次投入生产，使用了M4型"谢尔曼"坦克的底盘，配备一门M7型76毫米口径火炮

力攻击德军后方，迫使对方撤离房屋。在德军的零星抵抗下，保立克的部队前行到了距离7号公路一千米的地方。

奇斯泰纳伏击战

天黑以后，由三名侦察兵组成的一支美军巡逻队发现60名德军士兵正向十字路口附近的一片密林区行进，这些美军士兵悄悄后撤并把这一消息透露给己方部队。接下来，美军进行了一场准备充分的伏击战，重创这支德军部队，击毙20人，俘虏37人。

第15步兵团的两个营向奇斯泰纳镇艰难推进。第7步兵团遭遇了地雷干扰和德军的顽强抵抗。无独有偶，第30步兵团也遇到了地雷的干扰，行进非常缓慢。在战斗中，第3师有107人阵亡，642人受伤，812人失踪，65人被俘。虽然进攻德军阵地未能取得关键性突破，但克拉克和特拉斯科特仍然信心百倍，觉得这一天收获颇丰，相信不久后就会占领奇斯泰纳镇。

24日，在敌军顽强的抵抗下，第3师包围了奇斯泰纳镇，但对镇北部的进攻未能取得突破。次日上午，在坦克的掩护下，第7步兵团攻入小

↓德军士兵在安齐奥海滩附近的内图诺镇废墟边行走。作为盟军向罗马进军的出发地，安齐奥海滩成为交战双方激烈争夺的焦点

镇。临近晚上时分，一个机枪小组占据了有利地形，赶走了一群操作反坦克炮的德军，形势开始明朗起来。紧接着，一个步兵连协同一辆坦克冲入市政大厅，包围了德军第955步兵团的残余人员及其指挥官。

此外，第1特种兵部队占领了阿列斯蒂诺山，准备向距瓦尔蒙托内16千米远的6号公路挺进。第3师的官兵们也正整装待发，准备攻克西北方向的科里镇。

第6军会师

5月25日破晓，第36师的工兵部队从安齐奥向南推进，渡过墨索里尼运河与第85师的特遣部队取得接触。这样一来，经过了125天沮丧的日子，第6军终于不再孤立无援了，如今成为第5集团军的左翼兵力。

马肯森将军认为，击败向瓦尔蒙托内前进的第3步兵师的可能性很小，于是命令工兵人员沿着"恺撒防线"大力建造尽可能多的坚固支撑点。"恺撒防线"从位于安齐奥和罗马附近的第勒尼安海海岸开始一直延伸到瓦尔蒙托内，但当时的情况表明，在这样一条防线上进行一场持久性的防御作战将困难重重。

↓ 在向意大利腹地推进期间，盟军第2波兰师的士兵们跃出战壕向德军阵地冲去

虽然第6军正一步步地逼近瓦尔蒙托内，但克拉克仍然对这次行动心存疑虑。5月24日下午，克拉克竟然询问特拉斯科特能否考虑调转主力进攻罗马。之后，他认为亚历山大下达的向瓦尔蒙托内进军的指示"是建立在错误的前提下的，该前提是如果在瓦尔蒙托内截断6号公路，就可以全歼德军"。

↑隐蔽在沙袋掩体中的波兰迫击炮手正在操作一门迫击炮。波兰士兵在卡西诺等战役中表现英勇

向罗马发起冲锋

第二天，克拉克下达命令，要求第6军改变进攻路线向西北方向的罗马进军。第3师和第1特种部队继续进攻瓦尔蒙托内，但第5集团军剩余部队，包括第34、第36、第45、第85和第88师杀向"永恒之城"。

美国陆军的官方史料记载："特拉斯科特顿时目瞪口呆，他抗议称，没有任何迹象表明敌军大大削弱了在阿尔巴诺山山区的防御。与克拉克不同，特拉斯科特找不到丝毫迹象能够证明德军在瓦尔蒙托内地区加强兵力。特拉斯科特强调，根本来不及把进攻主力军调遣到敌军势力仍然非常强大的西北地区，当时应该继续进攻。"

然而，像所有优秀士兵一样，特拉斯科特也时刻准备着调整自己的战线。其他的高层军官，包括英国的和美国的，甚至连丘吉尔首相本人，都对克拉克的决定感到吃惊。其中有人评价道："为了拥有第一个迈进罗马大门的荣耀，一夜之间，克拉克丢弃了摧毁维廷霍夫的第10集团军右翼部队的机会。"

5月26日上午11点，第34、第85师从西北方向对罗马发起进攻。克拉克让亚历山大放心，在瓦尔蒙托内取得重大胜利会鼓舞两支突击部队继续

↑涂着夏季伪装色的Kfz1型运兵车能够在各种路况下高效率地运送德军人员。1940年后，德国军工厂每年只能够生产5.5万辆该型车辆

保持足够的战斗力。最初，凯塞林也没弄清楚美军发起新一轮进攻的用意何在，不清楚这到底是第5集团军的一次主攻行动，还是一次协助进攻瓦尔蒙托内的佯攻行动。直到5月28日，在获悉了美军第1装甲师正在朝阿尔巴诺山前进时，凯塞林才确信这是一次主攻。

尽管如此，德军的顽强抵抗使得美军损失惨重，这也减慢了克拉克向罗马冲击的脚步。29日晚上，第5集团军装甲部队和步兵部队联手攻下了卡姆莱尼火车站。但是，坦克部队开始在不知不觉中超过了步兵部队，在它们的身后，给步兵部队留下了许多需要进攻的要塞。美军进展缓慢，且代价沉重，仅第1装甲师就有21人阵亡，107人受伤，5人失踪，有37辆坦克被地雷、反坦克炮和肩扛式反坦克武器击毁。

"恺撒防线"

当凯塞林还没有彻底弄清楚第5集团军新一轮攻击攻击行动的真正意图时，德军第14集团军指挥官马肯森就已经预感到事情不妙，他尽可能加固了尚未完工的"恺撒防线"，借此拖延盟军的前进步伐。29日一大早，美军第34师部分兵力袭击了"恺撒防线"上的两个德军阵地——克罗塞塔山和杰纳罗山。由于德军迫击炮及轻武器的精确射击，加上德军的顽强反击，美军被迫从这两个阵地撤退。德军巧妙撤退，占据了"恺撒防线"上一处易守难攻之地，这里扼守着克拉克进入罗马的必经之地——阿尔巴诺山。

就在克拉克批评特拉斯科特的消极做法使得德军得以巩固"恺撒防线"的同时，第5集团军在其他方向上的进展颇为顺利。第85师左右夹击了安齐奥滩头阵地，法国远征军又从勒皮尼山向瓦尔蒙托内进军。即便如此，克拉克仍然准备向"恺撒防线"发动新的进攻，他对于有可能与第8集团军联合进攻罗马感到非常恼火。

然而，这一等待过程比克拉克预想的要漫长许多。第8集团军在6号公路沿线遭到德军的顽强抵抗，一座长37米的桥梁塌陷，足足耽误了加拿大第5装甲师24个小时的时间。直到30日，第8集团军的先头部队——加拿

↓1944年5月，法国远征军从德军手中夺下了位于山顶上的意大利小镇卡斯特尔福泰

大第1步兵师才刚刚靠近瓦尔蒙托内东南40千米的弗洛西诺内村，从侧翼迂回的印度第8师最终将德军从阿尔塞镇赶出去。第78师沿着与6号公路平行的路线向西北方向行进，希望与加拿大军队共同推进，攻击弗洛西诺内村。

尽管克拉克进入罗马的计划暂时受阻，情形似乎出现改观。5月27日夜，第36师的侦察兵探测了阿特米西奥山的情形，这座山与维勒特里城镇相邻，令人奇怪的是，这座山上竟无德国军队。事实上，根据计划，德军赫尔曼·戈林师及第362步兵师应当填补"恺撒防线"上的这个缺口，但他们却力不从心，只不过在这里布置了为数不多的几个岗哨。

危险的缺口

马肯森和凯塞林都很清楚这一缺口意味着什么。当凯塞林表达自己对这一情况的强烈不满时，马肯森一再向这位陆军元帅保证这个问题已经得到解决。疲惫不堪的第715步兵师与赫尔曼·戈林师的士兵们接到命令向阿特米西奥山进发，马肯森时刻防备其北部侧翼拉里亚诺和瓦尔蒙托内的威胁，并认为缺口已经弥合。但是，在德军尚未到达之前，美军第36师的两个团已经登上了阿特米西奥山。

5月30日晚上，美军主力部队悄悄穿过了该处缺口，一路上只遇上很

←这辆M4型"谢尔曼"坦克被德军高速反坦克炮直接命中后，炮塔被完全炸飞。盟军坦克手经常质疑"谢尔曼"坦克的耐久性

少的德军士兵，这些德军大多被割喉杀死。一名美军士兵描述了这种杀人的方法："我们爬到那些哨兵背后，用大拇指和食指捏住德军的鼻子，其他三个手指捂住其嘴，将其脖子扭过来露出颈动脉，然后右手持刀插入静脉和颈骨之间，刀子刺入皮肤，划过颈静脉和气管，直至下颌处。那人流血而亡，留下的只有一摊摊的血迹。"

第36师占领阿特米西奥山和临近的山地，美军炮兵观察员占领了一个非常有利的位置，这个位置可以瞄准德军第14集团军通往瓦尔蒙托内和拉里亚诺的补给线。直到5月31日，马肯森才意识到这一可怕局面，命令德军不惜一切代价夺回阵地。他咆哮道："在这种情况下，再保持军团之间的界限，也没有什么意义了！"

马肯森被撤职

马肯森实施的战略这一次注定失败，当他向凯塞林汇报情况时，凯塞

↑从空中俯瞰已经沦为废墟的奇斯泰纳镇（距离安齐奥海滩仅有数英里之遥），路上驶过的是盟军车辆。美军指挥官威廉·达比上校率领的突击队在附近曾经遭遇伏击

林大怒。紧接着，马肯森被撤职，约阿希姆·莱梅尔森将军开始接管处境岌岌可危的第14集团军。

　　战术上，克拉克将进入罗马的任务交给了接近瓦尔蒙托内并准备沿着6号公路前进的第2军。接着，亚历山大同意了第5集团军单独使用瓦尔蒙托内与罗马之间公路的请求，第5集团军的3个军从而得以同时利用6号公路和7号公路进军罗马。

　　在阿特米西奥山上，美军炮火在侦察兵的引导下，对6号公路展开了猛烈攻击。德军被迫从瓦尔蒙托内撤退，于6月2日一早遭遇第3师的攻击。

　　尽管凯塞林命令第14装甲军进行抵抗，但随着瓦尔蒙托内的失守，使得德军在该地区获胜的希望化成泡影。当天夜晚，维廷霍夫下令第10集团军开始突破第8集团军的包围圈。这时，凯塞林意识到罗马将要失守了。

↓ 盟军这辆M4型"谢尔曼"坦克被德军一枚反坦克地雷炸翻在地。尽管"谢尔曼"坦克在敌军炮火面前不堪一击，却能够成批生产

第10集团军的撤退有条不紊，这在一定程度上证实了克拉克的推断：攻占瓦尔蒙托内和切断6号公路并没能俘获大量德军，如果第8集团军能够更加积极地占领利里河谷，且第5集团军更加迅速地切断6号公路的话，结果将是大获全胜。

在阿尔巴诺山下的"恺撒防线"面前，第6军在进攻行动中付出了沉重的代价。其中，第34师、第45师进展缓慢，这使得克拉克坐立不安。幸运的是，第36师已经包围了"恺撒防线"上的防御要塞中的德军。就在第6军与第2军准备向罗马发起最后一击时，凯塞林下令部队向北全线撤退。

宣布罗马不设防

6月3日上午，凯塞林宣布罗马为不设防城市。希特勒不允许德军重演1943年秋季在那不勒斯撤退期间所进行的破坏行径，他在给凯塞林下达的指令中强调："罗马是一座文化名城，不应该成为战场……"与此同时，克拉克也颁布了他的"紧急命令"，要求"第5集团军应当保护罗马城内所有的公共和私人财产"。

虽然双方对对方的意图都相当谨慎，但双方均不遗余力地让这座能让人回味古罗马荣耀的、充满伟大艺术品和古迹的名城免受战争破坏。梵蒂冈城曾经从德军那里获得保证，其中立地位受到尊重，德军不在其境内进行大规模军事行动，它的供电和供水中心也不会受到破坏。当时，只有郊区面临严峻考验。但双方的军事指挥官都得到授意，即根据军事需要，自己有权决定各自的军事行动。

6月3日黎明时分，美军第2和第6军开始向"永恒之城"前进，由于德军第14集团军已经从阿尔巴诺山和台伯河方向撤退，上述两支部队推进神速。第8集团军继续进攻，其中，加拿大第1步兵师和南非第6装甲师攻击了位于阿库托地区的德军第26装甲师，迫使对方在黑夜的掩护下撤退。

克拉克将军最关注的是如

↓在意大利作战的许多美国军人都是意大利人的后裔。图中这名美军士兵与他在意大利的家族成员们合影

何确保台伯河上桥梁的安全，这样，他的各个师就可以迅速渡过台伯河追击那些撤退到罗马北部的德军。由于不清楚德军已被命令不允许破坏桥梁，克拉克将军命令机动部队快速开进罗马城中，并尽快控制桥梁。

6月4日，第2军下属的第1特种部队、第3师和第88师从多个方向开进罗马城。有几支特遣分队遭到一些隐藏的反坦克炮甚至个别4型坦克的抵抗，但截至6月4日晚上11时，所有在第2军作战区域内的横跨台伯河上的桥梁都安然无恙。

6月4日下午，第6军首批进入到罗马城的兵力是第6装甲步兵团第2营和第13装甲团的一个连。当天晚上，第1装甲师和第36师也进入罗马城。其中，第36师指挥官沃克将军跟随他的步兵一起进入了这座被夜幕笼罩着的城市，跨过完全掌握在己方装甲部队手中的台伯河上的桥梁。沃克回忆道："我们走在黑暗的街道上，能够听到高楼上的人们在窗户边鼓掌。"

解放罗马

就这样，美军五个师和美加（美国-加拿大）第1特种部队解放了罗马。6月5日早晨，这些部队没有进行休整，继续向前开进到位于台伯河上的前沿阵地，与德军进行对峙。这条阵地从台伯河河口开始，经罗马城西南，一直延伸到台伯河和东北部阿涅

←随着战事逐渐进入尾声，德军俘虏沿着公路走向拘押地。此时，盟军已经从安齐奥海滩阵地实现突破

→→集在罗马大型广场上的美军士兵。数年前，就在同一个地方，法西斯独裁者本尼托·墨索里尼曾向人们承诺将重新恢复罗马帝国的辉煌

↓在意大利奇斯泰纳镇，美军士兵正在接受德军人员的投降

内河的交汇处，总长度达32千米。

6月4日整个白天，第5集团军的人员和车辆成群结队驶过罗马的大街小巷。罗马市民走出他们的支离破碎的家园和藏身之处，一场大规模的欢庆活动开始了。人们把红酒和食物送给士兵们。大家互相拥抱在一起，沉浸在欢乐和如释重负的气氛中。6月4日下午晚些时候，克拉克将军进入罗马城，并拍照留念。第二天，克拉克在位于卡比多山上的罗马市政厅召集了手下的指挥官和参谋军官。从那里望下去，到处是一片狂欢的海洋。然而，他们都明白这一刻终将结束。"霸王"行动将在几小时后展开。

"王冠"行动成功突破了德军在意大利南部的顽强抵抗。经过三个多星期的战斗，第5集团军和第8集团军把德军赶出了"古斯塔夫防线"，与安齐奥海滩上的桥头堡阵地实现连接，并且占领了罗马。当然，交战双方所付出的代价也是沉重的，盟军方面伤亡达4.4万人，德军伤亡超过3.8万人，有1.56万人被俘。

亚历山大将军在获悉克拉克决定把第6军主力从瓦尔蒙托内调往阿尔巴诺山时，他意识到自己对此已经无能为力，只有接受克拉克的这种变更了。后来，他对失去了这样一次机会到底意味着什么进行评价时说道："如果他（克拉克）成功执行我的计划，那么对于敌人造成的破坏将会更加巨大，大量的德军将被歼灭。毫无疑问，战争以我们赢得了决定性的胜利而告终，但并不十分彻底。我只能说解放罗马城这条新闻价值的诱惑打动了克拉克，并促使他改变了前进方向。"

也许，最具讽刺意味的是历史学家西德尼·马修斯的评价："在5月份的最后几天里，德军部队已经不堪一击，毫无战斗力可言，他们根本阻挡不了第6军向瓦尔蒙托内的进攻。"如果克拉克按照亚历山大的要求继续向东北方向推进并切断6号公路，而不是直接攻击"恺撒防线"并从第36师巡逻队所发现的缺口北上进军罗马的话，那么他的部队也许能够更迅速地抵达罗马。

德国C集团军群遭到重创，但并没有投降或者被全歼，意大利境内的战斗仍将持续数月。然而，在各大媒体以头版头条铺天盖地地报道盟军攻克罗马之后，全世界关注的目光开始转向诺曼底。1944年6月6日，随着意大利境内的战事接近尾声，法国海岸线迎来了最漫长的一天。

←苏格兰士兵合着风笛的节拍，奏着凯旋之歌，胜利行进在罗马大街上。一个骑自行车的罗马市民走在队伍的前面

8

向北推进

盟军向北推进，进攻佛罗伦萨与"哥特防线"，遭到了德军的顽强抵抗，德军仿佛在向对手诠释自己为何是打撤退战的专家。

盟军进入罗马。维拉·卡奇亚托雷看到一队队的盟军士兵步履蹒跚地从石房子前面走过。这座房子坐落在西班牙广场，这个地方因诗人约翰·济慈在这里辞世以及雪莱、拜伦等文坛巨人的聚集而举世闻名。因此，这座石房子正在警戒之中，进出都需要获得批准。

对于他们中的一些人来说，抵达罗马之前的长途跋涉还不及穿过"永恒之城"的这一刻来得有意义。卡奇亚托雷回忆道，"精疲力竭的士兵们一言不发，像机器人一样在月光下默默行进。人们纷纷走出家门欢迎他们，但他们只是挥挥手笑一笑，然后继续前行。

"一队队士兵走过去了，也有很多士兵奉命停了下来。很多平民围着他们，拍着他们的背，亲吻他们。士兵要些水或酒喝，喝着喝着就醉倒在石头上，睡着了。大街上，人行道上，西班牙式的台阶上，到处都是。第二天早上，罗马的气味儿都变了。从前，罗马总是洋溢着做饭、红酒、干鱼与蒜的香味，而今却突然充斥着来自英国乡村的气味。"

撤退的德军与他们的法西斯盟友们很快得到了应有的惩罚。警察局长彼得罗·卡鲁索瓦斯曾协助德军处死过游击队员与市民，行刑队逮捕了他，将其绑在一把椅子上枪毙了。当枪口对准他时，彼得罗·卡鲁索瓦斯

←←在意大利某个小镇的广场上，这个曾与法西斯进行合作的人被绞死，旁边是围观的群众。当时，人们对于轴心国集团的党徒们的惩罚不但迅速有力，而且毫不留情

↑这是一位来自意大利"塔利亚门托河军团"的士兵，正准备参加安齐奥反击战。这名法西斯老兵在意大利投降后依然效忠墨索里尼

→→在一辆37毫米口径自行高射炮的协同下，精锐的德国空军地面部队士兵正在守卫着通往博洛尼亚附近一座桥梁的通道。请留意他们右胸口袋上的空军徽标

还大叫着说道："一定要瞄准了！"

当德军撤退时，意大利游击队开始活跃起来。罗马人对德军的一宗暴行记忆犹新。两个多月前的一天，也就是1944年3月24日，为了对35名党卫军士兵被炸弹炸死的事件进行报复，德军在罗马城外的某个山洞里屠杀了335名平民。在当时，只要游击队每杀死一名德军士兵，德军就会处死10个平民。很显然，凯塞林默许这种杀戮行为。为了毁灭证据，德军炸毁了那个洞口。

游击队的袭击

在整个意大利战役期间，游击队始终不断地骚扰德军，他们朝德军车队开枪，向德军聚集的地方投掷手榴弹，还向盟军提供情报。有很多游击队员人数多达5万。由于政治原因，他们遭到纳粹主义者的迫害，迫切希望能够扭转局势。游击队得到了盟军秘密空投的武器，又从德军那里缴获了大量装备，战斗力日益增强。有时，他们还接受盟军的训练和指导。

美国陆军官方史料记载，"由于盟军对其军用通信设施的轰炸，德军信息传输越来越依赖于长途电话电缆。截至6月中旬，包括长途电话电缆和当地电话网络在内的德军通讯线路……大部分被破坏。在罗马以北约185千米的锡耶纳附近，游击队切断了一条从格罗塞图到锡耶纳的重要补给线路……"

凯塞林也意识到了这些袭击行动所造成的严重威胁。"这与有章法的战斗不同……他们三五成群或孤身一人，借助夜幕或大雾作掩护神出鬼没，山里、河谷、树林还有路上，到处都有他们的身影……在游击队经常出没的地区，无论男女，只要见到一个人，草木皆兵的德军不容分说就将其当成疯狂的刺客"。凯塞林不但要防备游击队，还担心更多的事情，当务之急就是拖延盟军向北挺进。考虑到罗马附近台伯河上的桥梁有着重要的历史价值和建筑价值，凯塞林严令德军不得炸毁它们。此举虽然合情合理，但与战争的需要相比，它们就不那么重要了。6月4日晚上，盟军跨过桥梁攻占了罗马。白天，盟军不断空袭德军，对凯塞林来说，要想在这里阻击盟军两个星期几乎是不可能的。

盟军向前推进

亚历山大没有浪费任何时间，挥师穿过罗马继续向前推进。第5集团军与第8集团军快速行军，伤亡很小。截至6月11日，克拉克将军的军队已经开进到了台伯河峡谷，整个防线东至维泰尔博，西至托斯卡尼亚，西南到1号公路沿线的塔尔奎尼亚，形成了一个很大的弧形。6月6日，利斯将军命令第8集团军渡过台伯河，挺进亚得里亚海，翻越翁布里亚山脉。在攻克罗马后不到两个星期的时间里，盟军已向前挺进了大约145千米。

此时，对于作战双方来说，时间都变得弥足珍贵。地中海战区司令官威尔逊将军向亚历山大将军口头下达指令，同时传达到了前线：截至攻克罗马，意大利战场一直是盟军的主要战场，其余都是辅助战场。在这样一个地形条件非常不适合进攻作战的国家，保持攻势所需的武器装备和物资

↓1944年9月，人困马乏的英国第8集团军行进在意大利斐尔奥村旁的土路上。在追击罗马以北的德军残敌时，盟军遭遇了"哥特防线"

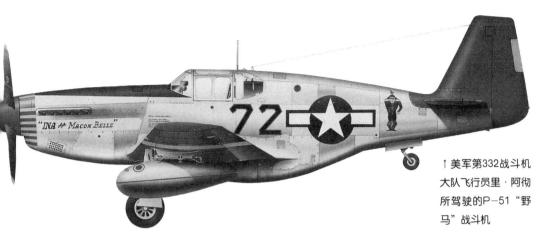

↑美军第332战斗机
大队飞行员里·阿彻
所驾驶的P-51"野
马"战斗机

补给均难以维系。另外，为准备进攻法国南部的"龙骑兵"行动，法国远征军下属的久经沙场的4个师兵力需在7月中旬之前前往法国战场，随后，第4军司令部、第3、第36和第45步兵师也将开赴法国前线。此时，盟军在意大利的兵力减少到14个师，而德军则有来自第10集团军与第14集团军的17个师。

丘吉尔首相对于意大利战场怀有更多更大的期望。考虑到战后与苏联的竞争关系，丘吉尔提出了一个可行的建议，继续进行地中海战役，攻占巴尔干半岛。此时，苏联红军已经攻至中欧地区，很显然，一旦约瑟夫·斯大林的强大军队占领了土地，想让他们心平气和地离开将会非常困难。如果英美全力支持意大利战场，他们就有可能打垮C集团军群，占领维也纳，取得大片的奥地利领土，进入南斯拉夫甚至抢在苏军之前攻入德国。丘吉尔认为，在战后重绘欧洲版图时，这一系列的转变将会让西方列强在与苏联的谈判中占得上风。

罗斯福总统与美军总参谋长乔治·马歇尔将军全力支持对于法国南部的进攻，认为只有尽快结束与德国作战，才有可能早日集中全力进攻日本。罗斯福告诉丘吉尔，如果对方不全力支持从法国南部登陆，他将征求斯大林的意见。当然，斯大林对此的态度将是显而易见的。最终，丘吉尔坐在船上远远地看着盟军从法国里维埃拉登陆。

"哥特防线"

对于德军来说，在意大利境内针对盟军构筑的最后一道重要防线就是"哥特防线"，它位于亚平宁山脉北部，距罗马大约260千米。德国工人与工程兵正在匆忙修建这条防线，有些地方宽达16千米，按照计划到12月份才能完成。如果凯塞林能够坚持到秋冬季节，届时随着天气情况的日益恶化，他就能像在"古斯塔夫防线"上那样阻击敌人几个月。根据设计，"哥特防线"在最终建成后，将会配置坦克陷阱、钢丝网障碍物、30辆配置88毫米火炮的坦克、2 400处机枪阵地、500座炮台以及四通八达的坑道和掩体，以便防守部队移动。

亚历山大奉命从位于阿尔诺河河口与第勒尼安海沿岸的比萨至亚得里亚海沿岸的里米尼一线发起进攻，彻底肃清盘踞在意大利中部的德军。盟军在到达"特拉西梅诺防线"后，距离目标还有一半路程。第8集团军稳步向前推进，同时，第13军向特拉西梅诺湖以西挺进，第10军向湖东侧进军。很显然，德军将会在特拉西梅诺湖的两岸顽抗到底。第36师在推进过程中攻占了圣斯特凡诺城，缴获了德军尚未来得及销毁的28.1万桶燃油。第6军苦战10天，前进35千米。根据威利斯·克里腾伯格将军之命，第4军

↓意大利游击队员登上一辆缴获的德军"欧宝"运兵车，得意地展示着手中的步枪和自动武器。请留意车顶上那挺重机枪

于3月份进驻意大利并占领那不勒斯地区。一开始，克拉克并没有让第4军上前线，直到6月份才派遣他们进攻法国南部。

第36师第142步兵团的霍默·怀斯上士因在6月14日突击马格里亚诺村的战斗中表现突出，赢得一枚荣誉勋章。怀斯的嘉奖令中这样写道："怀斯所在的排遭到两侧的德军轻武器火力压制。这时，他看到一名士兵受了重伤，躺在一处非常暴露的位置，他从自己所隐蔽的安全位置冲了出去，把那名伤兵救了出来，转移到了一个能够接受治疗的地方。接下来，大家继续前进，但再次受到敌军火力的拦阻，一名德军军官和两名士兵用武器攻击他们的右翼。这时候，怀斯冒着生命危险，冲上去用冲锋枪击毙了这三人。返回阵地后，他抓起一支M1步枪和几枚手榴弹，找好位置瞄准敌军进行射击。随后，怀斯所在的营向前发起冲锋，再次遭到了敌军火力的阻击，他端起一支自动步枪冲在最前面，摧毁了敌人一处机枪阵地。接着，侧面的敌军火力密集起来，他跳上附近一辆坦克的炮塔上，用重机枪压制

↓尽管在1944年秋季之前在意大利取得一场决定性胜利的希望最终破灭，但图中这些久经战火考验的德军伞兵依旧顽强作战

住近处山脊的敌军，趁此机会，战友们拿下了目标。"

厄尔巴岛登陆

　　6月17日，9 700名法国士兵击败了2 500名德军守备部队和意大利法西斯部队，在厄尔巴岛登陆。尽管此举在媒体上的宣传意义多于其他，但它却使得凯塞林认为，盟军还将在意大利本土进行一次两栖登陆行动。曾经有一段时间，他一直将第16党卫军装甲掷弹兵师留作预备队，以防不测。

　　为了减轻亚得里亚海沿岸第5集团军的压力，亚历山大把安德斯将军的波兰第2军投入战场，并加快了第8集团军的行军速度。5天之内，波兰军队行军72千米，逼近"特拉西梅诺防线"以东的安科纳港。第8集团军休整了两个星期，蓄积力量准备进攻安科纳，并最终突破德军防线。

　　凯塞林把盟军成功阻击在台伯河以西，未让盟军突破其第10集团军和第14集团军之间的薄弱防线。这两个集团军的大部分部队已经有序撤退，从而与盟军在兵力上大致保持了平衡。通常情况下，进攻一方要比防守一

↓这支英军车队在行进途中被德军炮兵发现，随后遭到对方的猛烈炮击，士兵们急忙从车里冲出来进行躲避，并伺机消灭对方

方投入更多的兵力，这就意味着盟军向前推进的速度必将减慢。

德军坚守阵地

从6月20日到30日的10天时间里，盟军在"特拉西梅诺防线"上遭遇顽强抵抗。尽管滂沱大雨阻碍了盟军的推进速度，但第36师下属的第141和第143步兵团还是于24日渡过了科尼亚河。这是第36师在意大利境内的最后一次军事行动，此后他们将奔赴法国南部战场。22日，第1装甲师各部试图攻占68号

↑一缕阳光从云层中照射下来，德军防空兵警惕地扫视空中，试图发现来袭的盟军飞机。右边那名士兵使用的是一台手提式测距仪

公路，他们向前推进了8千米，但该师所属的A团和B团均遭到敌人的顽强抵抗，战果甚微。5天后，第34步兵师推进到距68号公路不到24千米的地方。此时，凯塞林已经从其他地方调来援兵，从而加强几乎崩溃的C集团军群右翼。

在塞西纳河上，第34师与作风顽强的德军第26装甲掷弹兵师发生遭遇，经过苦战仅仅创建了一个小小的桥头堡。赶来支援的步兵和11辆"谢尔曼"坦克也惨遭德军狙击，有9辆坦克被德军精准的反坦克火力摧毁。直到7月2日，在空中战机和重型大炮的支援下，才有一个团的盟军兵力完全渡过了塞西纳河。

死守阵地的德军在盟军的猛烈炮击下损失惨重。鉴于这种情况，莱梅尔森将军决定于7月2日夜间放弃塞西纳镇，下令部队后撤8千米，并准备放弃更多的地盘。他把第29装甲掷弹兵师部署在阿尔诺河沿岸以备不测。7月1日，第34师第133步兵团进入没有设防的塞西纳镇，结束了继攻克罗马以来损失最惨重的一场战斗。

攻占锡耶纳

7月8日，第88师下属的第350步兵团在解除了第1装甲师的压力后，进入沃尔泰拉，完全占领了68号公路。在第5集团军右侧，法国远征军向历史名城锡耶纳开进，遭到德军的顽强抵抗。与法军对抗的是德军第356掷

→英国第8集团军的廓尔喀士兵正从"哥特防线"前面的掩体中向外望。事实上，作为德军在意大利修建的最后一座主要防御工事，"哥特防线"仅仅建成了一小部分

弹兵师、第4伞兵师、第26装甲师、第20航空师和第29装甲掷弹兵师。经过5天激战，他们仅仅前进了3.2千米。6月26日，第1装甲师摧毁了几个德军重要据点后开始稳步前进。7月3日，法军攻占了锡耶纳。

第8集团军突破防线之后，亚平宁平原与特拉西梅诺湖就出现在了他们面前。第8集团军把第10军和第13军部署在特拉西梅诺湖的东西两侧，但由于彼此之间无法相互支援，德军在这里将英军阻击了10天。然而，西德尼·柯克曼将军的13军部署在左侧，麦克里里将军的第10军部署在右侧，英军第8集团军的进攻势头是德军终究抵挡不住的。

6月20日，为夺取阿雷佐、安科纳和佛罗伦萨，以便发动对"哥特防线"的进攻，第8集团军继续向前推进。南非第6装甲师与第78师分居两翼，第4师居于中央。第13军同德军赫尔曼·戈林师、第1伞兵师和第334师苦战8天，成功挺进特拉西梅诺湖西线，危及凯塞林的防线。在战斗中，德军伤亡700多人。

暴雨和地雷

向东推进时，麦克里里将军的第10军下属的第6装甲师被调往第13军，只剩下第4印度师和第10师。在到达德军坚守的据点之前，天降大雨，地雷遍布，英军坦克的行进速度

异常缓慢。在亚得里亚海沿岸，波兰第2军及其下属的意大利自由军的行进步伐同样异常艰难，他们向"特拉西梅诺防线"以东推进了19千米。

从战略上看，双方获得人员与物资的补给越来越困难，鉴于此，无论是凯塞林，还是亚历山大，他们二人都不得不改变策略。德军只坚守一些重点防线，以便大部队撤离或防止敌人突破防线。7月5日给亚历山大的消息表明：10个师中的一个将为"龙骑兵行动"集结。很明显，这种力量大部分来自第15集团军群。

缺乏后勤补给，盟军就不能对敌军保持攻势，因此盟军的当务之急就是：由第5集团军拿下意大利第三大港口来亨港，第8集团军急需攻占亚得里亚海的安科纳港，作为后勤补给基地。7月12日，克里腾伯格将军命第4军首先包围来亨，德军放弃该城，退至阿尔诺。破晓时分，第34师135步兵团和第91师363步兵团开进来亨。

来亨港虽然不像那不勒斯那样沦为一座废墟，但被破坏程度仍相当严重。8月20日，盟军开始对港口进行修复工作。有了在那不勒斯的成功经验，工兵们在5个星期内就使该港口恢复了运转。8月26日，盟军的第一艘

↓盟军的坦克登陆舰正向圣厄尔巴岛冲去，舰上的防空火炮进入警戒状态，随时准备击落来犯敌机。远处一艘舰船被敌军击中，冒起了滚滚白烟

补给船进泊来亨港。

攻占安科纳

7月16日，安德斯将军的波兰精锐部队包围了安科纳。安德斯分别把第3喀尔巴阡师、第5克雷索瓦师部署在右翼和中部，意大利自由军部署在左翼。第5师担任主攻任务，第3喀尔巴阡师在第2装甲旅的协助下向东进至安科纳以北的海岸线，从而分散德军的注意力和火力。与此同时，意大利自由军在英国沙漠空军的支援下做内应。

拥有240辆坦克的4个波兰装甲团紧随在4个步兵营之后，在第71师的协助下，进攻德军第278师的3个营。7月17日，在300门火炮的猛烈轰击中，波兰军队向敌人发起了进攻。德军被猛烈的火力彻底打蒙了，第一天，第5克雷索瓦师就向前推进了6.4千米，随后渡过了埃西诺河，把德军赶往北部，并完全包围了安科纳。7月18日下午，第3喀尔巴阡师进入城区，途中未遇到顽强抵抗。

波军保持着对撤退敌军的迅猛攻势，在接下来的一个星期内，将德军一直向北驱赶。随着安科纳港逐渐远离德军的火炮射程，第8集团军开始忙碌起来。7月23日，英军补给船到达安科纳港，开始卸下第一批珍贵的军火和食品。

↑美制M7型105毫米自行榴弹炮被英军戏称为"牧师"，这种使用了M3中型坦克底盘的野战火炮，极大地提升了野战炮兵的机动能力防守比较薄弱的佛罗伦萨的军事重要性如同阿尔诺河上的交通枢纽一样，在进攻之前，必须将阿雷佐城的德军清除干净。德军从"特拉西梅诺防线"上抽调了第15装甲掷弹兵师、第334师、第1伞兵师和赫尔曼·戈林师等四个师，企图阻止英军第13军攻占阿雷佐。在最初的进攻中，第13军未能获得成功，他们后来花了几天时间侦察德军防线的薄弱环节。第6装甲师下属第26装甲旅的坦克向阿雷佐城方向开进大约5千米，第4印度师也取得了一些战果。

印度人的英勇事迹

7月10日，奈克·亚施旺特·加特奇率领第5"马拉他"轻步兵团的一个分队作战勇猛，死后被追授"维多利亚十字勋章"。嘉奖令上写道："他冲向一个重机枪阵地，投掷了一枚手榴弹，炸死一个敌人，又用枪射杀其余两个敌人。最后，他被敌军狙击手打死。不过，此时的他已经单枪

↓这些疲惫不堪的德军战俘正被押运到后方。路旁，一群休息的英军官兵饶有兴趣地看着他们

匹马夺下了阵地。在这种九死一生的环境中，他表现出的勇气、决心与奉献精神令人敬仰。"

此时，战局已经非常明朗，要想击败阿雷佐周边的德军，必须增派部队。亚历山大将军不得不派出原计划留作进攻"哥特防线"的新西兰第2师。新西兰将军柯克曼到达后，对阿雷佐镇最后的进攻就开始了。

英军第6装甲师和新西兰部队从西面向城内发动攻击。德军只作些微抵抗，就于15日晚上撤退。第6装甲师下属第26装甲旅随即向北推进6.4千米到达阿尔诺河。16日晚之前，英军坦克和新西兰士兵已经完全渡过阿尔诺河，到达距佛罗伦萨只有40千米的地方。凯塞林在阿雷佐的抵抗，为"哥特防线"的防御工事赢得10天的建筑时间。渡过阿尔诺河之后，第8集团军就可以打通罗马向北的铁路线，建立一个稳固的军事基地，从而向亚平宁挺进。

精疲力竭

盟军突破"特拉西梅诺防线"到达阿尔诺时已是精疲力竭。克拉克已经充分意识到这一点，他在表扬查尔斯·莱德将军在指挥第34师的出色表现之后，就让查尔斯·博尔特接替了他的职务。第1装甲师师长欧内

斯特·哈蒙将军也被弗农·普理查德将军接替。7月12日，盟军在意大利北部向德军发起旨在切断德军补给线的"马洛里少校"行动，同时轰炸了波河上19座桥梁。尽管几乎每座桥都被盟军炸毁，但高效率的德军工程兵在几天之内就恢复了补给线，还征用无数的船只过河补给，主要铁路线也恢复运转。

第5集团军留守阿尔诺河，相当于一个师的巴西远征军和由非洲和美洲部队组成的美军92步兵师随后赶到。按照7月底的一个命令，所有的法国部队调离了第5集团军。

7月初，越过"特拉西梅诺防线"之后，第8集团军继续向前推进，第13军则沿着阿尔诺峡谷直攻佛罗伦萨。南非第6装甲师在阿尔诺河附近山区遭遇德军精锐部队。到了7月20日，绝大部分英军部队和坦克已经渡过了阿尔诺河。

佛罗伦萨近在咫尺

第二天，第13军展开了一个长达两周的行军，旨在抵达佛罗伦萨以西距阿尔诺河11千米的地方。在新西兰军占领2号公路旁边的高地后，德军就失去了可守之地，开始大面积撤退。8月3日夜间，南非第6装甲师从南面逼近佛罗伦萨，第2天就到达了阿尔诺河。8月4日，新西兰部队已到达佛罗伦萨。一周后，凯塞林将军下令莱梅尔森将军撤退。

↑美军第3步兵师的一名二等兵携带着他的全套装备：M1步枪、刺刀及挖掘工具。第3步兵师参加了在意大利境内和法国南部的军事行动

佛罗伦萨闻名于世，是西方文化的摇篮，拥有许多世界级的艺术珍品。现在，当20世纪战火熊熊燃烧时，这一切都处在极度危险之中。早在6月23日，凯塞林就宣布佛罗伦萨是不设防城市，并通过罗马的梵蒂冈教廷向盟军转达了这一信息。然而，为了逃命，凯塞林不得不下令炸毁佛罗伦萨旁边阿尔诺河上的5座古桥，只有著名的韦奇奥老桥得以幸免。为了堵塞道路，桥两头的房子还是被德军摧毁了。此外，被德军摧毁的桥梁中，有两座桥是三圣桥和感恩桥，前者建于14世纪早期，被认为是文艺复兴时期最具艺术性的桥梁之一，后者建于1237年。为了保险起见，米开朗基罗和波提切利的代表作从博物馆转移出去，很多遭到纳粹党徒的劫掠，运抵德国后成了希特勒和德国空军元帅赫尔曼·戈林的个人收藏，损坏在所难免。一些艺术品就这样消失了。有几件作品，如保罗·韦

内齐亚诺的《圣母与圣子》、米开朗基罗的《微笑的牧神面具》及桑德罗·波提切利的《圣徒塞巴斯蒂安》也不翼而飞了。

在作出不进行任何抵抗就放弃佛罗伦萨的决定之前，凯塞林反复斟酌了自己有限的选择。美国陆军官方史料这样记载："如果盟军在到达'哥特防线'之前，不遇到德军一系列抵抗的话，凯塞林将面临年底之前在波河河谷遭遇盟军的危险。他下令在比萨和佛罗伦萨不做抵抗，但同时指示在阿尔诺城和北亚平宁之间则寸土必争。这些命令显然相互矛盾，尤其是佛罗伦萨对于阿尔诺防线特别重要，放弃佛罗伦萨意味着阿尔诺河北岸的德军必将全线撤退。"

德军的恐惧

德军依旧在意大利半岛西线保持军力平衡，防止盟军可能发起的两栖登陆。8月初，德军情报部门判断，盟军有可能在法国南部登陆。8月15日，盟军在法国里维埃拉沿岸展开了"龙骑兵"行动，这多少让凯塞林松

↓这是一辆被摧毁的德军"象"式坦克歼击车，也叫"斐迪南"战车。这种由保时捷公司研发的反坦克车存在设计缺陷，虽然配备了88毫米大口径火炮，但速度较慢，性能不稳定

了口气。然而，对于凯塞林来说，当务之急是继续在阿尔诺河一线与敌军作战。在8月17日之前，德军在佛罗伦萨郊区的最后一批守军也沿着马格南运河撤出。

攻占佛罗伦萨有效地结束了意大利中部的战斗。阿尔诺城以北32千米处就是令人发怵的"哥特防线"，从盟军阵地望过去，可以看到远处亚平宁山脉稀稀疏疏的山峰。从罗马到阿尔诺城，在两个多月的战斗中，德军损失近6.4万人。在此期间，盟军第5集团军补充兵员1 800人，第8集团军补充兵员1 600人。亚历山大、克拉克和利斯将军均清楚地意识到，德军已经在忙着建立坚固的防线，阻止盟军进入波河谷地，试图把自己挡在阿尔卑斯山脉之外。

亚历山大挥师东进

为了突破阿尔诺河沿岸的德军防线，进而攻击"哥特防线"，亚历山

↓在意大利战场，英国第8集团军的士兵们正费力地从泥泞中往外拖拽一门反坦克火炮，试图用来瞄准德军碉堡

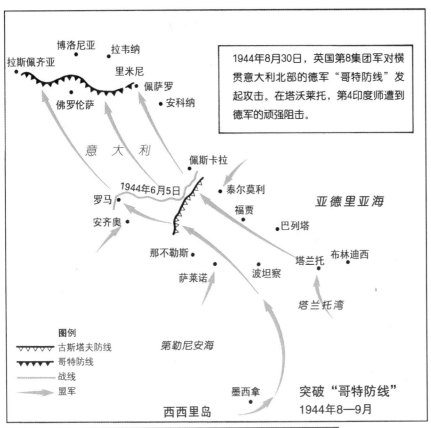

1944年8月30日，英国第8集团军对横贯意大利北部的德军"哥特防线"发起攻击。在塔沃莱托，第4印度师遭到德军的顽强阻击。

博洛尼亚　拉韦纳

拉斯佩齐亚

里米尼

佩萨罗

佛罗伦萨　安科纳

意 大 利

佩斯卡拉

1944年6月5日　泰尔莫利

罗马　福贾

安齐奥　巴列塔

亚 德 里 亚 海

那不勒斯　塔兰托　布林迪西

萨莱诺　波坦察

塔兰托湾

图例

古斯塔夫防线

哥特防线

战线

盟军

第勒尼安海

墨西拿　突破"哥特防线"
1944年8—9月

西西里岛

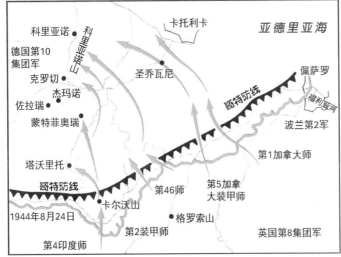

↑←"哥特防线"作战示意图

"哥特防线"是德军在意大利境内的最后一道主要防线，阻挡着盟军进入意大利北部的开阔地带。英国第8集团军集中火力攻击该防线的亚得里亚海沿岸地段

科里亚诺　科　卡托利卡　亚 德 里 亚 海

德国第10集团军

克罗切　圣乔瓦尼　佩萨罗

哥特防线

杰玛诺　福利亚河

佐拉瑞

蒙特菲奥瑞　波兰第2军

哥特防线

第1加拿大师

塔沃里托

第46师　第5加拿大装甲师

哥特防线

卡尔沃山

1944年8月24日　第2装甲师

格罗索山

英国第8集团军

第4印度师

大考虑最好是让盟军从乡村地带快速推进。在8月份的近三周时间里，亚历山大对兵力进行了重新部署，让第8集团军主力从意大利半岛中部转到地形较为平坦的亚得里亚海沿岸。在他看来，此举很有必要，因为自己最好的山地作战部队——法国远征军已奔赴法国南部战场，第8集团军通过攻击沿海的里米尼，把德军火力从第5集团军阵线上引开，而后由第5集团军撕开"哥特防线"，进入波河峡谷，攻取博洛尼亚城。

但是，再次进攻的时间正在逐渐缩短。无论是军队高层还是普通士兵，罗马南部山区那令人绝望的冬天依旧令他们刻骨铭心，过不了几天，秋季大雨也将如期而至。

美国陆军的官方历史记载，"陆军元帅凯塞林下令死守'哥特防线'。经过几个月的筹划和准备，这道防线已经建成，一些作战经验丰富的德军师已经进驻。在德军身后，就是意大利北部内陆地区，那里农产品丰富，工业发达，是墨索里尼构建的法西斯王国的最后堡垒"。

很显然，德军将会再次顽抗到底，而这次是在亚平宁山区北部的山峰与绝壁之间。在战争中，德军遭遇了各种各样的困难，放弃了大片的土地，丢弃了重要的武器、装备和人员，但令人不可思议的是，他们依旧秩序井然，表现出了相当职业化的作战能力。凯塞林借助环境因素成功地把盟军阻挡在了亚平宁山脉之外，让他们在那里度过了一个漫长、疲惫、寒冷的冬天。

←1944年8月，英军装甲车、运输车和摩托车在盖斯镇的街道上行进。在意大利境内，狭窄的道路使得盟军推进缓慢

9

突破 "哥特防线"

"哥特防线"是德军阻止盟军进入开阔的意大利北部平原的最后一道屏障，突破这道防线无疑将是一场硬仗。

在意大利战役正式打响之前，德军高层就初步打算在意大利北部亚平宁山脉建立一条坚固的防线。当时，人们尚不能理解建立这道防线的意义，认为它应当是德军在意大利战场防御体系的有效组成部分。如今，对此的合理推论应为第三帝国正在败退。

亚平宁山脉的北部是平坦的波河河谷和伦巴第平原。在这种地形条件下，现代化武器可以充分发挥优势。驻意大利北部德军总司令凯塞林将军的前任——埃尔温·隆美尔陆军元帅曾经主张在更加靠北的阿尔卑斯山脉建立防线，这是因为在那里，一战期间的战壕和防空洞仍然可以使用。然而，为了从战略上压制盟军从波河河谷发起的攻势，必须在亚平宁山脉建立起一道防线。此外，意大利北部唯一一条便捷的东西走向的公路——9号公路可使德军快速转移。

临近1944年夏季即将结束时，德军处于撤退或全线防御状态已经快两年了。自阿拉曼战役失败后，德军被赶出了非洲大陆，被迫放弃西西里岛并转向意大利本土。其间，德军人员损失惊人，无法完全补充所损失的兵力。由于英美军队在法国战场上保持压力，再加上苏联红军正从东部逼近德国本土，驻意大利战场的德军部队的坦克和其他车辆的补给也跟不上。

←←在一辆"戴姆勒"装甲车的引导下，一支英军车队行进在蜿蜒曲折的山路上。德军试图在这种地方实施阻滞战术，但在盟军的强攻面前不得不后撤

"哥特防线"

　　"哥特防线"虽然已经获准修建，但凯塞林仍然把注意力集中在防线以南的战场上。直到1944年春季，德国准军事的建筑机构——托德组织的工兵和劳工人员才加快了建设进度。此外，德军还从意大利各地抓来平民壮大建设队伍，加速建设横穿亚平宁山脉和弗格里亚山谷、西至拉斯佩齐亚、东至亚得里亚海沿岸港口佩萨罗的长达322千米的坚固防线。

　　此时，德军部队的任何调动均在英美海军的攻击范围之内，制空权也牢牢掌控在盟军手中。驻福贾基地的美军第15航空队每天都对意大利北部的德军基地发起空袭。至1944年春，第15航空队的兵员多达5万多人，1200多架重型轰炸机（其中多数为B-17"空中堡垒"和B-24"解放者"

↓1944年10月，美国第5集团军占领了距离博洛尼亚20英里的蒙希多洛镇，这是该集团军的工兵们正在探测地雷。博洛尼亚是意大利北部的交通枢纽

重型轰炸机）投放了成千上万吨的炸弹。

如今，德军将领之中的现实主义者不再抱有胜利的幻想，但他们决心让盟军为每一寸土地付出高昂的代价。相反，盟军高级将领则希望突破"哥特防线"，在冬天来临之前快速进入波河河谷。盟军面临着补给物资和人员的短缺，幸运的是，他们占领了利古里亚海沿岸的来亨港和亚得里亚海沿岸的安科纳港，这些港口离前线只有56千米。这样一来，盟军就有可能持续高效地突破"哥特防线"，进而向北快速行进。

在8月份的前两个星期内，波兰第2军强渡东部的梅托罗河，与此同时，盟军战机对德军发起了400多次的突击。最终，波兰军队大败德军第278步兵师，击毙对方300人，将其驱赶至梅托罗河对岸。

8月25日，第8集团军、第5集团军和加拿大第1军迅速渡河，继续前进。三天后，德军将第76装甲军和L1山地军撤入"哥特防线"。

格里多弗镇

第8集团军向佩萨罗快速推进，从东侧包围"哥特防线"上的佩萨罗港。第26装甲师包围了格里多弗镇，几小时后英军也赶到了。汉普郡第4团第1营的诺顿中尉因在8月31日的进攻中表现突出，荣获一枚"维多利亚

↑这些受伤的德军伞兵战俘在被送到盟军后方之前稍事休息。在意大利战场上，德军空降部队作战顽强，寸土必争

↑这是一名全副武装的英军皇家廓尔喀步兵团一等兵，他手中拿着的是一支美制"汤姆森"冲锋枪，这种枪也曾经在一战期间使用

十字勋章"。在战斗中，他率领手下一口气攻占了数个堡垒。

汉普郡第4团的战斗日志中写道："依靠他敏捷的洞察力，诺顿中尉孤身一人突入敌军阵地，一连攻下几个敌军坚固支撑点……他用手榴弹袭击第一个机枪点，消灭了三个敌人。接下来，他孤身冲往另一个有两挺机枪、15名德军步兵的驻点。经过10分钟的激战，他用冲锋枪打死了两名机枪手，俘虏了其余人员。随后，诺顿中尉顶着敌人的炮火带领一队人马冲向一所房子，搜查了地窖和房间，俘虏了更多的敌人。其余敌人四处逃散。在战斗中，诺顿中尉受伤并严重失血过多，身体十分虚弱，但他仍然沉着指挥部下占领了其余的敌军驻点。"

后来，诺顿中尉被送到战地医院。极为巧合的是，奉命前来照顾他的护士竟然是他的孪生妹妹，第二天就是他们两人共同的生日。

9月2日，在佩萨罗港，波兰军队从侧翼成功包围了德军。与此同时，加拿大军队成功占领了佩萨罗港，并从第26装甲师和第1伞兵师之间穿过。第二天，第8集团军突入德军阵地16千米，对亚得里亚海沿岸地段的"哥特防线"构成威胁，这就使得德国人数月来的努力似乎毫无效果可言。第8集团军的进军速度令人吃惊，俘虏了4 000名德军人员。鉴于这种情况，特劳戈特·赫尔将军下令德军第76装甲军沿着科里亚诺山脊构筑起一道防线。

打开天堂之门

第46步兵师和加拿大第1军用了三天时间攻打科里亚诺岭，但在防守顽固的德军面前，无法取得进展。自9月3日起，持续一周的滂沱大雨进一步阻碍了第8集团军的攻势。在科里亚诺岭的后面，就是圣福尔和里米尼镇这两个重要据点。英军希望在控制里米尼镇之后，攻占罗马格纳平原，利用那里坚硬的路面进行坦克作战。然而，天气似乎与盟军作对，由于长时间的大雨浸泡，地面已经松软不堪，坦克无法行进。

第8集团军开始进攻时，凯塞林将军开始有点迟疑，而后才调拨援军前去阻击盟军。随后的形势迫使他从"哥特防线"中部调拨部队沿着9号公路东移，阻止盟军对亚得里亚海前线的进攻。亚历山大将军的远见卓识令人钦佩，他准确地预见了战事的转机和第5集团军能够对薄弱的"哥特防线"中心地段给予致命一击的机会，这个地方位于佛罗伦萨以北不到32千米的地方。

　　事实证明，第5集团军穿过阿尔诺时，那里只有少量德军防守。比萨（著名的斜塔之都）于9月2日被攻陷。第2军和第8军继续向前推进，只留下第4军来对付65号公路沿线的德军的抵抗行动。克拉克经过权衡后认为，有两条路线可以攻打"哥特防线"——65号公路上的弗塔隘口以及东边10千米处的吉奥戈隘口。德军相信盟军一定会选择该地区最好的公路进攻，所以就在弗塔隘口重点设防。

"哥特防线"被突破

　　克拉克推断从吉奥戈隘口进攻可以一举多得，他的部队不但可以从翼侧包围弗塔隘口，攻下8千米外的菲伦佐拉，然后折回65号公路继续前进，还可以经由伊莫拉赶往佛罗伦萨以北97千米处的博洛尼亚，这里也是通往波河河谷的通道。同时，他也希望能够得到英军对于进攻博洛尼亚的

↓德军138/1型"野牛"突击炮使用了捷克设计的底盘，配备1门150毫米口径榴弹炮，乘员4人。该型火炮从1943年开始生产，一直持续到战争结束

协助。

9月12—13日，第5集团军逼近"哥特防线"，守卫吉奥戈隘口的只有德军第4伞兵师第12伞兵团。第4伞兵师的其他两个团则被调往弗塔隘口进行防守。切利山是位于吉奥戈隘口左侧长达930米的高地，阿尔图兹山则是位于吉奥戈隘口右侧与切利山高度相当的山峰。攻占这两处高地，将最终打开吉奥戈隘口。

9月13日，盟军第91师第363步兵团的两个营冒险从西侧攀登切利山，途中遭遇德军迫击炮和轻武器的猛烈攻击。因地形不利，加上敌军的顽强抵抗，第5集团军的2.6万多人的先头部队不断减员。在战斗中，一个连的盟军部队被德军炮兵所压制。借助夜色的掩护，一名军官率领六名敢死队员匍匐前进，去侦察敌人的据点。第二天，美军使用精准的155毫米榴弹炮将敌军消灭。接下来，该连队向前挺进，捉住了五名失魂落魄的德军，最先突破了"哥特防线"中段。

作风顽强的德军伞兵师发动了数次猛烈反击。其中，有一次，盟军的约瑟夫·希格登中士手握一挺轻机枪从掩体中跃出，进行猛烈扫射，迫使德军后退。然而，在距离己方阵地27米的地方，他中枪倒下了，在医护兵尚未到达之前就牺牲了。

盟军一等兵奥斯卡·约翰逊原本是一名迫击炮手，当所有炮弹打光后，他拿起了步枪。到9月16日下午，约翰逊所在班的6名士兵先后牺牲或负伤，他就把阵亡战友的枪支弹药收集起来，整夜死守所有据点。他的荣誉勋章证书中写道：

→一支美军行刑队正在对被判处死刑的俘虏行刑。在战争期间，像这种在野外对俘虏执行死刑的情况并不多见

→截至1月中旬，英国第8集团军攻下了拉韦纳，却被面前的科马奇奥湖沼泽地带挡住了去路。但是，第2突击旅随后发起的攻击行动总算打开了一条主攻通道

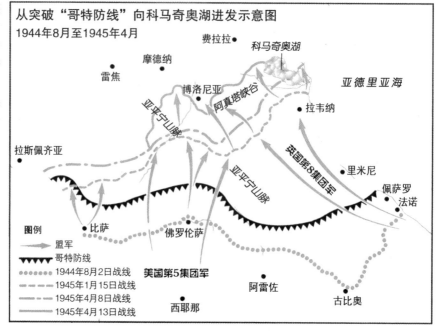

从突破"哥特防线"向科马奇奥湖进发示意图
1944年8月至1945年4月

"……9月16日夜，敌军对B连发动了最猛烈的进攻……敌军的迫击炮向他轰炸，机枪扫射战壕的掩体，约翰逊岿然不动，用手榴弹和轻武器进行反击。他一夜未眠，保持高度警惕，击退了所有的进攻。9月17日，25名德军向他投降……20名德军死在他的阵地前方。"

后来，人们发现B连一共歼灭了150名德军，其中仅约翰逊一个人就消灭了40多个敌人。在B连，75%的战士牺牲了。截至18日攻克蒙蒂切利之前，B连的有生力量减少至50人。就在第363团在切利山奋战的同时，第338团也打了5天的硬仗，最终攻下了阿尔图兹山。在6天的战斗中，美军3个师共计死伤2 731人。9月17日夜，莱梅尔森将军下令第1伞兵师撤离"哥特防线"，同时也放弃了弗塔隘口。

韦格勒的荣誉

9月14日，第34师第135步兵团的托马斯·韦格勒少尉奉命率部发起佯攻，牵制弗塔隘口的德军前往增援吉奥戈隘口。在法拉西诺山附近的战斗中，韦格勒少尉孤身一人引开敌军火力，然后冲进一所房子里将藏匿在里面的德军逐出，接着又冲进第二所房子将敌军击毙。当手下的士兵们找到

他时，他倒在第3所房子的地窖的楼梯上，鲜血汩汩流淌，德军就躲藏在地窖中。几分钟后，36名德军从地窖中爬出来投降。由于作战勇敢，他被追授一枚荣誉勋章。

9月13日，在海空军兵力的支援下，英国第5军和加拿大第1军重新对科里亚诺岭展开了进攻。加拿大第1军下属的第29装甲师爱尔兰团派出一个营的兵力，在科里亚诺镇展开了逐户搜查。第二天，加拿大军队挺进到距离玛里亚诺河南岸的山脊北部3.2千米处。德军第10集团军两翼严重受挫。

19日，加拿大军队继续前进，攻占了圣福塔纳托岭。天气再一次对战事产生影响，加拿大装甲部队停滞不前。在前线其他地方，洪水和泥浆使得盟军的整个进攻计划减速。但无论如何，圣福塔纳托岭的失守，已经使得德军不可能再继续防守里米尼小城了。

↓在意大利北部亚得里亚海沿岸，英国第8集团军正在蒙达伊诺附近的山区地带行进

放弃里米尼

↓ 蹲在Ｐ－51"野马"战斗机机翼下合影的非洲裔美国战斗机飞行员。在战斗中，担任护航任务的第332战斗机大队非常出色地保护了盟军的轰炸机编队

9月20日，赫尔将军将他的部队从里米尼城中撤出，并没有破坏2 000年前罗马皇帝泰比里厄斯统治时期修建的横跨马克西亚河上的石桥。当加拿大军队和希腊第3山地旅开进里米尼城时，修建于公元前27年的奥古斯都凯旋门依然屹立在废墟之中。

凯塞林后来在日记中写道："我有一个可怕的预感，我们将全线溃败。"

加拿大坦克开到罗马格纳平原上后，他们发现连绵不断的大雨已经把那里变成一片沼泽。亚历山大还曾打算在7月底之前跨过这一地带，但显然无法如愿。在26天的时间里，第8集团军仅仅向前行进了48千米。"这个平原我们期盼已久，却如此难以对付。"他写道，"到处是泥泞和水坑。"

对于在吉奥戈隘口的选择，克拉克权衡后认为，进军伊莫拉能够支援英国第8集团军沿着9号公路在里米尼城北部的战事，并能够切断德军的退路。第88师沿着柏油路进入圣特诺河河谷，奉命夺取里奥城堡高地，并在到达伊莫拉镇之前夺取城外的十字路口。由于德军加强了第10和第14集团军之间的薄弱地带的兵力部署，加上天气恶劣，美军虽然进行苦战，却收效甚微。德军第362师和第44帝国掷弹兵师各派出1个营，死死据守着里奥城堡。尽管如此，第350和第351步兵团仍然设法攻下了该地区的几个高地，迫使德军撤退。此外，第350步兵团还占领了附近的巴塔格里亚山，但很快就遭到了德军的猛烈反攻。

↓一个阵亡在哥特防线上的德军士兵。在罗马以北，盟军摧毁了几处尚未完工的坚固支撑点

↑这名德军战俘正在狼吞虎咽地吃东西。随着盟军向波河谷地的逐步推进，德军战俘的数量也稳步增加

进展缓慢

然而，恶劣的天气阻碍着第4军的前行步伐，也延缓了第2军和第13军向东开进的脚步。得不到空军的支援，第5集团军面临的形势开始变得和第8集团军一样，只能渐渐放缓脚步，直到停滞下来。与此同时，德军利用这一间歇充分部署他们所得到的增援部队。克拉克将军意识到自己对伊莫拉的攻击行动并没有达到牵制第8集团军正面的德军兵力的目的，因此决定放弃进攻伊莫拉，命令第5集团军集中兵力向博洛尼亚挺进。

临近月底，第2军在65号公路沿线的阵地离博洛尼亚只有39千米，而英军距巴塔格里亚山的波河河谷只有16千米。在此情况下，克拉克将军不得不考虑其整体布局。此时，第13军的三个师已经深入圣特诺河河谷27千米，第4军的战线绵延长达80千米，但无论哪一支部队都无法快速前行。此外，克拉克开始认识到有必要让第1装甲师退出战场进行休整。这样一来，德军就可以利用秋冬天气对盟军作战计划的不利影响，抓紧时间调动兵力加强防线中的薄弱环节。

在意大利战场上，经常出现这样一种场面：盟军的目标看起来是那么接近，事实上却又那么遥远。克拉克将军提到，"我登高远眺，第一次看到眼前的波河河谷和远处被皑皑积雪覆盖的阿尔卑斯山脉。我感觉，我们的目标是那么的近"。

事实上，对于亚历山大将军来说，9月份也是该作出决定的时候了。美国陆军第二次世界大战历史记载："9月份，尽管盟军第5集团军和第8集团军均取得重大进展，突破'哥特防线'进入波河河谷，并沿9号公路向西北方向推进，此时从里米尼到切塞纳东部据点只有17英里，但距离歼灭波河南岸的德军第10集团军并把第14集团军逼向河北岸这一原定目标相去甚远。糟糕的天气，加上此前的战斗所造成的兵力损耗，使得亚历山大将军觉得这一目标不可能很快实现。"

美国陆军历史继续写道："9月21日，亚历山大向帝国总参谋部报告称，尽管在意大利的盟军部队使得敌军损失惨重，但自身也付出了重大损失。他接着指出，由于当地的山势及罗马格纳平原的地形条件，盟军要想取得胜利，就需要拥有三倍于当前的兵力。鉴于盟军部队近期内不可能达到这一目标，亚历山大相信年底前取得意大利战场的决定性胜利已不

↓ 1944年9月，这个奉命据守某处路口的德军士兵正全神贯注地观察面前的情况。尽管战争的结局显而易见，但德军部队仍然顽强抵抗，毫不松懈

现实。这一结果，早在8月份就被美军总参谋长马歇尔将军预料到。五天后，在给战区总司令的信中，亚历山大再次提到了这一话题。信中说道：'问题在于，相对于敌军，我军兵力太弱，不可能取得突破，除非敌军出现自我崩溃，但没有任何迹象显示会这样。'"

主攻博洛尼亚

10月1日，在保持对博洛尼亚推进势头的同时，凯斯将军的第2军向着疲惫的德军第4伞兵团和第362装甲炮兵师再次发起进攻，在其后的四天里向前推进了6.4千米。冬季的冰雪天气即将到来，为争取时间，美军加快了作战节奏，不但俘虏了900名德军士兵，自身也伤亡了1 734人。10月5日，第91师加入战斗，占领了卢阿诺镇和卡斯特莱利高地。战斗进展异常缓慢，在接下来的四天里，第2军主力向前仅仅推进了5千米。

此时，德军撤退到了里弗纳诺山，占据了一处很好的防御阵地，准备从"哥特防线"北段发起反攻。鉴于里弗纳诺山会对65号公路的一部分地段构成威胁，凯斯将军将主力部队部署在公路东段第85师所在区域。高约650米的福尔米奇山在通往里弗纳诺山峰的路上，在炮兵和空中火力的支援下，第338步兵团占领了这座高山并俘虏了53名德军士兵，成功打退了德军的反攻。但在接下来的三天里，他们仅仅前进了1.6千米。在第338步兵团的一个营的掩护下，再加上来自第339步兵团的增援，第337步兵团夺取了578号山地。然而，截至此时，第85师再也无力向前推进了。

第88师的两个营苦战三天，终于在德军防线上打开一道缺口，进而渡过西拉罗河与第85师会合。第91师利用高达558米的两个天然山口，成功拖住了驻守里弗纳诺山的德军。在这两个山口之中，一个下方有一条通向65号公路旁边的里弗纳诺镇的大道；另一个下方是一条深达1.6千米的山谷，山谷西面是比加罗镇。

10月9日，第91师开始向这两个小镇进军，但遭到德军的突然袭击，进攻里弗纳诺镇受阻，无法按照预定时间完成任务。为抢回失去的时间，一支连队被派出去担任先头部队。不料，该连队遭到德军两辆坦克的猛烈轰击，盟军人员被困在镇子中，几乎所有人被俘，有10人躲藏在猪圈里才得以逃回盟军阵地。在比加罗镇附近，第361步兵团的两个连被牢牢困住无法突围。直到10月13日得到增援后，他们才爬上了里弗纳诺山，占领592号山地，并从两侧围攻里弗纳诺镇，德军被迫撤出。

→→美军第752坦克营的M4A3型"谢尔曼"坦克行进在比萨城附近的一条道路上。在战争的最后几周，盟军编队在意大利北部地区快速推进

南非军队的进攻

第5集团军开进到距博洛尼亚16千米的地方，由第34师轮换下了第85师和第91师。10月上旬，南非第6装甲师推进到第4军的右翼。与此同时，第78师会同第5集团军继续在圣特诺河河谷艰难前进。10月13日，南非军队发动了自阿拉曼战役以来最猛烈的进攻，占领了682米高的斯坦科山，俘虏了德军第94掷弹兵师和党卫军第16装甲掷弹兵师的100名士兵。

罗马格纳平原上河网密集、沼泽遍地，第8集团军的行进速度日益缓慢。10月1日，利斯将军把第5军的指挥权给了麦克里里将军，自己准备前往缅甸指挥当地的英军部队。麦克里里决定向西推进到亚平宁山脉脚下，派遣波兰第2军下属的第5师和第3师向9号公路推进。波兰军队攻下格罗索山后，继续向拉比河上的新普利达皮奥进逼，并于10月26日攻入该镇，随后遭到德军的反击。第二天，波兰军队牢牢控制了这个小镇。在过去5天里，波兰人前进了10千米。

几乎就在同时，第5军开始向切塞纳和萨维奥河进军。第3步兵旅下属的卡尔顿团和约克团在攻占9号公路后，也开始向切塞纳进军。10月19日，第46师和加拿大第1军分别从南部和西南部进入该镇。10月21日夜间，加拿大军队开始强渡萨维奥河。在这次战斗中，欧内斯特·阿尔维亚·史密

↓在"哥特防线"附近，英军炮兵正在搬运和堆放弹药箱。盟军在意大利战场上总共发射了一百多万发各种口径的炮弹

斯获得了"维多利亚十字勋章"。

　　史密斯是加拿大奥尔巴尼公爵团的一名下士。在带领反坦克炮兵穿过一片开阔地带时，他们遭遇了德军三辆坦克和至少30名步兵的阻击。交战中，史密斯发射一枚反坦克炮击中敌军一辆坦克，同时击毙了几名向他扑来的德军士兵。接下来，他对受伤的战友进行急救，并坚守阵地直到援兵来到。

　　截至10月底，第8集团军的战线从亚得里亚海沿岸开始，沿着罗科河展开了48千米，队伍此时已经精疲力竭。尽管麦克里里将军手里还有两个师（英军第1装甲师和56师）作为预备队，但这两个师由于缺乏人员及物资补充，几乎毫无战斗力可言。第46师已经撤离防线，印度第4师也被调往希腊战场。

　　第5集团军仍在继续艰难行进。10月16日，担任第2军左翼的第34师从弗尔米奇山出发向北推进。与此同时，第91师也沿着65号公路向前进攻。这两个师均遭到敌军的反攻，凯斯将军命令他们采取"进攻性防御"战术。10月19日，为了突破9号公路，第88师投入双倍兵力，加上海军舰炮

↑1944年10月，印度士兵赶着骡马穿过已经沦为废墟的里米尼镇。鉴于意大利崎岖不平的地形条件，骡马成为一种最方便的运输工具

火力支援以及第22战术空中司令部的战斗轰炸机每15分钟一个波次的空中
轰炸，盟军轻而易举地攻下了格兰德山。22日，第85师也加入了战斗。

德军反攻

在大雾的笼罩下，568号高地被轻易攻下。然而，大雾也隐藏了德军
第90装甲掷弹兵师的行踪。第88师第351团先后两次打退了德军的袭击。
随后，第351团的G连占领了东北2.4千米处的韦德里亚诺镇，并俘虏了40
名德军士兵。另外两个连队由于遭到德军的炮火攻击，未能到达该镇。下
午时分，德军派来一名信使，要求释放当天的40名俘虏作为G连的撤退条
件，但这项提议遭到盟军的拒绝。盟军根据截获的一封德军电报判断该镇
已被德军占领，同时有80名美军被俘。

10月26日上午，第351团的另一个连遭到德军袭击，所有人员被包
围，只有一人逃出。这样一来，进攻韦德里亚诺镇的努力再次受挫。由于
伤亡惨重，加上物资补给紧张，弹药必须定量配给，克拉克授权凯斯将军
下令部队挖掘战壕进行防御。在第4军的阵线上，巴西远征军下属的第6团
级战斗队占领了巴尔加。12月12日，连续经过两次失利后，第92师第370
步兵团终于牢牢占领了卡乌拉山。第5集团军的进攻暂时告一段落。

←←一名陆军野战炮
手正在瞄准马拉迪镇
附近的一处目标。佛
罗伦萨距离此镇不
远，当盟军中的南非
部队在1944年8月占
领这座城市时，它早
已是满目疮痍了

↓1944年10月，英军
第8集团军士兵正在
清理一辆"谢尔曼"
坦克周围的淤泥。滂
沱大雨以及德军蓄意
排放的洪水在一定程
度上减缓了盟军的进
程

←一名腰挎廓尔喀弯刀的廓尔喀士兵正用一支"汤姆森"冲锋枪瞄准向他逼近的德军士兵。在意大利战役期间，廓尔喀士兵表现英勇

尽管前进的道路困难重重，盟军的推进步伐仍然超过了前一年在德黑兰制定的目标，他们实际上已推进至比萨到里米尼防线以北地区。

一想到第2军的进攻落空，克拉克将军就抑制不住失望的情绪："当时，我们没有意识到这一后果，未能在冬天到来之前抵达波河河谷。我们的兵力不足，无法撕破德军紧守的防线。"

凯塞林溃败

德军同样面临着物资补给方面的严重短缺。10月份，由于莱梅尔森生病，森格尔暂时代行其职，德国C集团军群的指挥问题变得十分复杂。10月23日，在一次巡视中，由于山区大雾弥漫，路上散布着各类废弃的武器弹药，凯塞林元帅乘坐的指挥车撞上一枚炮弹，不幸身受重伤。他被送往战地医院紧急救治，后来又转移到费拉拉的另一家医院进行休养，直到第二年2月份才重新掌握指挥权。此时，维廷霍夫将军开始指挥C集团军，康复后的莱梅尔森从第10集团军调到了第14集团军，而森格尔又一次离开第14装甲军到了第14集团军。

亚历山大曾考虑让第8集团军穿越亚得里亚海，对驻扎在意大利北部的德军形成两面夹击之势。如果他能够调遣足够兵力进入南斯拉夫占领希贝尼克、斯普利特和扎达尔港，那么到了2月份，第8集团军主力部队就能够轻而易举地通过这些港口快速占领阜姆和卢布尔雅那市。这样一来，德军就不得不进行野外作战，而这一结果对英军有利。亚

↓这些德军伞兵走出所藏身的山洞，正准备进入意大利北部的防御阵地。德军伞兵师虽然装备简单，却不负他们所享有的"精锐部队"的盛名

历山大期望第8集团军在最后这轮攻势中至少能够牵制11个德军师，但他们必须首先攻占拉文纳作为根据地。

亚历山大把盟军在意大利的作战行动延长了一个月，即从11月15日延迟到12月15日，并命令麦克里里将军制订一项作战计划。首先，第4师和第46师将联合进攻67号公路上的交通枢纽弗利市，他们将得到第56师和波兰第5师的协同和支援。接下来，波兰军队从侧翼包抄了在弗利市的德军，迫使对方在12月8日夜间撤退。在弗利城东北10千米处，第12枪骑兵

团攻占了考科里亚，这是德军在罗科河上的最后一个坚固支撑点。

接下来，第5军迫使德军撤出法恩扎市。德军渡过两条河流后退守到拉蒙河河岸。随后的倾盆大雨，使得盟军不得不放慢了进军的脚步。波兰第5师继续向前突击，曾经一度占领弗尔蒂诺山，但又被德军赶了回来。11月21日，波兰第3师重新占领了弗尔蒂诺山，终于让人松了一口气。

步兵塔曼

11月10日，盟军一支巡逻分队沿着圣巴托洛山进行侦察时，与德军发生遭遇战，来自英国皇家廓尔喀步兵团的塔曼表现英勇，并在战斗中献出了生命，因而获得了"维多利亚十字勋章"。当时，塔曼正与队友们在一处斜坡上行进，发现德军一个机枪阵地正准备向己方开火，塔曼当即冲向敌军，没有耗费一枪一弹就迫使对方投降了。接下来，塔曼继续前进到达最高处，凭借着手中的枪支和手榴弹压制住一股德军，掩护己方小分队安全撤退。随后，塔曼继续孤军奋战，端着步枪杀进德军散兵坑。子弹打光后，他向敌军阵地投掷了两枚手榴弹，又顶着德军机枪的猛烈扫射，将两枚手榴弹投向敌军。他的英雄壮举为巡逻分队抵达安全地带争取了宝贵时间。

塔曼所获的"维多利亚十字勋章"嘉奖令中写道："此时，塔曼在后面掩护主力撤退，他一面向战友们高喊撤退，一面抓起步枪和弹匣再次向山顶跑去。他非常清楚自己的举动意味着死亡，但仍然站在山顶迎着呼啸而过的子弹，俯视着山下的敌军并向附近的敌人开火，直到打完两匣子弹。在塔曼的掩护下，战友们最终撤退到安全地带，他却献出了生命。毫无疑问，正是由于塔曼的英勇顽强和牺牲精神，战友们才得以安全撤退，同时也极大地减少了盟军部队的伤亡。"正是凭借着这支巡逻分队带回的珍贵情报，三天后，圣巴托洛山被盟军攻下。

正当第5集团军各个师疲惫不堪地在前线轮流作战时，迎来了5 000名巴西远征军的增援。12月初，克拉克将军继续酝酿着经亚平宁山脉北部再次进攻博洛尼亚的计划，但由于政局及战事的变化，这项计划随之发生改变。无独有偶，亚历山大将军打算在南斯拉夫登陆的计划也由于德军暂时占领南斯拉夫西部而永久搁置。与此同时，随着苏联红军的到来，铁托领导的南斯拉夫共产党游击队的实力得到加强。很显然，盟军将不会在达尔马提亚海岸受到任何欢迎。

→赶在1944年冬季大雪将至之前，美军士兵沿着一条狭窄的山谷向前行进。半山腰上是墙体涂成白色的民居

指挥权变动

正当进攻计划陷入困境时，11月下旬，盟军高层突然宣布进行指挥权调整，这次人事变动一直持续到12月中旬。当时，驻华盛顿的英国联合参谋代表团团长约翰·迪尔爵士突然去世，威尔逊将军奉命接替这个职务。这一调动随后引起连锁反应：亚历山大将军晋升为陆军元帅，并担任地中海战区司令官，克拉克将军晋升为第15集团军群司令官，特拉斯科特将军奉命从法国返回意大利战场指挥第5集团军。

12月2日，一番猛烈空袭之后，加拿大第1军顶着德军的顽强抵抗开始向拉文纳进军。在先头部队加拿大第5装甲师的协助下，第1军切断了16号公路，并于两天后占领了这座已经无人防守的城市。12月5日，加拿大第1步兵师在拉蒙河上成功架桥，波兰第2军随即渡河占领了河西岸的蒙特奇奥镇，并驻守在第8集团军左翼。一心要据守法恩扎的希特勒，允许维廷霍夫将军从拉蒙河附近受到威胁的阵地撤退，同时派遣第90装甲掷弹兵师和第98步兵师前往支援赫尔将军的第76装甲军。

12月10日，在法恩扎附近的战斗中，英军林肯郡步兵团第6营某连代理连长、陆军中尉约翰·亨利·康德·布伦特英勇作战，死后被追授"维多利亚十字勋章"。当天黎明时分，德军第90装甲掷弹兵师进攻盟军阵地，布伦特指挥部队英勇抵抗，击毙了14名德军士兵，掩护其余人员安全撤退。之后，他又回到自己所在的阵地协助撤离几名伤员。当天白天，面对德军的又一次进攻，布伦特站在一辆"谢尔曼"坦克车顶上朝着敌人开火，而后跳下坦克追击一股敌军，并将其中一些人击毙。不幸的是，第二天，他被一枚迫击炮弹击中身亡。

12月14日，第5军从三个方向进攻法恩扎，德军赶在盟军到达之前从包围圈撤出，第10印度师所属第43摩托化步兵旅在破晓时分进入该城。接下来，第5军面对德军的坚固防线和泛滥的拉蒙河河水，不得不停止前进。经过努力，工兵部队修复了9号公路上一座横跨拉蒙河的桥梁。截至12月份，加拿大第1军渡过拉蒙河并创建了3处桥头堡，迫使德军后撤至8千米外的西尼奥河防线。

↓1944年年底，这些德国兵凝视着意大利阿尔卑斯山脉的山峰，他们的前途如同眼前这个山区的冬季一样黯淡无光

反攻前的休整

此时，亚历山大并没有要求第5集团军向博洛尼亚乘胜进攻，而是命令他们停下来休息。据美国陆军官方历史记载："第8集团军从8月份以来一直战事不断，第5集团军从9月份以来也忙于战事，未曾进行任何休整。到了12月初，士兵们已经精疲力竭。面对疲惫不堪的士兵，亚历山大别无选择，只能命令暂停进攻。"

12月中旬，德军对于在法国和比利时境内的盟军部队发动了强大攻势，消息传到了意大利前线。就在这场后来被称为"突出部战役"的军事行动如火如荼地进行的同时，新上任的第5集团军司令特拉斯科特将军重新调整了兵力部署，以加强未经战事考验的巴西远征军和第92师的力量，协助他们保卫第5集团军的补给港口——来亨港等目标，防范德军可能发起的反攻。

第92师在抵达意大利之前就已成为人们争议的焦点。这支部队由黑人士兵和白人军官组成，士兵们的受教育程度低，多来自社会底层，白人军官也不愿意向这支队伍分配作战任务。因此，整支队伍只有第370团具有些许的作战经验。

12月26日，特拉斯科特最担心的事情还是发生了。在德军代号"冬季暴风雪"行动中，第92师的阵地失守。德军第285、第286步兵团部分兵力，第4阿尔卑斯营等部队向前推进8千米，占领了几个村庄，第92师被打得落荒而逃。其中，第366团稍作抵抗后也举起了白旗。这样一来，德军在这道防线上撕开了一个455米宽的缺口。截至27日，德军向前越过了巴尔加镇，在完成使命后开始撤退。26日，印度第8师的两个旅奉命前往拦截，几乎未遇任何抵抗，又收回了失地。

在德军撤退后，盟军决定将第5集团军进攻博洛尼亚的时间推迟到1945年春天，这是第4次也是最后一次推迟对德军的进攻。究其原因，部分是由于"冬季暴风雪"行动的成功实施。这样一来，第8集团军就驻扎在西尼奥河附近，而第5集团军也大致停留在10月底所待过的地方，他们很有可能将在意大利崇山峻岭之间的冰天雪地中度过这个严冬。如今，所有的进攻行动都已停止下来，盟军将尽一切可能进行休整，意大利战场的决战时刻即将到来。

10

意大利战场的胜利

随着战争逐渐接近尾声，盟军推进到了阿尔卑斯山。

　　美国第10山地师的到来，是一件特别值得介绍的事情。对于因连续作战业已疲惫不堪的第5和第8集团军来说，这支全新的步兵部队的加入不但令人振奋，更为重要的是，它在所有人心目中是一支非常精锐的作战部队。

　　1944年12月27日，第10山地师的首批部队抵达意大利战场。在此之前，这支部队从来没有参加过真正的战斗。可以说，第10山地师所拥有的"地位"并非来自于战斗实践，而是来自于军内外许多人的"凭空想象"。在三个专门进行冬季作战训练的山地师之中，第10山地师位居第一，在其配备的基本作战装备之中就包括专门的滑雪设备。

　　第10山地师的缔造者是查尔斯·多尔——美国国家滑雪巡逻队的创建者和负责人，正是他向美国国会建议组建一支专业的滑雪作战部队。1943年夏季，第10山地师在科罗拉多州的黑尔兵营正式组建，来自全美国的滑雪高手和冬季运动爱好者志愿加入其中。此外，队伍中也不乏当时世界上最优秀的滑雪教练和运动员，例如，曾在1940年赶着一队雪橇犬随同理查德·比尔德将军前往南极地区探险的马尔考尔姆·道格拉斯，世界滑雪跳高纪录保持者、出生在挪威的托尔戈·托克尔，以及约塞米蒂湖滑雪学校

←←盟军所取得的制空权，极大地限制了驻意大利德军部队在白天时的活动

校长、滑雪跳高运动员、奥地利人卢德维格·鲁吉·弗格尔等人。

滑雪部队

　　第10山地师的大部分官兵接受过良好的大学教育，或者来自比较富裕的家庭，有的人甚至与政界有着千丝万缕的联系。通常情况下，其他部队的官兵对于这些衣着光鲜的贵族子弟存在偏见。此外，由于第10山地师过分强调山地作战训练，其所装备的75毫米口径火炮的火力明显偏弱，无法与其他部队的105毫米和155毫米口径榴弹炮相提并论。因此，在战争最初

↓意大利战场上的盟军部队是一支真正意义上的多国部队。图中这支衣着笔挺的队伍来自巴西，他们正迈着整齐的步伐穿过那不勒斯的一条空旷街道

阶段，第10山地师坐了数个月的冷板凳，战地指挥官们都不太愿意使用这支部队。

在冰雪覆盖的意大利北部山区，也许是第10山地师这样一支山地作战部队大显身手的地方。然而，仍然有人公开质疑这些士兵是否会打仗，但他们很快就得到了强有力的回答。对于意大利战场上的盟军官兵来说，他们在第二次世界大战最后一个冬天的主要任务，就是如何在这片饱受战火蹂躏的土地上，克服战争、酷寒等一切艰难险阻，竭尽全力地生存下来。进入4月份，大规模的进攻作战再次开始，但由于博洛尼亚作为交通中心的战略重要性已经不复存在，这座城市因而不再成为首要的进攻目标。接下来，盟军第5和第8集团军进行大跨度的弧形推进作战，切断了数千名德军的退路，顺道将敌军逐出了博洛尼亚。

当时，面前出现的越来越多的山川、沼泽和德军，令盟军众多的指挥官忧心忡忡。为了保持士气，他们选择了主动进攻。表面上，弹药的严重短缺似乎得到了一定程度的缓解，但事实上，弹药储量远远不能满足作战需求，另有两万吨的弹药仍然远在那不勒斯。

这时，德国C集团军群也面临着严重的危机，尽管他们仍然控制着大量的山地防御要塞，并且沿着塞尼奥河进行防御，但处境日益艰难。在他们的背后，绵长的波河形成了一道天然的防御屏障，这在一定程度上能够迟滞盟军的春季攻势。然而，过于漫长的波河防线，也使得德国人很难进行长时间的防御作战。高耸入云的阿尔卑斯山脉，构成了一道令人生畏的天然屏障，在它的面前，任何一支军队也会望而却步。凭借早已构筑的防御阵地，德军也许能够暂时阻挡盟军的进攻步伐，但肯定无法坚持太久。

如今，对于德军士兵来说，他们进行战斗的主要动机并不在于什么理想或主义，而是保卫自己的祖国。在所有战场上，德军全线溃败。在西线，希特勒在阿登地区发起的冒险进攻，在1月底之前以失败而告终。在东线，苏联红军1月底之前渡过奥得河创建了一处桥头堡阵地，此处距离柏林不到80千米。在1月份，德国C集团军群仅仅补充了5 600名新兵，同一时期的伤亡人数却接近14 000人，其中，死亡1 300人，7 700人冻伤或罹患呼吸系统传染病。

在第8集团军的阵地上，麦克里里将军命令第5军务必在1945年的第一周之内，拔掉德军在塞尼奥河东岸最后两个桥头堡。尽管在12月的惨败中退缩，但2月份，第92步兵师接到命令，要求巩固他们在塞尔基奥河谷地

的阵地，并夺取附近的山头。最初，美国人曾经占领了塞尔基奥河旁边的高地，但后来被迫放弃。在德军的一次反击中，美军一个整编营被打得溃不成军。接下来，第92步兵师取消了进行反击作战的打算。

"安可行动"

1944年冬季，盟军进行的唯一一次有限的进攻行动代号"安可行动"。当时，特拉斯科特将军认识到，第64号公路上有一段16千米长的路段，是穿越里诺河谷进入博洛尼亚的主要通道，但它的安全却受到德军占据的两处制高点的威胁。这两处制高点位于两道山脊上，海拔高度达930～1550米，它们正好位于第10山地师的作战地段之内，被称为里瓦山和托拉西亚山。如果能够拿下这两处距离波河谷地的高地，就可以增强第64号公路的安全防护力度，同时有可能夺取德军另外几个高度较低的山脊据点，打开通往山谷的第二条通道。

1945年2月18日午夜刚过，第86步兵团的攀岩人员携带着绳索和器具，在夜幕的掩护下，攀上了465米高的里瓦山。据事先侦获的情报显示，山顶上的防御兵力非常薄弱，因此，一个整编营异常轻松地抵达了目的地，途中几乎没有遇到任何抵抗。面对盟军突如其来的进攻，驻守在此

←美国陆军第10山地师的官兵沿着意大利境内的一条乡间小路小心翼翼地向前推进。在被冷落了数个月之后，第10山地师的滑雪部队终于派上了用场

的德军第232和第1044步兵团几乎未做抵抗，就缴械投降了。

　　就在同一个晚上，第85和第87步兵团也开始向贝尔韦德雷山移动，随后从两翼发起进攻。面对盟军的突然袭击，德军炮兵连还没有意识过来，第87步兵团就杀到了他们眼前。第85步兵团一路进展顺利，直到距离山顶273米的地方才遭遇抵抗，但很快便在几小时之内将其攻下。第二天，德军第714轻装步兵师，第1043和第232步兵团的部分兵力对贝尔韦德雷山发起反攻，但被第10山地师击退。2月23日，托拉西亚山也被盟军拿下。

　　第4军指挥官克里腾伯格将军获悉战况后异常兴奋，在发给第10山地师师长乔治·海斯的电报中，他这样说道："……你们做了一件非常了不起的事情，所有的眼睛都在注视着你们。现在，发球权在你们的手中！"

↓1944—1945年冬天，在阿尔卑斯山山脚下，德军官兵正在与皑皑白雪进行"战斗"。当时，有些德军指挥官甚至幻想着在这些崇山峻岭之间进行旷日持久的殊死抵抗

　　3月初，在巴西远征军的支援下，第10山地师夺取了达伊阿诺山、斯佩山和卡斯蒂利亚山，圆满完成了"安可行动"任务。在这次行动中，第10山地师共伤亡1 500人，其中阵亡309人。一名被俘的德军指挥官这样由衷地感叹道："我们不相信美国有太大、太高的山川，也不相信你们的军队能够攀越那么陡峭的悬崖！"

　　由特拉斯科特将军发起的有限的进攻作战，成功地将第4军和第2军的战线连接起来，为即将到来的春季攻势提供了一个非常难得的出发阵地。然而，他也非常清醒地认识到，盟军在2月份发起的一连串进攻，必将促使凯塞林元帅继续效法其在65号公路的做法，进一步加强德军在64号公路沿线的防御力度。鉴于这一原因，特拉斯科特下令暂停攻势作战，在接下来的数周内进行全方位的作战准备。

希特勒的召见

　　3月8日，凯塞林元帅奉命返回柏林面见希特勒。希特勒命令凯塞林接手指挥西线德军部队，希望他能够扭转1944年冬季阿登战役后不断恶化的西线战局。在东线，苏联红军正向柏林步步紧逼，预计在数周之内，作为德国首都的这座城市就将成为双方交战的前沿阵地。当希特勒要求凯塞林推荐一名继任者时，凯塞林摒弃前嫌，毫不迟疑地建议由维廷霍夫出任意

↓M24"霞飞"坦克配备75毫米口径火炮，是一种火力强大的轻型坦克，可用来进行突击作战。但由于M24型坦克问世太晚，未能来得及参加太多的战斗。1945年，配备该型坦克的美军第752坦克营抵达意大利北部战场，在同年2月的战斗中发挥了一定的作用

↑1945年4月，被德军称为"可怕的北欧海盗"的安德斯·拉森少校在科马基奥湖的战斗中英勇牺牲，后被追授一枚"维多利亚十字勋章"

大利战场最高指挥官。

在此期间，盟军高层一直在选择发起春季攻势的最佳时机，最终确定于1945年4月9日发起春季进攻作战。亚历山大将军所主张的战略与早先的进攻策略比较接近：首先，由第8集团军在科马基奥湖和阿真塔镇之间打开一个缺口，5天后，第5集团军将攻入博洛尼亚西北的波河谷地。接下来，盟军两个集团军将保持接触，并在邦代诺镇完全连成一线，同时积极进行首次穿越波河谷地的作战准备。根据计划，盟军整个作战行动都将得到来自地中海战略空军、第12战术空中司令部的空中支援。

在总攻正式发起前，盟军战线两端的战斗就已经打响了。在东侧，英军第2突击旅发起一场两栖攻击作战，渡过科马基奥湖并向前推进了8千米，在俘虏800名德军的同时，还创建了一些前沿阵地，为进一步向阿真塔镇发起两栖攻击打下基础。此外，擅长两栖特种作战的英军特别舟艇部队的一个中队还攻占了一连串的湖心岛。

与此同时，第56步兵师夺取了伸入湖中的一块楔形突出带，并在楔形地带的正对面俘虏了700名德军，完成了在里诺河北岸创建英军阵地的任务。

"可怕的北欧海盗"

在4月9日的战斗中，尤其值得介绍是一名特别舟艇部队队员的阵亡事件。这名队员就是在丹麦出生的安德斯·拉森少校，他先后参加了数次重大作战行动，被他的德国对手敬畏地称为"可怕的北欧海盗"。

当时，拉森少校率领着17名士兵，对科马基奥湖湖边的一个小镇要塞发起猛攻，但被对方的机枪火力所压制。拉森先是拔掉了敌人一处阵地，摧毁对方两个机枪点，并杀死4名德军。紧接着，他几乎用同样的方法又摧毁了德军两挺机枪交织成的火力网，并向273米开外的第四处德军阵地投掷手榴弹。当听到一名德军大声喊叫"KAMERAD"（老兄、同志）时，他停止了进攻。然而，就在他走向前去准备接受对方投降时，一挺隐藏在暗处的德军机枪把他扫倒在地，最终壮烈牺牲。目睹了这一幕，拉森的战友们怒火中烧，一个个奋不顾身地冲了上来，将残余德军全部歼灭。拉森在生前曾因作战勇敢三次荣获"军事十字勋章"，而在科马基奥湖战斗结束后，他被追授一枚"维多利亚十字勋章"。

在西部，美军计划攻占德军在哥特防线上的最后几块阵地，占领马萨镇。经过再三斟酌之后，特拉斯科特将军挑选了最近刚刚完成重组的第92步兵师执行这项任务。尽管该师的总体战绩泛泛一般，但一些作战勇敢的士兵和军官却被加强到该师下属的第370步兵团之中。此外，第473步兵团和第442团级战斗队也跻身其中，而在第442团级战斗队的队伍之中，主要是那些刚刚在法国南部完成任务返回意大利的日裔美军士兵。

↓1944年11月，英军正小心翼翼地向索勒山攀爬。在山地作战和两栖登陆作战中，盟军经常使用突击队攻占敌军要塞

日裔美国人的请求

在世界军事史上，第442团级战斗队队员们的战斗经历也许称得上独一无二。就法律层面而言，这些在美国出生的第二代日本人属于地地道道的美国公民。但在日本偷袭珍珠港之后，这些日裔美国人家庭就被强行隔离在全美国数个收容所之内。可以说，美国政府以国家安全的名义所推行的这种做法，对于日裔美国人而言，是不折不扣的不公平行为。

为了表现他们对于美国的忠诚，很多日裔美国年轻人认为，与其终日被限制在收容所的围墙内，还不如到美国军队服役。1942年春天，第一支由日裔美国人志愿组成的美军部队——第100步兵营在夏威夷正式成立。1943年6月，第100步兵营编入第34步兵师，远赴北非战场作战。在短短数月之内，第100步兵营便以其惊人的人员伤亡纪录，落下了一个"紫心勋章营"的绰号。

1943年2月1日，美国政府授权组建第442团级战斗队，不久后，第100步兵营编入该团级战斗队。到了战争最后阶段，第422团级战斗队成为美国历史上获得勋章最多的部队，该部官兵因为作战英勇共荣获18 000枚勋章，其中包括两枚"荣誉勋章"、52枚"杰出服役十字勋章"和9 500枚"紫心勋章"。

↓1945年3月，在"丘吉尔"坦克的火力支援下，英军突击队员们沿着意大利北部的一条公路向前推进

在增援第370步兵团的战斗中，第442团级战斗队和第473步兵团向前迅速推进，成功攻占几处山头，将德军第90装甲掷弹兵师的一个团从盟军第8集团军的正面吸引过来。经过6天的战斗，马萨镇已经落入盟军之手，但德军的顽强抵抗使得盟军不得不暂时停止进攻。

4月5日，在弗莱戈里塔山地，德军往日裔美军士兵贞夫宗矩所据守的掩体内投掷了一枚手榴弹。为了救援自己的两名战友，贞夫宗矩勇敢地扑到了手榴弹上，献出了自己的生命。战后，为了表彰这种舍己救人的英雄行为，盟军为贞夫宗矩追授一枚"荣誉勋章"。

4月9日上午，盟军出动将近2 300架中型和重型轰炸机，对德军阵地进行了长达两天的猛烈轰炸，为第8集团军将于晚上7时30分发起的攻击行动作准备。接下来，在大量坦克（其中一些是被人们戏称为"鳄鱼"的"丘吉尔"喷火坦克）的支援下，凯特利将军指挥第5军对德军阵地发起猛烈突击，在短短数小时内便俘虏了1 300名德军。第2新西兰师和第8印度师渡过塞尼奥河，而波兰第2军则与溃不成军的德军第26装甲师遭遇。次日上午，波兰第3师在塞尼奥河上架桥成功。4月12日一大早，盟军顺利渡过又一条河流——桑泰尔诺河。第56步兵师发起数次两栖攻击，对德军第42轻装步兵师形成合围之势。

英勇的哈伊德

在4月9日的渡河战斗中，来自第13边防步兵营的杰马德·阿里·哈伊德，成为该营第一批冲到河对岸的三名士兵之一，其他人员则被德军猛烈的机枪火力压制。在此情况下，阿里·哈伊德只身一人向前发起冲击，在抵达一处德军堡垒时往里面投掷了一枚手榴弹。就在此时，德军投掷的一枚手榴弹在附近爆炸，哈伊德严重受伤，尽管如此，他仍然成功地迫使堡垒里面的德军缴械投降。接下来，哈伊德的手臂和腿部再次负伤，但他毫不气馁，继续向第二个机枪掩体冲去，在打伤两名敌人之后，另外两名德军被迫投降。此时，前进道路上的障碍被全面扫清，其余战友趁机冲过了塞尼奥河，迅速构筑起滩头阵地。

↑美国陆军第10山地师的一名二等兵。尽管第10山地师主要由一些技艺精湛的滑雪高手组成，并被公认为是一支精锐的山地作战部队，但他们仍然需要在意大利北部山区的艰苦作战中证明自己

哈伊德因为其英勇无畏的战斗事迹，荣获"维多利亚十字勋章"。战后，哈伊德返回他的祖国巴基斯坦，1999年病逝，享年85岁，他是第二次世界大战期间唯一荣获"维多利亚十字勋章"的巴基斯坦人。

第78步兵师穿过第8印度师的战线向里诺河推进，在4月14日之前攻占了一处非常关键的桥。维廷霍夫将军集结起所有兵力在博洛尼亚前面构筑起一道环形防线，但很快就被盟军部队突破。第8集团军对面的德军处境开始迅速恶化。截至4月18日，盟军第78步兵师的两个营已经占领阿真塔镇。

元首的指令

维廷霍夫将军曾向柏林的最高统帅部发出警告称，盟军第8集团军向前推进，直接威胁到德军里诺河防线侧翼的安全，因此C集团军群指挥官

↓意大利的游击队员们引领着盟军人员行走在一条泥泞的道路上，并用耕牛牵引着盟军的车辆前进。在盟军向意大利北部推进的过程中，他们发现有大量的城市已经处于游击队的控制之下

请求后撤。然而，他却在4月17日接到来自最高统帅部的简短答复：

"当前形势下，不得对既定的战略部署提出任何修改意见！"

面对这一强硬答复，此时的维廷霍夫除了回避所面临的困境之外，已经别无选择。

此时，盟军第78和第56步兵师迅速通过刚刚打开的阿真塔豁口，第2新西兰师、第10印度师、第3喀尔巴阡山师和第5克里索瓦师与第5军、第13军和波兰第2军一道，沿着9号公路向前推进。在第8集团军发起突击5天后，第5集团军也开始向波河谷地推进。

4月14日凌晨，大雾刚刚散去，盟军长达四天的空中支援作战开始了，2 000多架轰炸机对德军阵地狂轰滥炸。与此同时，为配合空中行动，盟军密集的地面火炮也开始怒吼。第85步兵团和第10山地师进入位于阿亚诺堡东北部的比亚恩科谷地。

↓1945年4月，英军搭乘着美军的LVT-4型履带式登陆车渡过里诺河。为了穿越意大利北部纵横交错的河流湖泊，盟军部队不得不倚重大量的渡河及舟桥设备

当约翰·麦格拉斯所在的连队遭到德军的顽强抵抗时，他一口气摧毁了敌方4处机枪火力网，甚至夺过敌人手中的武器进行战斗。麦格拉斯壮烈牺牲后，被盟军追授一枚荣誉勋章。在这种战斗精神的感召下，附近的680号高地很快被盟军拿下。与此同时，第85步兵团横扫了托里卢西村，占领903号高地。第86步兵团占领罗卡洛弗诺高地。面对即将被分割包围的严峻形势，德军第94步兵师于次日开始后撤。

在攻占第913号山地的战斗中，罗伯特·多尔少尉与另外两名步兵在4月14日凌晨一起出发，他们计划抓到一名德军俘虏进行审讯。不幸的是，两名战友被敌军机枪射倒，多尔也身负重伤，他的右臂最终彻底残疾。为了养伤，这名未来的堪萨斯州参议员和美国总统候选人，在医院里躺了漫长的40个月。

在为期五天的战斗中，第10山地师人员伤亡达1 300人，但最终攻占了曼泰诺山、克罗斯山和莫斯卡山。截至4月18日，9号公路和波河谷地已经近在眼前。接下来，盟军再次集结起装甲部队，加上巴西远征军的增援兵力，准备在第4军的作战地段发起攻击。

←在意大利战场上，很少能够见到盟军坦克和装甲车辆在视野开阔的原野上进行作战的场景。1945年年初，图中这些英军"丘吉尔"坦克在弗格里亚镇附近行进

向博洛尼亚推进

盟军第2军向博洛尼亚的推进步伐极为缓慢。鉴于这种情况，德军判断盟军有可能增加进攻博洛尼亚的兵力，于是就加强了该地区的防御力量。在左翼，第6南非装甲师在4月16日拂晓时分攻占索尔山，准备向普拉杜洛公路和64号公路的交叉口推进。

虽然德军在65号公路沿线进行了顽强抵抗，但盟军第91师和第34师的侧翼包抄作战，很快便扫清了公路沿线的残敌。特拉斯科特将军对一些部队进行了重新部署，其中包括将第85步兵师派往此前由美国第1装甲师负责的作战地段，为第2军突入波河谷地的作战行动进行最后准备。

4月18日，第10山地师和第85步兵师开始向前推进。在24小时内，第85步兵师抵达皮亚诺–韦纳罗镇以北。第二天，第10山地师攻占圣米歇尔山。这时，德军的抵抗开始松动。在普拉达比诺镇，第87步兵团与德军展开了激烈巷战。与此同时，几近绝望的德军第90装甲掷弹兵师困兽犹斗，与美军第一装甲师之间展开对攻，双方坦克面对面厮杀，难解难分。向波河谷地推进的路上，盟军各支部队争先恐后，相互间的分界线已经难以分清。其中，第34师下属的第133步兵团搭乘在第752坦克营的坦克车身上，沿着65号公路一马当先地杀往博洛尼亚。

4月21日，当苏联红军还在柏林北郊进行激战的时候，波兰第2军与第5集团军几乎在同一时间从东面攻入博洛尼亚城。波兰人受到当地居民的夹道欢迎，有17名波兰军官被授予"博洛尼亚荣誉市民"称号，还有一些士兵获得纪念勋

→1945年的某个时候，眼见胜利在望，略显疲惫的英军第78步兵师的官兵们倚靠在一队坦克旁边稍事休息。图中的M10型坦克歼击车配备了76.2毫米口径的火炮

章，上面写着："献给第一批进入博洛尼亚城的解放者——1945年4月21日——谨以此纪念他们的成功。"

解放博洛尼亚是波兰第2军在第二次世界大战期间取得的最重大的战绩。在意大利战场上，波兰第2军英勇作战，阵亡2 301人，负伤14 830人，占到总兵力的36%。

失去胳膊的英奥耶

第92步兵师继续向西部进攻，试图将德军围困在利古里亚海沿岸的拉

↑这名来自英国皇家海军陆战队第40突击队的士兵迈着自信的步伐。仿照英国人的成功做法，美国陆军也组建起了自己的突击队，其突击队员通常由英国皇家海军陆战队突击队负责训练

斯佩齐亚海军基地之内。其中，第473步兵团推进到62号公路和海滨1号公路的交叉口，此处距离拉斯佩齐亚海军基地不到16千米。在该处山区，第442团级战斗队遭遇德军的顽强抵抗。

4月21日，在率领一个步兵连进攻穆萨特罗山口的战斗中，年青的丹尼尔·英奥耶少尉因为负伤严重，失去了一只胳膊。当时，英奥耶被机枪射伤，但他仍然坚持将一枚手榴弹投进一处德军掩体内，消灭了里面藏匿的德军。接下来，他用手榴弹摧毁了第二个掩体。由于失血过多，他摔倒在地，但他仍然没有放弃努力，匍匐着向第三处机枪掩体发起攻击。在一条胳膊严重受伤的情况下，仍然坚持战斗，为后续部队扫清了前进道路上的障碍。

最终，严重负伤的英奥耶被运到后方，先后在多家医院治疗休养了20个月。由于作战勇敢，他被授予"杰出服役勋章"。后来，他又于2000年6月21日被授予荣誉勋章。1962年，英奥耶竞选夏威夷州参议员成功，进入美国参议院工作。他的英勇战斗精神被简化为"冲啊，拼了！"，作为第442团级战斗队的座右铭。

接下来，第442团级战斗队继续向前推进，先后解放了热那亚和都灵。

对于维廷霍夫来说，到了4月20日，战场形势已经非常明朗，德国C集团军群陷入了极其危险的境地。盟军第5集团军在博洛尼亚西侧的迅速突破，不啻在德军第10集团军和第14集团军中间插入一个楔子。此外，盟军第8集团军正在对德国第10集团军形成包围之势。在此情况下，铤而走险的维廷霍夫自行决定，下令德军全线退却。

大势已去

早在2月份，意大利战场上的德军指挥官们就已经意识到败局已定。在他们中间，负责指挥意大利北部德军宪兵和党卫军部队的党卫军将领卡尔·沃尔夫，曾与在瑞士的美国战略部队办公室主任艾伦·杜勒斯进行秘密接触，并通过外交渠道提出建议，希望能够与西方盟国在意大利境内实现单方面和平。

4月20日，沃尔夫的提议遭到盟国方面的正式拒绝，这是因为盟国方面担心沃尔夫有可能与苏联方面签署同样的协定。两天后，沃尔夫与维廷霍夫在阿尔卑斯山下的雷科阿罗泰梅进行秘密会谈，双方最终决定命令在意大利境内的德军部队投降，不再理睬来自柏林最高统帅部的任何指令。

4月21日，盟军第5集团军和第8集团军在博洛尼亚以北会师，开始迅速穿过波河谷地。4月23日，第88步兵师在波河南岸俘虏了11 000名德军。在这些战俘中，有德军第362师指挥官弗雷德里希·冯·施尔维茨将军，他成为意大利战场上第一个被俘虏的德军师长。英军第6装甲师在费拉拉镇包围了德军第278步兵师的残余部队，接下来，又与第6南非装甲师在菲纳莱镇附近会合，对德军第一空降军的数千人实现合围。在东部，德军第76装甲师被围困在亚得里亚海海岸与第8集团军之间，他们中有许多人甚至丢掉武器装备，企图赤手空拳泅渡波河。

4月22日，盟军开始渡过波河，其间没有遭遇太多抵抗。特拉斯科特将军对第5集团军下令，如果没有遇到德军抵抗，集团军所属各师可以自

↓在盟军机械化部队呼啸而过，追击溃逃的德军部队时，意大利帕尔马镇的居民们兴高采烈地走出家门，欢呼胜利。在向阿尔卑斯山脉快速突进的过程中，盟军俘虏了成千上万名德军战俘

208113

行组织渡河行动。无独有偶，麦克里里将军也对第8集团军下达了几乎同样的指令，第5和第13军根据指示于4月24日渡过波河。当时，盟军曾担心德军有可能沿着阿迪杰河构筑防御体系，因此必须赶在德军防线建成之前尽快抵达阿迪杰河。

盟军第88步兵师部分兵力于4月24日渡过波河，在16小时内向着维罗纳方向推进48.3千米。与此同时，曾任突击队指挥官的威廉·达比上校率领一支特遣部队，向着加尔达湖和位于奥地利边境的布伦纳山口快速突进。在西侧，第92步兵师于4月27日之前抵达热那亚。

这时，在热那亚城区内的4 000名德军已经开始向当地的游击队投降。就在同一天，第8集团军部分兵力顺利渡过阿迪杰河，其间没有遇到任何抵抗。

截至4月26日，森格尔将军遵照德军最高统帅部的指示，率领第14装甲军在加尔达湖附近构筑起一道防线，但最终只能集结起一支2 000人的守备部队。当时，森格尔构筑这道防线的主要目的是为C集团军群与G集团军群（驻守阿尔卑斯山脉以北、法国和奥地利境内）、E集团军群（驻守巴尔干半岛）的协同撤退行动争取时间。此外，时任驻西南欧德军部队最高指挥官的凯塞林元帅还希望上述部队能够在阿尔卑斯山脉坚守一段时间，以便更多的德军部队能够向西方盟国军队而非苏联红军投降。

←一辆美军吉普车正准备渡过意大利北部的波河。在平静的河面上，第310战斗工兵营正在搭建渡河用的舟筏设备

C集团军群的覆灭

　　第二天，盟军第1装甲师进入米兰。第442团级战斗队进行64.4千米的急行军后进入阿勒桑德里，接受当地3 000名德军的投降。紧接下来的两天内，第422团级战斗队继续向西推进80千米进入都灵。截至5月1日，第422团级战斗队和第473步兵团均与雅哥布·德维尔斯麾下的第6集团军群的法国部队实现接触，后者此前曾越过法国–意大利边境，向前推进了96.6千米。

　　4月27日到5月1日，第10山地师经过四天激战，攻占加尔达湖。4月29日，达比上校和另外几名士兵在战斗中，被德军一枚炮弹击中身亡。

　　由于补给线过于漫长，加之交通不便，第8集团军的进军行动受到一定程度的影响。因此，在其所属部队之中，只有第56步兵师和第2新西兰师勉强渡过了阿迪杰河。

　　此时，盟军已经不再遇到任何抵抗，时不时有一股股的德军前来投降。4月29日，第56步兵师进入威尼斯，第2新西兰师占领帕多瓦。3天后，新西兰士兵在的里雅斯特郊外数千米处与南斯拉夫游击队相遇，而

↓盟军部队搭乘着"谢尔曼"坦克进入都灵，受到当地居民的夹道欢迎

后进入该市。在最后阶段的进攻中，盟军共抓获15万名德军战俘和意大利法西斯分子。截至5月6日，盟军部队已经通过布伦纳山口，穿过奥地利边境。

停火，1945年5月2日

经过长达数个星期的秘密会谈，4月29日，在位于那不勒斯附近的亚历山大将军的司令部，有关驻意大利德军全部无条件投降的协定最终签署，德国外交和军事代表同意于格林尼治时间1945年5月2日中午时分停火。

然而，德国人将宣布投降命令的时间往后推迟了两小时。下午6时30分，在确认德国人已经下达投降命令之后，亚历山大将军向意大利战场上的盟军部队下达了停火命令。

在德军方面，由于擅自与盟国方面进行接触，维廷霍夫将军被凯塞林

↓图中这辆德军虎一型坦克被弃置在布伦纳山口。驻守阿尔卑斯山脉的德军部队尚未来得及组织起有效的抵抗，第二次世界大战便在意大利境内结束了

元帅以叛国罪名解除职务。在最后这段时间，有件特别值得一提的事情。森格尔将军在卫兵的护送下，抵达位于佛罗伦萨的第15集团军群司令部，向克拉克将军投降。这两位战场上的对手最终四目相对，面对面地坐到了一起。"这是一个令人悲哀的时刻。"森格尔在日记中写道，"经过长达6年的战争后，我面临的却是一场全面的失败和一个即将到来的无条件投降！这种莫大的悲哀，即便对于那些在很早以前就预料到这一切的人来说，也难以释怀！"

↓进入战争后期，游击队员们开始拥有大量的武器装备。在意大利境内，当德军溃退时，大批有着各自政治主张的游击队控制了大片的国土

就在这场艰苦卓绝的战争临近结束的时候，意大利战场上演了最后一场大戏。4月25日，本尼托·墨索里尼和情妇克拉拉·贝塔西从米兰秘密出逃，打算与在科莫的大约3 000名忠实的法西斯党徒会合，图谋在阿尔卑斯山区负隅顽抗。到最后，墨索里尼仅仅纠集起了十几个人，他们在一支德军卫队的护送下向北逃窜。第二天，在伊尔·杜斯镇附近，意大利游击队挡住了墨索里尼一伙人的去路。

在当时，从质地高档的皮靴上，一名游击队员认出了身着德军大衣和头盔的墨索里尼。在接下来的两天内，这支游击队押解着墨索里尼及其情妇克拉拉·贝塔西，等待着他们的上级——"意大利全国解放委员会"的

↓在获悉德国投降后，第10山地师的随军牧师站在一辆DUKW水陆两用战车上，引领在托博利镇的盟军官兵进行和平祈祷

最终命令。4月28日上午，一位名叫沃尔特·奥迪西奥的游击队员将墨索里尼等人赶进一处别墅内，命令他们在一堵低矮的石墙附近站好，而后开枪射击。在击毙了贝塔西之后，轮到了墨索里尼。见到这一情景，墨索里尼解开自己的外套，嘟囔道："朝我的胸膛开枪吧！"几秒钟后，墨索里尼死去。

墨索里尼及其情妇和几名法西斯党徒的尸体，被游击队用卡车拉到了米兰市，堆放在罗莱托广场。后来，墨索里尼等人的尸体又被人们用绳子捆住脚踝，头朝下吊在一处加油站前面。当地人络绎不绝地前来，对着这些尸体进行唾骂、吐口水。有一位妇女甚至往墨索里尼的尸体里塞了5颗子弹，大声诅咒道："这五颗子弹，为我五个被谋杀的孩子报仇。"

第二次世界大战在意大利境内的战争终于结束了，但它产生的后果还将影响到未来一代又一代的人们。在20多个月的时间内，交战双方激烈厮杀，均付出了令人难以置信的代价。据统计，德军方面总伤亡超过43.4万人（其中阵亡4.8万人），盟军方面伤亡总数超过了30万人。对于双方指挥官们在这一战区所作的

←1945年5月停战之后，南非第6装甲师接受地中海战区盟军司令官马克·克拉克将军的检阅

↑独裁者的末日。墨索里尼（中间）及其情妇克拉拉·贝塔西（右侧）的尸体，被倒挂在米兰的大街上示众，接受人们的唾骂

诸多决策的战略和战术意义，后世的历史学家们还将进行旷日持久的探讨和论战。

　　在事后的分析中，盟军在意大利战场的胜利似乎早已注定。至于为了赢得这一胜利而付出的代价是否值得，仁者见仁，智者见智，每个人都有着自己的评价。不过，一个毋庸置疑的事实是，当盟军在诺曼底成功登陆并开辟西线战场之后，地中海战场的重要性开始下降，并最终沦为二级战场。然而，对于那些在意大利战场上战斗、流血和阵亡的人们来说，这是属于他们的战役，属于他们的战争，属于他们的牺牲，他们所付出的一切，都值得后世的人们奉献上最高的敬意！

第二次世界大战中的
英国战舰

ISBN 978-7-5426-7128-8

9 787542 671288 >

定价：88.00 元

"暴怒"号航空母舰

尺　　寸：长 224.1 米，宽 26.8 米，吃水深度 8.3 米
排 水 量：标准 22 500 吨，满载 26 500 吨
推进装置：18 个"亚罗"锅炉，4 台布朗—寇蒂斯齿轮减速式涡轮机，4 根传动轴；功率 67 113 千瓦
速　　度：30 节
续航能力：可以 10 节的速度航行 7 480 海里
武　　器：10 门 BL 140 毫米 Mk 1 火炮，6 门 QF 102 毫米防空炮
舰 载 机：36 架
编制人数：795 人

"百眼巨人"号航空母舰

尺　　寸：长 172.2 米，宽 20.7 米，吃水深度 7 米
排 水 量：标准 14 700 吨，满载 15 775 吨
推进装置：12 个"苏格兰"锅炉，4 台"帕森斯"涡轮机，2 根传动轴；功率 15 000 千瓦
速　　度：20 节
续航能力：3 563 海里
武　　器：4 门 102 毫米火炮，4 门 102 毫米防空炮
舰 载 机：48 架
编制人数：495 人

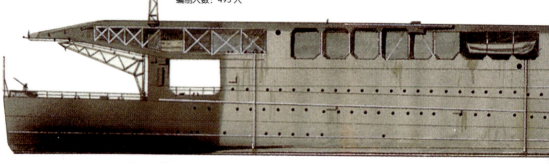

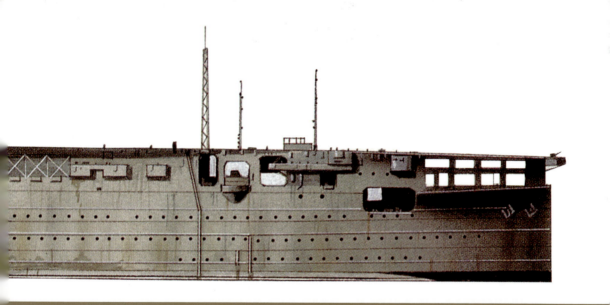

3

"鹰"号航空母舰

排　水　量：标准排水量 22 600 吨，满载排水量 26 500 吨
尺　　　寸：长 203.3 米，宽 32.1 米，吃水深度 7.3 米
动力装置：4 轴驱动，蒸汽涡轮机，动力 37 285 千瓦
航　　　速：24 节
防护装甲：吃水线以下的装甲带 102~178 毫米；飞行甲板 25 毫米；机库甲板 102 毫米，护板 25 毫米
武器装备：9 座 152 毫米火炮，4 座 102 毫米防空炮，8 座 2 磅防空炮
舰　载　机：21 架
编制人数：除航空人员外共计 750 人

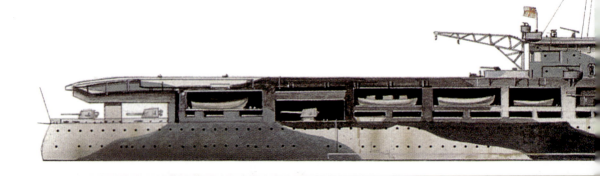

"竞技神"号航空母舰

排　水　量：标准排水量 10 850 吨，满载排水量 12 950 吨
尺　　　寸：长 182.3 米，宽 21.4 米，吃水深度 6.9 米
动力装置：双轴驱动蒸汽涡轮机，输出功率 29 828 千瓦
航　　　速：25 节
防护装甲：吃水线以下的装甲带 51~76 毫米；机库甲板 25 毫米，护板 25 毫米
武器装备：6 座 140 毫米主炮，3 座 102 毫米防空炮
舰　载　机：约 20 架
编制人数：除航空人员外 660 人

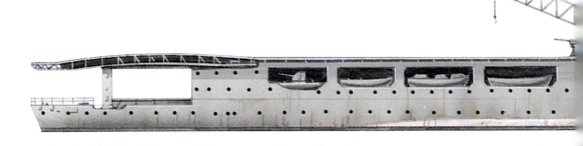

"皇家方舟"号航空母舰

排 水 量：标准 22 000 吨，满载 27 720 吨

尺　　寸：长 208 米，宽 28.9 米，吃水深度 8.73 米

推进装置：6 个锅炉，3 台"帕森斯"齿轮减速式涡轮机；功率 76 807 千瓦

速　　度：31 节（57 千米 / 小时；36 英里 / 小时）

续航能力：可以 20 节的速度航行 7600 海里

武器装备：16 门 110 毫米双用途炮，32 门 2 磅 40 毫米机关炮，12.7 毫米防空机关枪

舰 载 机：60 架

编制人数：1 580 人

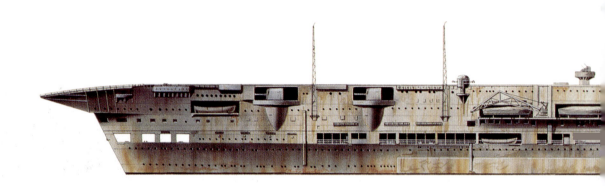

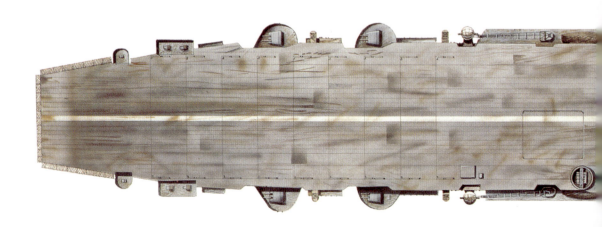

"圣洛"号航空母舰

排 水 量：标准排水量 7 800 吨，满载排水量 10 400 吨
尺　　寸：全长 156.13 米，飞行甲板宽 39.92 米，吃水深度 6.86 米
动力系统：立式三胀蒸汽机，功率 6 715 千瓦，双轴推进
航　　速：19 节
防护装甲：无
武器系统：1 座 127 毫米防空炮，8 座双联装 40 毫米"博福斯"防空炮和 20 毫米防空炮
舰 载 机：（1944 年 10 月）17 架 F4F"野猫"战斗机，12 架 TBF"复仇者"鱼雷轰炸机
编制人数：860 人

装备弹射器的商船（CAM）

排 水 量：标准 8 017 吨，满载 16 000 吨
尺　　寸：长 142 米，宽 18 米，吃水深度 8.4 米
推进装置：柴油发动机，单传动轴；功率 2 610 千瓦
速　　度：13 节
续航能力：10 000 海里
武器装备：1 门 100 毫米火炮；8 门 20 毫米防空炮
舰 载 机：3 架
编制人数：100 人

"勇敢"级航空母舰

排 水 量：标准排水量 22 500 吨，满载排水量 26 500 吨
尺　　寸：长 239.5 米，宽 27.6 米，吃水深度 7.3 米
动力装置：4 轴驱动，蒸汽涡轮机动力 67 104 千瓦
航　　速：30 节
防护装甲：吃水线以下的装甲带 38~76 毫米；机库甲板 25~76 毫米
武器装备：16 座 120 毫米的防空炮，4 座 2 磅防空炮
舰 载 机：约 48 架
编制人数：包括航空人员在内共计 1 215 名

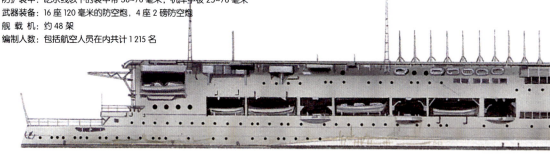

商船航空母舰（MAC）

舰　　种：油轮改装的航空母舰
排 水 量：8 000 吨
尺　　寸：长 146.5~147 米，宽 18 米，吃水深度 8.4 米
推进装置：单轴柴油机驱动，输出功率 2 796 千瓦
航　　速：13 节
武器装备：与"迈克"级相同
舰 载 机：4 架
编制人数：105 人

英国建造的护航航空母舰（CVE）

　　"奈拉纳"号是英国以商船船体为基础改造的三艘护航航空母舰中的第一艘。它于 1943 年 11 月 26 日开始服役，载机量达到 20 架，主要在北极圈和大西洋履行护航任务。1946 年至 1948 年期间，它被租给荷兰皇家海军，并改名为"卡雷尔·多尔曼"号。1948 年之后，它又改造回正常的商船，并改名为"波尔特·维克托"号。

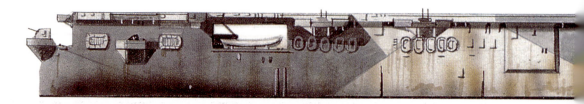

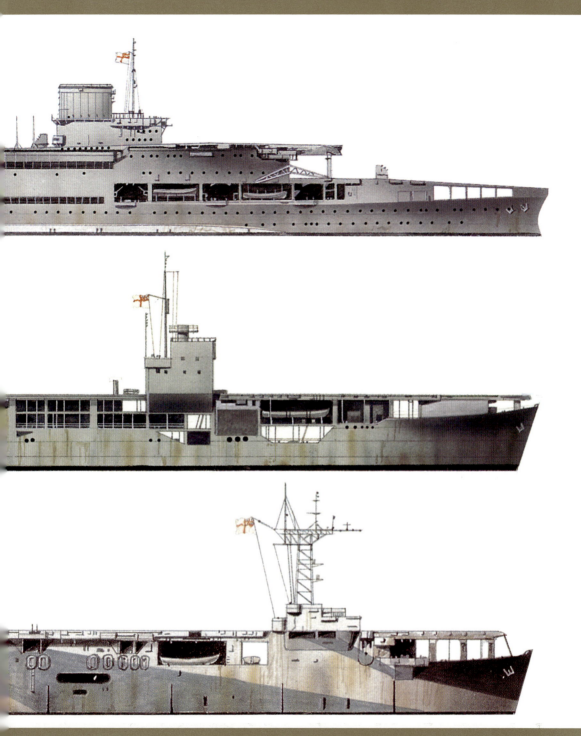

"大胆"号航空母舰

尺　　寸：长 142.4 米，宽 17.15 米，吃水深度 8.4 米
排 水 量：标准 10 068 吨，满载 12 000 吨
推进装置：7 缸 MAN 柴油发动机，单传动轴；功率 3 900 千瓦
速　　度：15 节
武器装备：1 门 102 毫米火炮，4 门 2 磅的防空炮，4 门 20 毫米的防空炮
载 机 量：6 架
编制人数：480 人

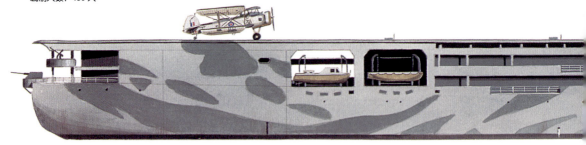

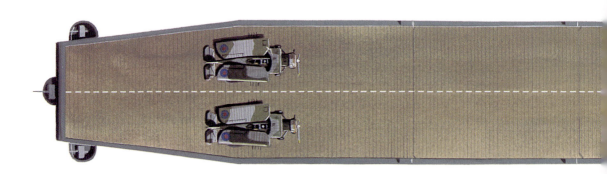

"先锋"号飞机修理舰

排 水 量：标准排水量 13 300 吨，满载排水量 18 040 吨
尺　　寸：长 211.84 米，宽 24.38 米，吃水深度 5.59 米
推进装置：齿轮蒸汽轮机，输出功率 31 319 千瓦，双轴驱动
航　　速：25 节
防护装甲：最小限度
武器装备：3 门 4 联装 2 磅的防空炮和 10 座 20 毫米的防空炮
舰 载 机：无

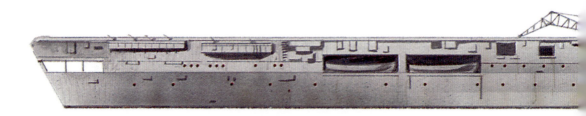

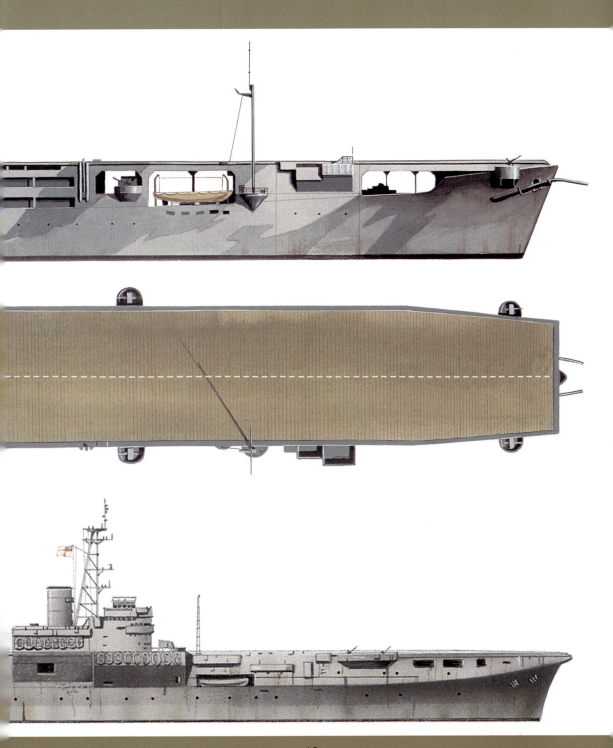

"卓越"级航空母舰

排　水　量：标准排水量 23 000 吨，满载排水量 25 500 吨
尺　　　寸：长 229.7 米，宽 29.2 米，吃水深度 7.3 米
动力装置：3 轴驱动，蒸汽涡轮机，输出功率 82 027 千瓦
航　　　速：31 节
防护装甲：除了"不屈"号是 38 毫米外，其他该级舰吃水线以下装甲防护带和机库装甲板均为 114 毫米；甲板 76 毫米
武器装备：8 座双联装 114 毫米高炮，6 座 8 倍的 2 磅防空炮，8 座 20 毫米防空炮
舰　载　机：除了"不屈"号约 65 架外，该级其他舰约为 45 架
编制人数：包括航空人员在内 1 400 人

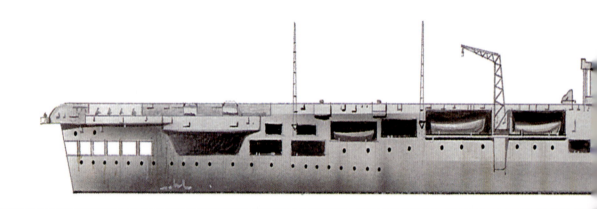

"射手"级航空母舰

排　水　量：标准排水量 10 366 吨（"射手"号为 10 220 吨），满载排水量为 15 125 吨（"射手"号为 12 860 吨）
尺　　　寸：长 150 米，宽 20.2 米，吃水深度 7.1 米
推进装置：柴油机驱动，输出功率 6 338 千瓦，单轴驱动（"射手"号的输出功率为 6 711 千瓦）
航　　　速：16.5 节（"射手"号为 17 节）
武器装备：3 门 102 毫米的防空炮和 15 座 20 毫米防空炮
舰　载　机：15 架
编制人数：555 人

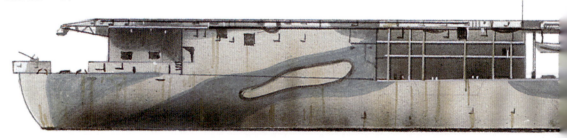

"不屈"号航空母舰

尺　　寸：长 230 米，宽 29.2 米，吃水深度 8.8 米
排 水 量：标准 23 000 吨，满载 29 730 吨
推进装置：6 个锅炉，帕森斯齿轮减速式涡轮机，3 根传动轴；功率 83 000 千瓦
速　　度：30.5 节
续航能力：可以 14 节的速度航行 11 000 海里
武器装备：16 门 110 毫米火炮，48 门 2 磅和 10 门 20 毫米防空炮
舰 载 机：48 架
编制人数：1 600 人

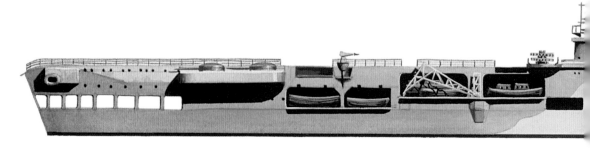

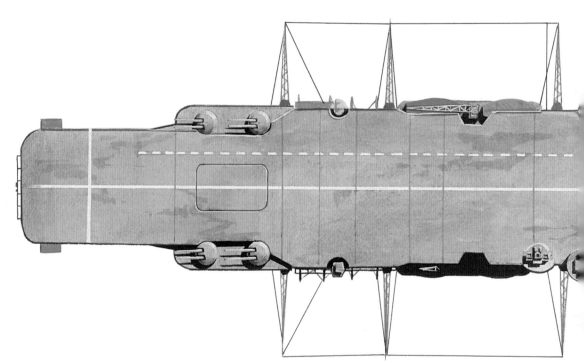

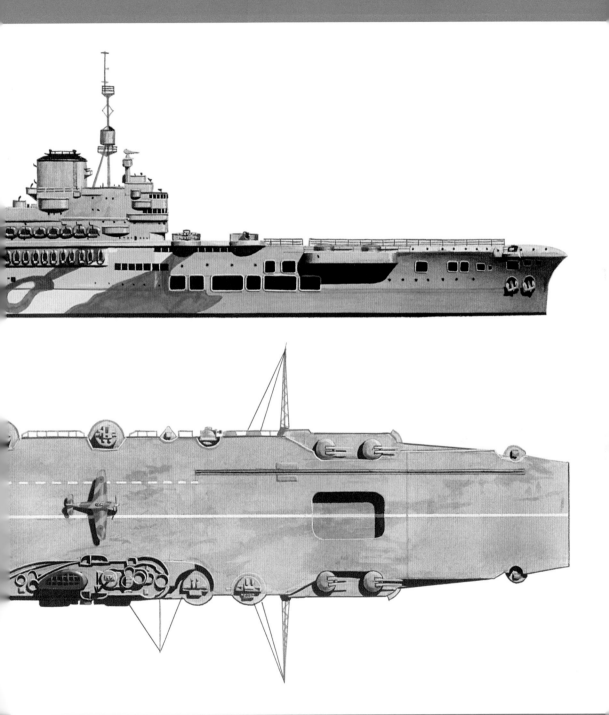

"光荣"号航空母舰

尺　　寸：长 239.8 米，宽 27.6 米，吃水深度 8.5 米
排 水 量：标准 25 370 吨，满载 27 419 吨
推进装置：18 个 "亚罗" 锅炉；4 个齿轮减速式涡轮机，4 根传动轴；功率 67 113 千瓦
速　　度：30 节
续　　航：可以 20 节的速度航行 6 000 海里
武器装备：16 门 120 毫米（4.7 英寸）两用炮
舰 载 机：48 架
编制人数：1 283 人

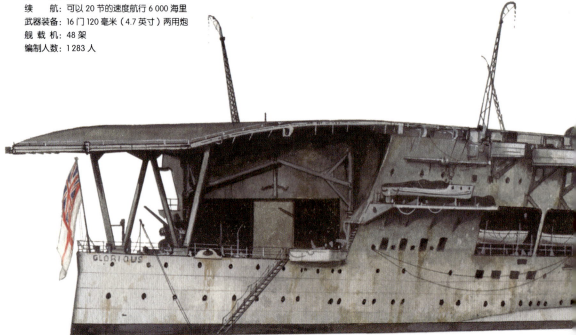

"攻击者"级护航航空母舰

1942 年 9 月 26 日开始服役的 "鲍格" 号（CVE-9）
是 "鲍格" 级护航航空母舰的主导舰船，亦即英国
皇家海军的 "攻击者" 级。

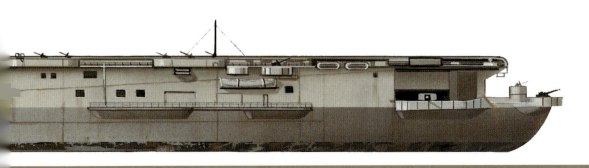

"声望"号战列巡洋舰

排 水 量：标准 30 750 吨，满载 36 080 吨
尺　　寸：长 242 米，宽 27.4 米，吃水深度 14.4 米
动力装置：齿轮传动蒸汽轮机，功率 10 800 马力，4 轴推进
速　　度：30 节（56 千米／小时）
防护装甲：舷侧 229 毫米，甲板 51 ~ 102 毫米，炮塔和炮塔塔 178 ~ 229 毫米
武器装备：（1944 年）3 座（6 门）381 毫米双联装主炮，10 座（20 门）114 毫米双联装主炮，
　　　　　28 门 2 磅（40 毫米）"乒乓"炮，64 门 20 毫米防空炮，8 具 533 毫米鱼雷发射管
舰 载 机：2 架英国海上飞机公司的"沃勒斯"水上飞机
编制人数：1 200 人

"伊丽莎白女王"号战列舰

排 水 量：33 548 吨
尺　　寸：舰长 197 米，舰宽 27.58 米；吃水深度：9.3 ~ 9.44 米（标准），10.31 ~ 10.4 米（满载）
动力装置：4 轴涡轮机
航　　速：27 节
航　　程：12.5 节的速度可航行 159 271 千米
武器装备：8 门 381 毫米主炮，16 门 152 毫米副炮（建成并改装前）
防护装甲：25.4 ~ 330 毫米
编制人数：950 ~ 1 300 人

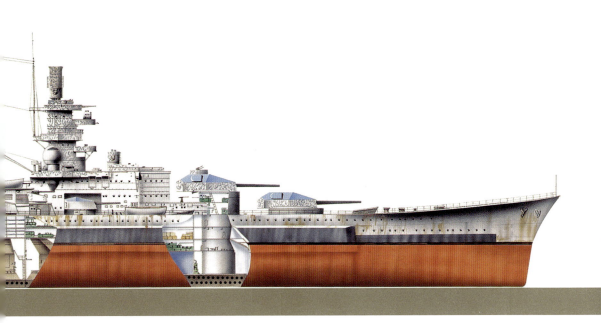

"胡德"号战列巡洋舰

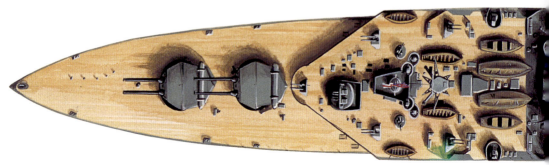

排 水 量：45 200 吨

尺　　寸：长 262.30 米，宽 32 米，吃水深度 9.6 米

动力装置：齿轮传动蒸汽轮机，功率 144 000 马力，4 轴推进

速　　度：32 节（59 千米 / 小时）

防护装甲：舷侧和炮塔 127 ~ 305 毫米，炮塔 279 ~ 381 毫米，指挥塔 229 ~ 279 毫米，甲
　　　　　板 26 ~ 76 毫米

武器装备：4 座（8 门）381 毫米双联装主炮，12 门 140 毫米副炮，4 门 102 毫米防空炮，6 具
　　　　　533 毫米鱼雷发射管

编制人数：1 477 人

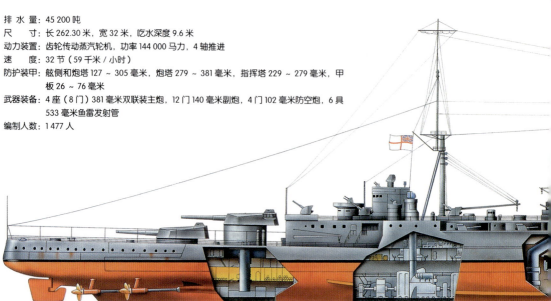

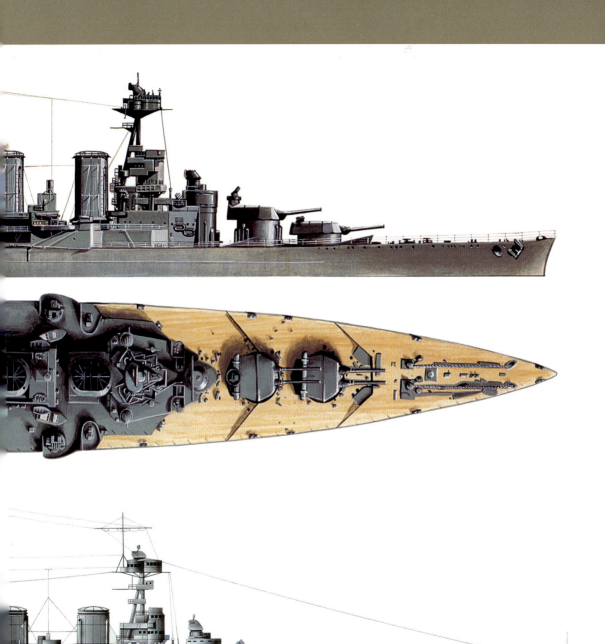

"厌战"号战列舰

排 水 量：33 548 吨
尺　　寸：舰长 197 米，舰宽 27.58 米，吃水深度 9.3 ~ 9.44 米（标准），10.31 ~ 10.4 米（满载）
动力装置：4 轴涡轮机
航　　速：27 节
航　　程：12.5 节的速度可航行 159 271 千米
武器装备：8 门 381 毫米主炮，16 门 152 毫米副炮（建成并改装前）
装甲厚度：25.4 ~ 330 毫米
编制人数：950 ~ 1 300 人

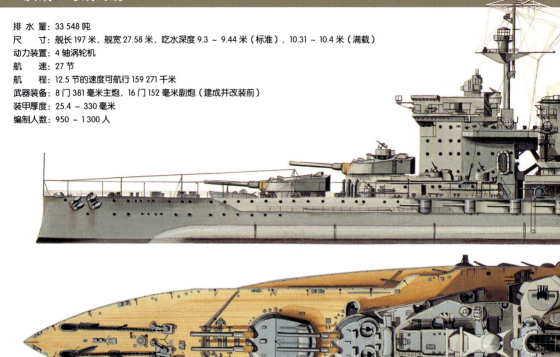

"皇家橡树"号战列舰

排 水 量：27 500 吨
尺　　寸：舰长 190.3 米，舰宽 27 米，吃水深度 8.7 米
武器装备：8 门 381 毫米主炮，14 门 152 毫米副炮
　　　　　4 具 533 毫米鱼雷发射管
动力装置：蒸汽涡轮，4 轴推进
续 航 力：12 600 千米
最大航速：23 节
编制人数：936 人

"哥萨克人"号驱逐舰

排 水 量：1696 吨
尺　　寸：舰长 111.5 米，舰宽 11.13 米，吃水深度 4 米
动力装置：2 轴帕森斯减速涡轮机提供 33 131 千瓦
航　　速：36 节
武　　器：8 门 120 毫米主炮，1 门 4 倍的 2 磅的防空炮，
　　　　　2 挺 4 倍 12.7 毫米机枪
　　　　　1 具 533 毫米 Mk 4 型 4 联装鱼雷发射管

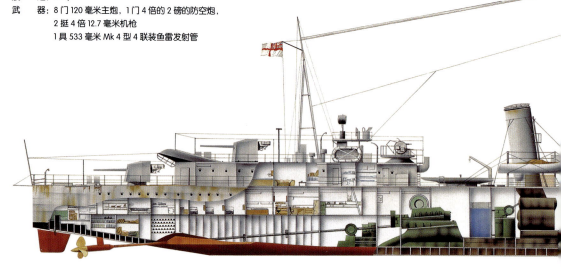

"爱斯基摩人"号驱逐舰

排 水 量：1696 吨
尺　　寸：舰长 111.5 米，舰宽 11.13 米，吃水深度 4 米
动力装置：2 轴帕森斯减速涡轮机提供 33 131 千瓦
航　　速：36 节
武　　器：8 门 120 毫米主炮，1 门 4 倍的 2 磅防空炮
　　　　　2 挺 12.7 毫米机枪
　　　　　1 具 533 毫米 Mk 4 型 4 联装鱼雷发射管

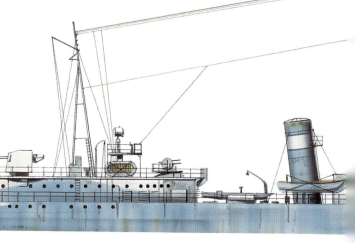

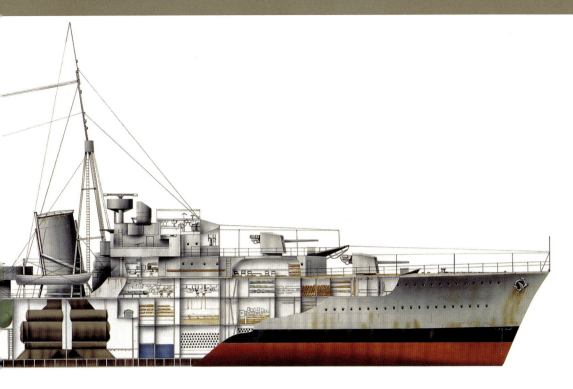

"V"和"W"级驱逐舰

排 水 量：标准排水量1120吨，满载排水量1505吨
尺　　寸：舰长95.1米，宽8.99米，吃水深度3.28米
动力系统：2台蒸汽轮机，功率20 134千瓦，双轴推进
航　　速：最大航速34节，15节航速下的最大航程6 437千米
武器系统：4门119毫米火炮，1门76毫米火炮，
　　　　　2座3联装533毫米鱼雷发射管
编制人数：134人

"廷特格尔堡"号轻型护卫舰

排 水 量: 1 077 吨
尺　　寸: 舰长 76.8 米,舰高 11.2 米,吃水深度 3.05 米
武器装备: 1 门 101 毫米平高两用炮,2 门 20 毫米双联装防空炮,
　　　　　 6 门 20 毫米单管榴弹炮、"乌贼"反潜深水炸弹,
　　　　　 15 枚深水炸弹
动力装置: 1 台蒸汽发动机
续 航 力: 15 节航速时达 6 910 千米
航　　速: 16.5 节
编制人数: 120 人

"牛舌草"号轻巡洋舰

排 水 量: 1 015 吨
尺　　寸: 舰长 62.5 米,舰宽 10.1 米,吃水深度 3.5 米
武器装备: 1 门 102 毫米副炮,6 门 20 毫米防空炮,70 枚深水炸弹,"猬"式反潜迫击炮
动力装置: 4 缸蒸汽机组,单轴推进
续 航 力: 6 389 千米
最大航速: 16 节
编制人数: 96 人

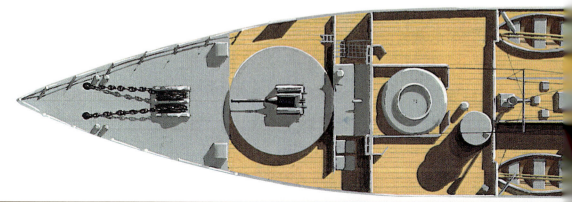

"埃克斯摩尔"号驱逐舰

排 水 量: 1067 吨
尺　　寸: 舰长 85.3 米, 舰宽 9.6 米, 吃水深度 3.7 米
动力装置: 蒸汽涡轮发动机, 双轴推进
航　　速: 29.7 节
续 航 力: 12 节航速时达 2 500 千米
武器装备: 6 门 101 毫米火炮, 1 门 2 磅防空炮, 2 门 20 毫米防空炮,
　　　　　60 枚深水炸弹
编制人数: 168 人

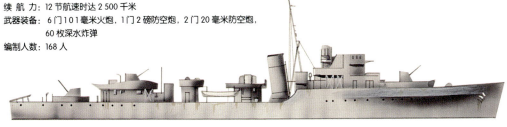

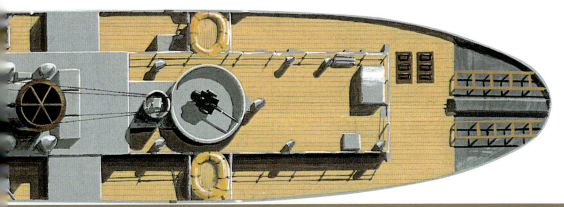

"牛头犬"号驱逐舰

排 水 量：1 360 吨
尺　　寸：舰长 98 米，舰宽 9.8 米，吃水深度 3.6 米
武器装备：3 门 120 毫米火炮，2 门 2 磅防空炮，5 挺 7.7 毫米机枪，8 具 533 毫米鱼雷发射管以及深水炸弹等
动力装置：2 台蒸汽涡轮发动机，双轴驱动
航　　速：35 节
编制人数：138 人

"狼獾"号驱逐舰

武器装备：2 门 120 毫米火炮，3 具鱼雷发射管，大量深水炸弹，"刺猬"反潜迫击炮
续 航 力：15 节航速可达 5 778 千米
最大航速：34 节
编制人数：134 人

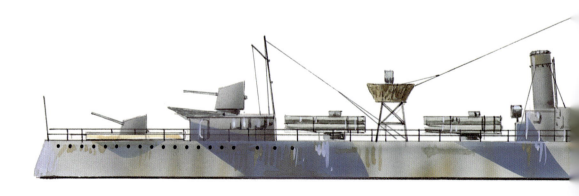